Karl-Heinz Werther *Aufräumen nach dem Krieg*

Der Autor
Karl-Heinz Werther, Jahrgang 1953, war bis 1990 Offizier der NVA. Als erfahrener Feuerwerker räumte er nach dem Balkankrieg Minen und Blindgänger in Kroatien und im Kosovo, dann zog er weiter nach Laos und Vietnam, wo noch nach Jahrzehnten die Hinterlassenschaften des Krieges zu beseitigen sind. Seit 2007 arbeitet er als Feuerwerker in Hamburg.

Das Buch
Der Oberstleutnant a. D. berichtet nicht nur über seine aufreibende Tätigkeit beim Entschärfen und Räumen von Munition, sondern auch über die Menschen, die mit den Kriegsschäden und -folgen leben müssen. Und er geht der Frage nach, warum die Unternehmen gleich zweimal verdienen: einmal am Kriege, ein andermal am Wiederaufbau. Und weshalb das so ist.

Karl-Heinz Werther

Aufräumen nach dem Krieg

Beobachtungen und Erfahrungen
eines ehemaligen Offiziers der NVA
beim Einsatz als Feuerwerker

MILITÄRVERLAG

ISBN 978-3-360-02711-5

© 2013 Militärverlag, Berlin

Umschlaggestaltung: Buchgut, Berlin unter Verwendung
eines Motivs von picture alliance/dpa
Fotos: Karl-Heinz Werther, SODI/Schleicher (S. 200, 201, 209), Robert Allertz (S. 222)
Druck und Bindung: Multiprint, Bulgarien

Ein Verlagsverzeichnis schicken wir Ihnen gern:
Das Neue Berlin Verlagsgesellschaft mbH
Neue Grünstraße 18, 10179 Berlin
Tel. 01805/30 99 99
(0,14 Euro/Min., Mobil max. 0,42 Euro/Min.)

Die Bücher des Militärverlages und des Verlags Das Neue Berlin
erscheinen in der Eulenspiegel Verlagsgruppe.

www.militaer-verlag.de

Kapitel 1

In Kroatien, 1998

Zu den Lieblingsgeschichten meiner Jugend gehört die von Rikki, Tivi und Tavi, den drei Mungos, die zusammen das Dorf vor der Bedrohung durch die Kobras retten. Im Wissen um die Fähigkeit dieser Tiere, eine Bedrohung von einer Gemeinschaft abzuwenden, veranlasste viele Minenräumfirmen und Organisationen, den Mungo als Logo oder Markenzeichen zu benutzen.

Der Mungo, obgleich als intelligentes, umsichtiges und zielstrebig handelndes Tier bekannt, gerät manchmal aber auch in Fänge oder Zwänge, die ihm gar nicht behagen. Wie eben jene Firmen und deren Angehörige, die ihn im Schilde führen. Wenn sie etwa in einem fremden Land, deren Sprache sie schlecht oder gar nicht verstehen und fernab der ihm vertrauten Zivilisation ihrer Arbeit nachgehen, kommen sie manchmal auf merkwürdige Gedanken. Etwa dass die UNO, nach dem verheerenden Weltkrieg zur Völkerverständigung und zur Sicherung des Friedens in der Weltgemeinschaft gegründet, seit dem Untergang des östlichen Systems immer mehr zu einem Instrument des größten Geldgeber wurde, welcher andere Staaten zu Statisten degradiert. Die USA, und von ihr rede ich, führen – mit oder ohne Zustimmung der Vereinten Nationen – Kriege, allein oder mit Verbündeten. Es werden Landstriche verwüstet, womit die Lieferanten der Mordinstrumente verdienen. Und dann verdient man zum zweiten Mal, indem man Blindgänger und Schäden beseitigt. Und ein drittes Mal beim Wiederaufbau. Minen zu verlegen ist ein schmutziges Geschäft, aber Minen zu räumen muss nicht zwangsläufig sauberer sein.

Eine Woche nach meinem Bewerbungsgespräch in einer Firma klingelte mein Telefon. »Sind Sie bereit, in drei Tagen nach Ostslawonien zu fahren?«

Ohne zu wissen, wo das liegt, sagte ich zu.

Nach der Kartensuche fand ich heraus: Balkan, Jugoslawien, Krajina, bedeutende Städte Osijek und Vukovar. Ich erinnerte mich der Fernsehbilder. Das Wahrzeichen Vukovars war ein markanter Wasserturm. Seine zum Fächer aufsteigenden sechs Stahlbetonstützen und die gemauerten Ziegelwänden, von weitem sah es aus wie ein überdimensioniertes Weißbierglas, waren im Herbst 1991 zerschossen worden. Die jugoslawische Volksarmee und kroatische Separatisten hatten sich monatelang bekämpft.

Tage später fuhr ich mit einem Pickup quer durch Europa. Ich hatte eine Straßenkarte Osteuropas im Maßstab 1:1.000.000 bei mir, eine Telefonnummer, eine Adresse und grenzenlosen Optimismus und Idealismus. Das Fahrzeug war mit meinen persönlichen Sachen beladen und mit der Winterausrüstung für mein Team.

Die erste Grenze passierte ich ohne Schwierigkeiten. Aber als ich die tschechische Republik verlassen und in die Slowakei einreisen wollte, begann der Ärger. Eine junge nassforsche Zöllnerin wollte alles genau wissen: Wozu ist das, was ist jenes? Die Papiere für dieses und Papiere für jenes und, und, und. Ein Infusionsständer, ein verchromtes Rohr mit einem Haken, erregte ihr Interesse. Das sei ein medizinisches Gerät, dafür brauche man eine Sondergenehmigung. Ich redete mit Engelszungen, log das Blaue vom Himmel, aber es nützte nichts. Keine Sondergenehmigung, keine Weiterfahrt. Es war ihr letztes Wort, sie ging und ließ mich stehen.

Etwa zwanzig Minuten später kam ein grauhaariger Zöllner. Er lief mehrmals ums Auto, begutachtete misstrauisch die Ladung und musterte meine Weste mit dem Mungo- und dem UN-Logo. Er begann zu fragen, und ich antwortete. Plötzlich sagte er ganz unvermittelt, ich solle zehn Minuten warten, dann sei Schichtwechsel. Tatsächlich, die junge Zöllnerin, nun in Zivil, trat ihren Heimweg an. Der ältere Zöllner öffnete nunmehr den Schlagbaum und wünschte mir viel Glück. Ich hatte anderthalb Stunden verloren. An der ungarischen Grenze wiederholte sich alles, wenngleich ich bereits nach zwanzig Minuten passieren konnte.

Geschlagene zwei Stunden hingegen brauchte ich für die Einreise nach Kroatien. Danach fuhr ich durch flaches, fruchtbares Land, obgleich ich doch mit Bergen gerechnet hatte. Die Sonne schien, es war mild im Ausläufer der ungarischen Tiefebene. Vor nicht allzu langer Zeit tobte hier ein verheerender Bürgerkrieg, doch in den Dörfern, die ich passierte, war davon kaum etwas zu sehen: keine Ruinen, keine Zerstörungen, keine traumatisierten Menschen, nichts von alledem, was ich erwartet hatte. Hier wurden Fenster gestrichen, dort Häuserwände getüncht, auf einem Hof wurde gefeiert und auf einem anderen ein Schwein geschlachtet. Von irgendwoher kam laute Musik von einer Hochzeit. Ganz normales Dorfleben, tiefster Frieden.

Nach etwas 25 Kilometern passierte ich eine Stelle an der Straße, die vor kurzem geflickt worden war. Vierecke waren aus dem Asphalt gesägt und wieder verfüllt worden. Aus dem Muster konnte man auf eine Minensperre schließen. Links und rechts des Weges sah ich aus massiven Stahlpfosten, Maschendraht und Stacheldraht gebildete Karrees, jedes etwa 20 mal 200 Meter groß. Ringsum an den Zäunen hingen die kleinen roten dreieckigen Schilder mit dem Wort MINES. Es handelte sich um permanent markierte Minenfelder, wie ich als Fachmann wusste, die in den nächsten fünf Jahren bleiben und erst danach geräumt werden würden. Die Gründe für dieses Liegenlassen waren unterschiedlich. Entweder fehlten Räumkapazitäten oder man hielt die Räumung nicht für dringlich.

Nach etwa 45 Minuten erreichte ich Osijek. Majestätisch thronte die alte Festung am Zusammenfluss von Donau und Drau. In der Stadt schienen alle auf den Beinen zu sein, das historische Stadtzentrum glich einem Ameisenhaufen. Es gab keine sichtbaren Zerstörungen. Die Wegweiser führten mich immer wieder in enge Gassen, aber nie aus der Stadt, nach einer reichlichen Stunde fand ich endlich eine Autobahnausfahrt. Die Autobahn jedoch war nicht befahren, nach einem halben Kilometer wusste ich warum: Sie war mit großen, massiven Botonelementen gesperrt, und die Brücke dahinter war weg. Das Neubaugebiet in der Nähe war unbewohnbar.

Es war schon dunkel, als ich den Treffpunkt an der Kirche in der Ortsmitte von Dalje nach zwanzig Stunden erreichte. Ich stieg aus dem Auto, trank eines der beiden Biere im Gepäck und machte mich auf der Ladefläche lang.

Nach zehn Minuten traf auch der zweite Pickup von unserem Team ein. Gemeinsam fuhren wir zu unserer Unterkunft. Im Garten wurde bereits gegrillt, auch der Selbstgebrannte zog bereits seine Kreise. Ich lernte meine Mitstreiter für das nächste halbe Jahr kennen. Da waren Vadim und Jovanka, die Eigentümer jenes Hauses, das wir gemietet hatten, Mirijana, die Krankenschwester, Sladjana, die Dolmetscherin, und Piete, ein Namibier, den uns die UNO zur Qualitätskontrolle zugewiesen hatte. Und da war unser eingespieltes Team, erfahren und gut ausgebildet: Ingo, der technische Räumstellenleiter, hatte bereits jahrelang in Afrika und Asien gearbeitet, Herbert und Hans waren in Angola und Mocambique gewesen. Jürgen räumte bereits zum zweiten Male hier. Neu waren Ortwin, der Ex-Volkspolizist, und ich. Marco, der Österreicher, war schon seit Jahren im Geschäft. Hans hatte als Diplomat die DDR in Portugal vertreten. Alle anderen konnten auf eine lange Dienstzeit als Offizier in der NVA zurückblicken. Nach einigen Irrwegen hatten sie sich darauf besonnen, was wir einmal Solides gelernt hatten. Und so fanden wir uns wieder zusammen.

Am nächsten Morgen suchten wir zunächst die 35 Kilometer entfernte Räumstelle bei Ernestinovo auf, künftig würde die Arbeit dort um 6 Uhr beginnen. Die Temperatur war angenehm, als wir weiter nach Vukovar zum UNO-Büro fuhren. Auf dem Weg dorthin sahen wir überall die Spuren des Krieges. Da und dort befanden sich noch Stacheldrahtverhaue, Schützengräben und Unterstände waren zu erkennen. Vukovar selbst bestand nur aus notdürftig geflickten Straßen, die Trümmer zogen sich kilometerweit.

Einst liebevoll gepflegte Eigenheime mit Obstgärten waren nur noch rußgeschwärzte Grundmauern, aus ausgebrannten Fensterhöhlen wuchsen Birken. Hier und da ragte ein einzelner Schornstein in den Himmel. Die Markthalle, einst das Zentrum der Stadt, erinnert an ein unaufgeräumtes Parkhaus, dem die Außenwände fehlten. Die einst pulsierende Stadt, ein barockes Kleinod, war ein Schatten ihrer selbst. Einige Bauern versuchten etwas von dem, was Garten und Feld hergaben, an wenige Kunden zu verkaufen. Händler boten geschmuggelte Zigaretten gegen harte oder die Landeswährung *Kuna* an. Die Medizinische Akademie war notdürftig repariert, das Museum noch immer ein Trümmerfeld, die Universität zerschossen. Ganze Straßenzüge lagen in Schutt und Asche. Das Werk von Generationen war innerhalb von Stunden in Rauch aufgegangen. Manche Ruinenwand zierte das Kreuz der Tschetniks gleichsam als Brandzeichen: Hier lebte ein Serbe. Tschetniks waren ein königstreue, antikommunistische serbische Milizen, die während des Weltkrieges mit den deutschen Besatzern kollaborierten.

Das alte Kloster am Ufer der Donau, das die Jahrhunderte überstanden hatte, überlebte den Bürgerkrieg nicht.

Die Stadt schien, wie die wenigen verbliebenen Einwohner, ohne Trost und Hoffnung. Nichts erinnerte mehr an ihren früheren Glanz, es handelte sich um einen Leichnam. Auf dem Weg zur UNO-Niederlassung passieren wir einen der bedeutendsten Plätze der Stadt. Nachdem es den Blauhelm-Truppen gelungen war, sich

Das alte Kloster in Vukovar. Die Region an der Grenze zu Serbien war während des Krieges 1991-1995 am stärksten umkämpft

zwischen die Fronten zu schieben und die Kämpfe zu beenden, wurde die Zivilbevölkerung aufgefordert, sich an der Kreuzung unterhalb des Wasserturms zu sammeln. Hier musste jeder entscheiden, wohin er gehen würde: Richtung Zagreb, also Kroatien, oder ins serbische Belgrad. Eine andere Option als die ethnische Trennung gab es offenkundig nicht. In der Krajina lebten Serben, Kroaten und Bosniaken, doch oft ging der Riss durch die Familien. Und diese Maßnahme schuf Flüchtlinge im eigenen Land. Natürlich endete dadurch das Töten, aber den Kriegsverbrechern auf beiden Seiten erlaubte es auch die Flucht.

Die Entscheidung war zweckdienlich, aber nicht unbedingt im Interesse einer dauerhaften Konfliktlösung. Die UNO-Administration versäumte es zudem, als die Lage sich stabilisierte, dafür zu sorgen, dass die Busse auch in die entgegengesetzte Richtung fuhren und die einst Vertriebenen wieder in ihre Heimat zurückholten. Sie überließ die Entscheidung, wer zurückkehren durfte und wer nicht, dem kroatischen Staat.

Das UNO-Büro befand sich am Fuße des markanten Wasserturms. Einem Mahnmal gleich erhob er sich auf einem Hügel über die Stadt. Weil die Situation in Vukovar inzwischen als relativ sicher galt, reduzierte die UNO das Personal vor Ort und veräußerte nicht mehr benötigte Ausrüstung. Lange Zeit war die Vertretung einer der wenigen Arbeitgeber vor Ort, jetzt existierte nur noch eine kleine Stammbesatzung hier.

Die ID-Card, die ich erhielt, wies mich als zeitweiligen Mitarbeiter der Vereinten Nationen aus. Ich habe Rechte und Pflichten, zwar keinen Anspruch auf Rente, aber auf kostenlose medizinische Versorgung in allen UNO-Einrichtungen. Mich schützte zwar keine Immunität, aber bestimmte Landesgesetze galten für mich nicht, etwa zollrechtlichen Bestimmungen. Unabhängig von meiner persönlichen Überzeugung habe ich mich neutral zu verhalten, hieß es. Wie ich aber sah, galt das nicht für die UNO als Ganzes. Sie hatte Partei ergriffen und stützte nun als eine Art Schutzmacht die Sieger. Sie ließ den kroatischen Staat agieren, ohne irgendwelchen Einfluss zu nehmen, und zementierte damit die Folgen des Krieges.

Nach Erledigung aller Formalitäten verließen wir das Büro und fuhren durch die Trümmerwüste in Richtung Ernestinovo. Auf halbem Weg hielten wir am UNO-Regionalbüro. Es ist eine Art Koordinierungsstelle für alle in der Region tätigen Räumfirmen. Das Büro leitete ein Slowake mit einer irischen Ehefrau. Er diente einst als Stabschef in einem Panzerbataillon in der slowakischen Armee im Rang eines Oberstleutnants. Da ich selbst in einem Panzerbataillon gedient hatte und ich den gleichen Dienstgrad führte, fanden wir innerhalb kurzer Zeit eine gemeinsame Sprache. Ein Jahr nach dieser ersten Begegnung sollten wir uns im Kosovo, er als Vertreter des Minenzentrums in New York, erneut treffen.

Ernestinovo ist ein größeres Dorf zwischen Osijek und Dakovo, dem Bischofssitz, das der Krieg verschont hatte. Der Markt war gefüllt, vor den Kaffeehäusern saßen Männer in der Sonne und diskutierten. Ein friedliches Bild, der Krieg ist lange her und ganz weit weg. Ab und an sah ich ein verwahrlostes Grundstück, mehr nicht. Vier Kilometer hinter dem Dorf lag unser eigentliches Ziel: ein zerstörtes Umspannwerk mit Verteilerstation. Hinter einer zerschossenen Mauer türmten sich verbogene Stahlträger. Die Bunker, in denen sich die Schaltanlagen befanden, gähnten ausgebrannt und waren schwarz von Ruß.

Uns erwartete ein grauhaariger Mann, einst Schaltmeister im wichtigsten E-Werk von ganz Jugoslawien. Hier trafen die Leitungen aus allen Kraftwerken des Vielvölkerstaates zusammen. Es soll wieder aufgerichtet werden, sagte er. Doch zuvor musste ein Streifen von etwa 500 Meter rings um das Werk geräumt werden. Danach, so lautete unser Auftrag, würden die wichtigen Hochspannungstrassen nach Dakovo und Vinkovcij beräumt werden, jeweils über zehn Kilometer. Dafür haben wir sechs Monate Zeit.

Dabei galten UN-Normen, sie besagten 99,6 Prozent Metallfreiheit. Bis 1998 wurde alles noch nach der Methode »Minenfeld« per Hand geräumt. Für uns bedeutete das, acht Stunden auf Knien mit dem Detektor über die Fläche zu arbeiten und jedes Signal auszugraben. Heute haben sich Technik und auch Technologie drastisch verbessert. Die neuesten Detektoren können so eingestellt werden, dass nicht jeder Nagel gemeldet wird. Man kann die Signalstärke so regeln, dass der Detektor erst bei einer 23-mm-Granate anspricht. Auf der Grundlage dieser technischen Neuerung wurde die Technologie des *Battlefield Clearance* – der Schlachtfeldräumung – eingeführt. Das bedeutet ein großer Zeitgewinn.

Jetzt aber mussten wir jedes Stück Metall ausgraben, und sei es noch so winzig. Und trotz guter Kondition hatten wir nach 45 Minuten eine viertelstündige Pause zu machen, um uns zu erholen.

In dieser Zeit kontrollierte Piete, der Namibier, mit seinem Detektor, ob wir ordentlich gearbeitet hatten. Man hatte uns für die Räumung der Trassen Unterstützung durch eine Räummaschine zugesagt, sie sollte in der nächsten Woche kommen. Ich konnte mir nicht vorstellen, wie das funktionieren würde. Und auch die Kosten schockten mich. 7.500 DM pro Tag sollte das Wunderding kosten, aber in sechs Stunden auch 12.500 Quadratmeter bis in eine Tiefe von 35 Zentimeter bearbeiten. Auf diese Weise waren die zehn Kilometer bis Dakovo in drei Monaten zu schaffen und es wäre noch Zeit in Richtung Osijek.

Acht Stunden täglich auf den Knien. Im Hintergrund das E-Werk mit den zerstörten Masten

Schließlich traf sie ein. Sladko, der Konstrukteur, lobte sie in höchsten Tönen und Piete guckte verzückt. So lange ich nicht wusste, was sie wirklich brachte, hielt sich meine Begeisterung in Grenzen. Platz hatte sie auf einem Autoanhänger, sie wog vielleicht eine Tonne und wurde ferngesteuert. Das Fahrwerk erinnerte an einen Minibagger, bewegt wurde sie von einem Audi-Motor mit fünf Zylindern.

Vorn saßen auf einer Spindel 32 Schlegel an Ketten. Die Schlegel ließen sich verstellen, so dass man eine Tiefe bis zu einem halben Meter bearbeiten konnte. Aufgrund der Rotation der Welle sollten die Schlegel in den Boden eindringen und alles pulverisieren. Soweit die Theorie. Sladko versicherte mir, dass das System bewährt sei, schließlich habe er es sich beim Biber, dem Minenräumpanzer der Bundeswehr, abgeguckt.

Zwei Maschinisten hatte er dabei, die blieben die ganze Zeit. Morgen wollten sie beginnen. Mit Piete legte ich den Platz fest, wo sie starten sollten. Pünktlich 6 Uhr, ungewöhnlich auf dem Balkan, erschien auch die Maschinenbesatzung. Wir nahmen die Arbeit auf:

Die Wundermaschine, die täglich 7.500 DM kosten sollte, jedoch zunächst kläglich versagte

die einen mit der Fernbedienung, wir auf Knien. Die Maschine zog Bahn für Bahn. Nach 30 Minuten hatte sie soviel geräumt wie wir an einem ganzen Tag. Dann aber stoppte das Wunderding, irgendwas mit der Hydraulik, hieß es. Das war's, die Ersatzteile fehlen. Die Mannschaft musste nach Zagreb.

Piete unterzog der geräumten Fläche einer Qualitätskontrolle. Ich auch. Von den drei am Vorabend vergrabenen Wurstdosen in verschiedenen Tiefen gab es nur noch Späne. Okay, Tiefe und Qualität hatte das Gerät erst einmal gehalten. Überzeugt war ich aber noch immer nicht.

Die Woche verlief, wie sie begonnen hatte. Die Maschine lief vielleicht zwei Stunden am Tag, dann musste sie repariert werden. Freitagmorgen kam vor Arbeitsbeginn Tomek, der Maschinenführer, zu mir und sagte: »Sladko kommt heute und will das Geld für die Woche haben.«

Ich blickte, als hätte ich mich verhört. »Was will er haben?«

Tomek wiederholte: »Das Geld für die Woche.«

»Nichts ist«, entgegnete ich. »Diese Woche war nur Test.«

Tomek griff zum Telefon, Piete auch.

Ich empfand es als Frechheit und wandte mich zum Gehen, aber die Telefonate waren schneller beendet als ich dachte.

Piete sagte: »Sladko will dich in zwei Stunden in einer Gaststätte in Osijek treffen.« Tomek nickte zur Bekräftigung.

Es begann so, wie ich es mir gedacht hatte. Pflaumenschnaps und gutes Essen, erst einmal anstoßen, bevor wir reden.

Ich lehnte ab. »Bevor wir anstoßen, reden wir besser.«

Da keiner seiner Leute sprechen wollte, fing ich an. »Laut Vertrag wollt ihr in sechs Stunden 12.500 Quadratmeter beräumen und dafür 7.500 DM haben. Was habt ihr aber geschafft? So gut wie nix.«

Sladko versuchte es auf die Mitleidstour. Es sei schwierig mit den Ersatzteilen und so weiter.

Ich hielt dagegen: Wenn du so eine Scheißmaschine hast, die alle Nasen lang kaputtgeht, darfst du nicht solche Zusagen machen und entsprechende Verträge unterschreiben.«

Piete wurde blass und Sladko trat der Schweiß auf die Stirn.

Ich schlug vor, den Vertrag zu vergessen und lediglich die mit der Maschine tatsächlich beräumten Quadratmeter zu bezahlen. Das befreite mich auch von einer anderen Sorge. Ich verfügte über einige Hunderttausend D-Mark, die vom Auswärtigen Amt kamen. Dort rechnete man für das Beräumen eines Quadratmeters mit etwa 25 bis 50 US-Dollar; überzog ich den bewilligten Etat, wurde nicht etwa nachgelegt, sondern das Projekt gestoppt. Wenn ich also die Berechnungsbasis umstellte, konnte ich meine Ausgaben besser steuern, und wenn ich einen guten Preis aushandelte: umso besser. (Zum Vergleich: Die Produktionskosten einer Mine lagen zwischen drei und fünf Dollar, also bei einem Zehntel der Aufwendungen zu ihrer Beseitigung.)

»Wie viel D-Mark verlangst du für den Meter?«, fragte ich.

2,35 – schoss es wie aus der Pistole.

Gleich darauf einzugehen, war taktisch unklug. Also sagte ich: »Ich werde mir grünes Licht aus Deutschland holen. Aber wenn ich irgendwelche Qualitätsmängel finde, dann zahle ich nur die Hälfte.«

»Und was ist mit dem, was wir dieser Woche gemacht haben?«, legte Sladko nach.

»Ihr habt genau das geschafft, was ihr laut Vertrag in zwei Tagen schaffen wolltet. Diese zwei Tage bezahl ich euch sofort.« Piete griff zu seinem Handy, Sladko war zu frieden und ich hatte Hunger. Es war alles geregelt und alle waren zufrieden.

Als wir uns trennten, schlug mir Piete auf die Schulten: »Du bis ein guter Mann. Du hast seine Probleme verstandenen, die Leistung gewürdigt und ihm eine Lösung angeboten, mit der wir alle leben können. Habe ich nicht von dir erwartet.«

»Das Ziel ist wichtig, nicht, wie man es erreicht«, antwortete ich und unterließ zu fragen, warum er das nicht von mir erwartet hatte.

Wenn man täglich zusammenarbeitet, blieb es nicht aus, dass man am Leben der anderen teilnahm. Jeder hatte seine Erfahrungen gesammelt und den Krieg auf seine eigene Art und Weise erlebt. Tomek und sein Gehilfe, die Maschinenbesatzung, hatten als Soldaten auf verschiedenen Seiten gekämpft. Vor drei Jahren lagen sie sich unweit von Ernestinovo gegenüber und waren bereit, sich gegenseitig zu töten. Nun arbeiteten sie zusammen. Tomek, der Kroate, wusste, wo die kroatischen Minen lagen und welche Minen verlegt wurden. Sein Gehilfe, ein Serbe, kannte die serbischen Minenfelder. Beide leisteten dadurch effektive Arbeit. Das sah auch Sladko. Wenn die beiden miteinander redeten, dann nur über fachliche Dinge: Minentypen und ihre Herkunft – aus Deutschland, Italien, Israel, USA und jugoslawischen Beständen.

Ganz am Anfang statteten sie uns mit einem Schlüssel zur Entschärfung einer PROM aus. Diese Splitter-Spring-Mine aus jugoslawischer Produktion explodierte nach der Auslösung in einer Höhe von anderthalb Metern, ihre Splitter waren bis zu einer Entfernung von 300 Metern tödlich. Sie konnte nur mit diesem Schlüssel *ge*schärft und *ent*schärft werden.

Ab und an mache ich in Tiripnia, einem Vorort von Vukovar, Station. Dort wohnte Jovan, ein Serbe, der schon im Vorjahr für uns als *Deminer*, also als Räumarbeiter, tätig gewesen war. Wir setzten uns und tranken Kaffee. Er begann zu erzählen, denn er nutzte meine Anwesenheit, um sich manches von der Seele zu reden.

»Du musst unterscheiden. Nicht jeder wollte einen Krieg. Ihr Deutschen wurdet ja noch von Goebbels gefragt: Wollt ihr den totalen Krieg? Uns hat auch nicht einmal einer gefragt, ob wir Kroaten werden wollten. Entweder du wirst es, oder du bist heimatlos! Ich war Soldat in der jugoslawischen Volksarmee, auch Kroaten oder Bosniaken waren in meiner Einheit. Wir lagen in Ernestinovo, dort, wo ihr jetzt arbeitet. Uns gegenüber standen die Kroaten, ehemals Miliz, nun reguläre Armee. Von denen wollte auch nicht jeder den Krieg, Verrückte aber gibt es überall. Fast alle hatten eine Familie, jeder wollte überleben. So haben wir uns verhalten.«

Jovans Vater gesellte sich zu uns. Er war einst Förster.

»Seit Papa Pensionär ist, hat er ein schweres Leben. Jeden Morgen wird er um 4.30 Uhr wach. Dann geht er raus, schaut nach den Enten und Hühnern. Er muss aber am Weinkeller vorbei. Also schaut er erst einmal, wie der Wein vom letzten Jahr ist und ob der

Slivovic schon wieder ausflockte. Wenn er dann die Ställe geöffnet hat, muss er das Futter holen und wieder am Weinkeller vorbei. Mama ist schon zum Frühstück wütend.«

Papa hatte eine Flasche Pflaumenschnaps und drei Gläser in der Hand und setzte sich zu uns. Jovan fuhr fort. »Eines Tages schickte der Kommandeur der Kroaten eine Nachricht an unseren Kommandeur, sie müssten sich unbedingt sehen. Irgendwo außerhalb trafen sie sich. Am Abend rief unser Kommandeur alle zusammen. Die Kroaten hätten die Ankündigung bekommen, in Ernestinovo herrsche Ruhe und die Truppe werde an der Front in Dubrovnik gebraucht. 80 Prozent seiner Einheit sollten sich marschbereit machen und in zwei Tagen abmarschieren, wozu sie aber keine Lust hätten. Wir sollen doch etwas unternehmen.

Daraufhin wurde Munition ausgegeben, und pünktlich 22.03 Uhr begann der Feuerzauber. Jeder schoss wild durch die Gegend, wir durften aber keinen treffen oder verletzen. Die Kroaten schossen zurück. Aber auch dort passte jeder auf, dass er keinen traf. Etwa 30 Minuten später traf das Kommando der UNO ein und stellte sich zwischen beide Einheiten. Das Feuer wurde auf beiden Seiten eingestellt. Der Chef des UNO-Kommando zog einen großen weißen Kreis in der Mitte des Umspannwerkes, hisste die blaue Flagge und erklärte, dieses Gebiet stünde unter UNO-Verwaltung. Dann holte man beide Kommandeure zu sich. Damit ging der Zirkus zu Ende.

Am nächsten Tag meldeten die TV-Sender, dass es schwere Kämpfe in Ernestinovo gegeben habe.

Am Abend zogen alle Soldaten in den weißen Kreis. Die Kroaten hatten den Slivovic und unser Koch die Spanferkel. Der Kommandeur bedankte sich. Er hätte den Befehl bekommen, die Stellung weiter auszubauen und zu halten. Der Einsatzbefehl nach Dubrovnik sein vom Tisch.«

Das war wirklich ein Grund zum Feiern.

Wurde der Krieg wirklich von außen hereingetragen?

Jovans Papa fing nun an zu erzählen. »Jetzt haben wir das, was unser Marschall (*Tito – K.-H. W.*) zu verhindern gewusst hatte. Seit dem Zweiten Weltkrieg waren wir unabhängig und frei. In Kroatien

17

sind heute Deutsche, Engländer, Franzosen, Italiener und wollen uns sagen, was wir tun und lassen sollen. Nach Titos Tod wurden die Nationalisten immer stärker. Wir dachte Franjo (*Präsident Franjo Tudjman* [1922-1999] – *K.-H. W.*) hat alles im Griff, schließlich ist er unter Tito General gewesen und einer seiner Kampfgefährten bei den Partisanen. Du weißt ja selbst, was 1989/90 los war. Ganz Europa stand Kopf, wieso sollte es bei uns anders sein? Die Slowenen fingen an, aber die fühlten sich schon immer zu Österreich-Ungarn hingezogen und weniger zu Jugoslawien. Das kroatische Parlament beschloss, aus der Föderation auszuscheiden und eigenständig zu werden. Kaum war der Beschluss verkündet, wurde Kroatien auch schon von Deutschland – und nur von Deutschland – anerkannt.

Kroatien war in Jugoslawien das Zentrum der Leichtindustrie. Viele Konsumgüter wurden hier hergestellt. Rohstoffe und Strom kamen aus anderen Republiken. Die kroatischen Betriebe wollten, wie unter souveränen Staaten üblich, ihre Produkte für harte Währung verkaufen. Der Rest von Jugoslawien war einverstanden, verlangte aber, was verständlich war, für seine Rohstoffe und den Strom ebenfalls harte Währung. Darum hielt der Vorsitzende der Nationalistischen Partei im Parlament eine flammende Rede, dass Jugoslawien Kroatien ökonomisch bedrücke, also müsse man notfalls auch mit Waffen die Unabhängigkeit erstreiten. Diese Demagogie erzeugte ein unheimliches Klima und zog politische Schritte nach sich. Die in Kroatien stationierten Einheiten der jugoslawischen Volksarmee wurden aufgelöst und zu kroatische Truppen erklärt. Die Ustascha, eine in den 20er Jahren gegründete faschistische Bewegung, die mit Hilfe der deutschen Okkupanten 1941 einen *unabhängigen* Staat Kroatien schufen, wurden wieder aktiv und bildeten bewaffnete Milizen. Die Krajina, traditionell serbisches Siedlungsgebiet und eine der fruchtbarsten Gegenden, sollte auch kroatisch werden. Damit waren aber die serbische Nationalisten, die Tschetniks, nicht einverstanden und bildeten ebenfalls Milizen. Eines Nachts rückte eine Ustascha-Einheit in Vukovar ein, erschoss den Bürgermeister und stellte die Stadt unter kroatische

Verwaltung. Eine Woche später vernichtete eine Tschetnik-Einheit die Ustaschas. Vukovar war wieder serbisch. Alle aus ihren Ämtern verdrängten Serben wurden wieder eingesetzt.

Die kroatische Regierung sprach nun von einem Angriff auf ihren souveränen Staat und setzte die Armee in Richtung serbischer Grenze in Marsch. Der Nationalistenführer hetzte weiter gegen Serbien und gegen die Serben. Der Westen mit seiner Presse blies in das gleiche kroatische Horn. Du kannst dir nicht vorstellen, was hier los war. Nachbarn, die jahrelang friedlich nebeneinander und miteinander gelebt haben, empfanden sich plötzlich als Todfeinde. Ich weiß nicht, wie viele erschlagen oder erschossen wurden. Täglich trieben Leichen in der Donau. Greise, junge Männer, Frauen und selbst Kinder. Die Regierung in Belgrad forderte fast täglich, das Morden zu beenden, doch der Westen stachelte die kroatischen Nationalisten weiter an. Schließlich schickte Belgrad seine Soldaten. Jugoslawen schossen wieder auf Jugoslawen. Du siehst, wie Osijek oder Vukovar aussehen. Es war wie im Zweiten Weltkrieg. Viele Jugoslawen starben für fremde Interessen.

Es wird sehr lange dauern, bis Vukovar wieder jene schöne Stadt wird, die es einmal war. Es kommt zwar viel Geld ins Land, aber in Vukovar kommt davon nichts an, weil Franjo die Ruinen solange wie möglich als Symbol vermeintlicher serbischer Grausamkeit erhalten will. Jeder Staatsgast wird hierher geführt und jeder gibt Geld für den Wiederaufbau. Das Geld aber verschwindet in dunklen Kanälen. Alle in Europa haben zugesehen, als hier Krieg war. Alte Feindschaften brachen wieder auf. Die Nationalisten, die keine Stimme unter Tito bekamen, hatten plötzlich die Oberhand. Sieh dir nur mal das Staatswappen an. Es ist jenes, das die Ustascha im Zweiten Weltkrieg führte, nur die Reihenfolge der Farben wurde geändert. Als die Jugoslawische Armee kurz vor der kroatischen Hauptstadt Zagreb stand, griffen die USA ein. Ein halbes Jahrhundert hatten die USA und England vergeblich versucht, im Balkan Fuß zu fassen, nun gelang es. Mit UNO-Mandat.«

Jovans Vater schluckte und unterdrückte seine Tränen. Als Förster stand er im Dienste des jugoslawischen Staates. Mag sein, dass seine Darstellung darum ein wenig einseitig war, aber dem Prinzip nach hatte es sich so verhalten. Die eine Seite provozierte und die andere Seite reagierte. Die Reaktion löste wiederum eine Gegenreaktion aus, alles eskalierte, und am Ende wusste niemand mehr, wer angefangen hatte und um was es ging. Einig war man sich nur in einem: den eigenen Anteil am Konflikt zu verschleiern und im Bemühen, einen Schuldigen zu finden.

Wir hatten uns an der Offiziershochschule der NVA viel mit den Erfahrungen aus dem Zweiten Weltkrieg beschäftigt, Jugoslawien war nie ein Thema. Es passte sowenig wie Albanien ins Bild. Beide folgten nicht dem sowjetischen Modell und galten darum als abtrünnig. Eigentlich sollte man aus der Geschichte gelernt haben. Auf dem Balkan war der Ausbruch des Ersten Weltkriegs provoziert worden. In der Region kreuzten sich die Großmachtinteressen.

An jenem Tag kehrte ich mit schweren Gedanken in unser Quartier zurück.

Wochen später sagte Dolmetscherin Sladjana einmal zu mir: »Morgen musst du mich ganz früh abholen und ganz spät wieder zurückbringen, und wenn du was in Vukovar zu tun hast, musst du es ohne mich erledigen.«

»Warum?«

»Morgen ist der Tag, an dem Vukovar gefallen ist, da möchte ich nicht in der Stadt sein.«

Wir verabreden uns für 4.30 Uhr. Schon auf der Fahrt nach Vukovar war auf den Straßen ungewöhnlich viel Verkehr. Überall standen Polizisten und Sondermilizen. Ich setzte unsere Dolmetscherin an der Räumstelle in Ernestinovo ab und fuhr zurück nach Vukovar, um einen Termin bei der UNO-Vertretung wahrzunehmen. Inzwischen waren die Straßen nach Vukovar verstopft. Reisebusse über Reisebusse. Am Straßenrand standen langhaarige serbische Tschetniks mit schwarzen Bärten. Für sie war die Stadt tabu, ihre Reise hier zu Ende. Die Polizei hatte abgesperrt. Die Straßensperren der Polizei konnte ich ungehindert passieren, dank UN-ID.

In Vukovar sah es nicht anders aus. Die Insassen der meisten Busse trugen schwarze Uniformen und schwarze Barette. In einem langen Zug marschierten die kroatischen Ustaschas mit Siegesgesängen durch die Stadt. Die Kriegsversehrten in Rollstühlen oder auf Krücken zogen voran, begleitet von Geistlichen mit Bildern und Kreuzen. Mit lautstarken Parolen zogen sie zum Ufer der Donau und postieretn sich demonstrativ an der Grenze zu Serbien. Der Krieg war zwar offiziell zu Ende, aber der Konflikt noch lange nicht gelöst. So unwohl wie an jenem Tag habe ich mich selten gefühlt.

Ungeachtete aller schwelenden Konflikte innerhalb dieses Staates ging unsere Arbeit weiter. Piete erschien eines Montags mit einem Kaspir, einem Mannschaftstransporter aus Südafrika, auf der Räumstelle. Ein solches Fahrzeug war nahezu unverwundbar durch Minen. Ich fragte ihn, was er damit wolle. Er verwies auf das hohe Tempo von Sladkos Maschine, weshalb die Maschinisten sie vom Kaspir aus dirigieren könnten. Inzwischen schafften wir mit dieser Maschine fast 70.000 Quadratmeter pro Woche, Dakovo war in greifbare Nähe gerückt.

Diese hohe Arbeitsgeschwindigkeit warf in der Tat ein neues Problem auf. Mit fehlte das Personal, diese Flächen zu überprüfen. Ich redete mit Piete. Der telefonierte mit Zagreb, danach verabschiedet er sich rasch. Etwa eine Stunde später klingelte erst beim Maschinisten und dann bei mir das Handy. Wir sollen sofort die Arbeit mit der Maschine einstellen und mit dieser an den Ortsrand des Nachbardorfes kommen.

Am Rand des Maisfeldes: rechts Sladkos Maschine, links der Kaspir aus Südafrika, von dem sie gesteuert wurde

Piete erwartete uns dort vor einem Hohlweg in der Nähe eines kleinen Wäldchens. Das halbe Dorf schien sich dort versammelt zu haben. Eine Bäuerin hockte heulend am Boden, ihr Mann versuchte sie zu trösten. Während unsere Leute die Maschine entluden, berichtete Piete, dass der Hohlweg vermint sei, weshalb ihn die Bauern mieden. Nur eine Kuh habe sich nicht daran gehalten …

Ich sah im Unterholz ein Rind, das immer wieder versuchte, sich brüllend auf seinen blutigen Stümpfen aufzurichten. Dabei brüllte es entsetzlich vor Schmerzen. Und die Bauern mussten tatenlos zusehen, wegen der Minen konnte niemand sie von ihrem Leid erlösen. Die Kuh gehörte der Bäuerin, es war das einzige Tier, was ihr der Krieg gelassen hatte.

Tomek brachte die Maschine in Stellung und manövrierte mit der Präzision eines Uhrmachers die Maschine an das Tier. Inzwischen war auch die Polizei eingetroffen, die aber eher gelangweilt der Rettungsaktion zuschaute statt Sicherungsaufgaben zu erfüllen. Es war ja ein serbisches Problem. Als eine Trasse zum Tier geräumt war, holte ein Bauer mit einem Radlader das verwundete Tier aus dem Wald. Jemand beendete mit einer Axt ihr Leiden.

Tomek arbeitete weiter im Hohlweg. Nach etwa 45 Minuten meldete er den Weg bis auf jeweils einen halben Meter an den Rändern als frei. Piete gab mir ein Zeichen.

Ich zog meine Weste an, setzte das Visier auf, nahm meinen Detektor und begann mit der Suche an der rechten Wegseite. Piete folgte in einem Abstand von etwa 25 Meter, einmal zur Sicherung und um auf der linke Seite mit dem Räumen zu beginnen. Zunächst war alles ruhig, bis mein Detektor ein kleines Signal anzeigte. Ich begann zu graben. Was ich dann fand, treibt mir noch heute den Schweiß auf die Stirn und einen eiskalten Schauer über den Rücken. Ich hatte ein *Sandwich* erwischt. So nannte man übereinander gestapelte Panzerminen, die von einer einfachen Personenmine ausgelöst wurden. Eine solche Ladung mit vier, fünf Minen warf jedes gepanzerte Fahrzeug auf die Seite und blockierte einen Weg. Handelte es sich um eine Kolonne, sprangen Soldaten von den nachfolgenden Fahrzeugen direkt ins Verderben, nämlich in die Minen am Wegesrand. Das war eine sehr beliebte Taktik auf beiden kriegführenden Seiten.

Nach etwa drei Stunden hatten wir es geschafft, insgesamt fünf dieser Sandwiches ausgegraben. Der Weg war frei. Die Bauern klopften uns anerkennend auf die Schultern. Einer reichte uns einen Slivovic. Sogar Piete, der sonst nur Wein trinkt, setzte die Flasche erleichtert an die Lippen. Die Minen übergab er der Polizei. Tomek verlud die Maschine. Nunmehr fiel die Anspannung von uns ab, und ich spürte erst jetzt, wie »weich« meine Knie waren.

Ein alter Mann, der ehemalige Bürgermeister, kam zu mir. Er sei froh, das es nur die Kuh getroffen habe und keinen Bauern, der die Ernte einbringen wollte. Fast alle waren glücklich, bis auf die Bauernfamilie, die ihre Kuh verloren hatte. Ihr Haus war soweit hergestellt, das sie darin wohnen konnten, aber hatten weder Strom noch fließend Wasser. Der Garten reicht für die Selbstversorgung, die Kinder schlugen sich im Ausland durch und unterstützten die Eltern. Und nun hatten sie die sie nährende Kuh eingebüßt. Zu einem Neuanfang an einem anderen Ort war es zu spät, die biologische Uhr ließ sich nicht zurückdrehen. Der Bürgermeister wusste auch nicht, was aus ihnen werde, wie er mir bedeutete, aber die Dorfgemeinschaft werde sie so gut wie möglich unterstützen.

Spätabends rief Piete noch einmal an. Wir bekämen in der nächsten Woche eine Hundestaffel für die Qualitätskontrolle, sagte er. Pünktlich am Montag traf sie ein. Die »Staffel« bestand aus dem Südafrikaner Rocco, dem Hundeführer, ein gedrungener Weißer mit dicker massiver Goldkette um den Hals, und einem Schäferhund. Beide gingen sofort an die Arbeit.

Nach 30 Minuten machte Rocco Pause, der Hund spielte mit Mina, einer jungen Mischlingshündin. Mina war unser Maskottchen und hauste auf dem Gelände des Umspannwerkes. Bei unserem ersten Zusammentreffen wollte sie uns noch aus ihrem Revier jagen, sie war aber so schwach, dass sie sich beim Bellen an eine Wand lehnen musste, um nicht umzufallen. Wir beschlossen sie aufzupäppeln. Inzwischen war sie kräftig geworden, wartete geduldig am Rand des Feldes, bis wir zur Pause kamen, um dann von

Der Südafrikaner Rocco mit seiner Schäferhündin bei der Arbeit

jedem ein Leckerli zu erbetteln. Der große Schäferhund spielte also mit der kleinen Mina.

Rocco setzt sich zu mir und begann von seinem Hund zu erzählen. Nicht jeder tauge als Sprengstoffhund. Die Ausbildung dauere lange, aber wenn er nicht bestimmte Eigenschaften besäße, nütze auch die beste Ausbildung nichts, erklärte mir Rocco. Jetzt müsse der Hund erst einmal sechs Monate in Kroatien »trainieren«, bis er aus all den ihm fremden Gerüchen im Lande den Sprengstoff herausfindet. Die Zahl der einsatzbereiten Hunde sei begrenzt und der Bedarf groß, deshalb müsse er hier soviel wie möglich schaffen. Dennoch: Nach 30 Minuten brauche der Hund eine Pause.

Unsere Tätigkeit fand große Resonanz. Die Ruhe, die wir anfangs hatten, war bald dahin. Medienvertreter, Vereine und Institutionen wollten Auskünfte und Erfahrungsberichte. Das Minenzentrum in Zagreb reagierte auf meinen Protest abweisend: »Was willst du? Ihr seit die Einzigen, die alle drei gängigen Räummethoden zusammen und so effektiv einsetzen wie es noch niemand vor euch tat.« Diese Anerkennung erfreute, aber letztlich drängte sie den Anlass unserer Arbeit in den Hintergrund. Und der war nun wahrlich nicht erbaulich. Das aber machte den zwiespältigen Charakter sichtbar: Wir räumten den gefährlichen Dreck weg, den andere anrichteten.

Fundmunition

Dem warmen Sommer folgte ein sonniger Herbst. Sladkos Maschine schlug erfolgreich die Zehn-Kilometer-Trasse, Rocco und sein Hund waren nach Zagreb zurückgekehrt und der 500-Meter-Streifen um das Werk minenfrei. Wir fanden gottlob wenig Munition, dafür wuchs der Hügel aus aufgefundenem Schrott unablässig. Jetzt, Anfang November, wollten wir in Richtung Osten starten, die Trasse nach Osijek schlagen. Nach den Informationen, die wir erhielten, lägen drei Minenfelder in unserer Schneise. Aus diesem Grunde wurden Minenschuhe verteilt. Sie hatten eine speziellen Sohle und boten allenfalls zusätzlichen Schutz, auch wenn die Gefährdung dadurch nicht sank. Die Sohlen dämpften die Schockwelle der Detonation, verhinderten aber weder Knalltrauma noch Knochenbrüche, aber Knochen und Gelenke wurden nicht zertrümmert, dass die Extremitäten amputiert werden mussten. Bei Labor- und Praxistests hatte man festgestellt, dass bei einer Belastung von 100 Detonationen theoretisch nicht eine Amputation notwendig wäre. Was für eine Beruhigung.

Das Wetter war ungewöhnlich mild, so dass wir ungehindert und routiniert arbeiten konnten. Weniger ruhig war die innenpolitische Lage in Kroatien. Nach der Umbildung der Regierung führte die Polizei verstärkt Razzien durch, Unmengen von Waffen und Munition, die noch illegal im Umlauf waren, wurden beschlagnahmt. Die Angst ging um. Wenn wir morgens auf unserer Räumstelle erschienen, war dort in der Nacht Munition abgeladen worden. Die Besitzer hatten sich unerkannt ihrer entledigt, um nicht wegen illegalen Waffenbesitzes verhaftet zu werden.

Langsam kam die Wirtschaft des Landes in Gang. In der Nähe von Osijek öffnete ein Hotelkomplex. Das angeschlossene Wellnessbad wurde mit »Schwarzwasser« gespeist, einem Abfallprodukt der Erdölverarbeitung. Wegen des hohen Anteils an Fetten galt es als besonders gut für die Haut. In Vukovar öffnete das Hotel »Donau«, genauer: die ersten drei Etagen. Die oberen waren ausgebrannt und allenfalls notdürftig gesichert. Die Einschläge der Geschosse in den Wänden waren unverändert sichtbar wie auch andere zerstörte Gebäude in ihrem traurigen Zustand belassen wurden. Hinter vorgehaltener Hand erzählte man sich, dass es nicht an den fehlenden Mitteln läge, sondern am fehlenden Willen. Mancher formulierte noch deutlicher: Man brauche die Ruinen, um die Spendenfreudigkeit des Auslandes zu erhöhen. Kaum ein Staatsgast, der Kroatien besuchte, kam umhin, der »von Serben« zerstörten Stadt seine Aufwartung zu machen.

An der Donau hatte man ein großes weißes Kreuz aufgestellt. Für die serbisch-orthodoxen Gläubigen am jenseitigen Ufer war das eine Provokation. Und als solche war sie auch gedacht: das christliche Abendland markierte seine Grenze zu den slawischen Heiden.

In Dalje, unserem Dorf, ging alles seinen gewohnten, normalen Gang. Wir waren angenommen worden und wurden, da Hände fehlten, oft um Hilfe gebeten. Sei es beim Holzhacken oder bei anderen schweren Arbeiten. Wir leisteten sie gern am arbeitsfreien Sonntag. Meist wurden wir danach zum Essen eingeladen. Für Politik schien sich von den Dörflern kaum einer zu interessieren, alle waren intensiv damit beschäftigt, sich auf den Winter vorzubereiten. Nachdem beispielsweise die Maiskörner vom Kolben per Hand gepult worden waren, wurde der Rest als Brennmaterial eingelagert.

Am Sonntagmorgen weckte uns das Kreischen der Kreissäge und das Quieken der Ferkel, die ihrer Männlichkeit beraubt wurden. Dann klingelte irgendwo eine mobile Schnapsbrennanlage. Werktags wie am Wochenende lebte das Dorf. Jovan feierte Kindtaufe und wir waren seine Gäste.

Es war ein typisch serbisches Fest, mit Popen, Pop-Musik und Tanz. Sladjana heiratete ihren Igor und das ganze Dorf feierte mit Spanferkel, Tanz und Wodka. Die hübsche Sladjana war Mitte 30, blond, großgewachsen und eine Seele von Mensch. Jahrelang hatte sie in der Schweiz gelebt und mit dem Einkommen ihre Mutter und den Bruder ernährt. Als der Krieg begann, war sie zurückgekehrt. Familie sei wichtiger als buntes Papier, sagte sie, womit sie Banknoten meinte. Und warum Igor, fragte ich sie? Weil sie ihn liebe und weil es jetzt an ihr sei zu helfen, nachdem er zunächst ihnen geholfen habe. Denn wenn Igor in seine Heimat zurückkehrte, gehe es ihm dort weitaus schlechter als ihnen hier.

In Vorbereitung der Hochzeit kauften wir mit unserer Rationskarte in den PX- und UN-Duty Free-Läden alles, was man bekommen konnte. Igor war russischer Fallschirmjäger, der mit der UN-Friedenstruppe kam, aber nicht mit ihr abzog. Er blieb bei Sladjana und steuerte mit kleinen Jobs etwas Geld bei, aber Sladjana ernährte die ganze Familie. Vadim lud uns zu allen Familienfeiern ein. So lernten wir auch seine Kinder kennen. Ein Nachbar bat uns zur Weinprobe, weil sein Wein besonders gut geraten sei.

Zu meinem Geburtstag im November versammelte sich alles, was Beine hatte. So international feierte ich nie wieder. Da waren Vadim und Jovanka aus Kroatien, die Serbin Sladjana mit ihrem Mann Igor aus Russland, Piete aus Namibia, Rocco aus Südafrika, Mirijana mit ihrem Mann aus Bosnien ... Nach dem Genuss von einigen Litern Wein und Selbstgebrannten lichtete sich das babylonische Sprachgewirr, jeder verstand jeden. So friedlich konnten Menschen unterschiedlicher Nationalität miteinander umgehen. Das waren Erfahrungen, die mich tief berührten. Trotz der schweren, gefährlichen Arbeit machten sie das Leben leicht, auch wenn wir in Ernestinovo an jedem Tag an den Krieg erinnert wurden. Die zerschossenen Stahlmasten ragten wie Ausrufezeichen in den blauen Himmel.

Nach vier Monaten, in denen ich Vukovar regelmäßig besucht hatte, entdeckte ich zwischen den Trümmern eine neue ganz normale Tankstelle mit Zapfsäulen und einem Tankwart. Nicht nur Autos mit UN-Kennzeichen zapften dort, sondern auch Fahrzeuge mit den Kennzeichen VU (für Vukovar), OS (für Osijek) oder ZG (für Zagreb). Das Leben kehrte zurück. Tankwart Istvan besserte sein Gehalt auf, indem er an Geschäftsleute Tankquittungen verkaufte, damit diese Steuern sparten.

Inzwischen waren mit Hilfe der EU Wohnungen neu gebaut und bereits bezogen worden. Als ich Sladjana fragte, die noch in einem zerstörten Haus wohnte, ob sie nicht dort einziehen wolle, erfuhr ich, dass diese Wohnungen nur an Personen vergeben wurden, die kroatischer Abstammung waren. Nach dem Krieg und der Etablierung des Staates Kroatien wurde ein Staatsbürgerschaftsgesetz erlassen. Alle serbischen Namen wurden in kroatische umgewandelt, wer sich verweigerte, wurde des Landes verwiesen. Bestehende Ehen zwischen Angehörigen verschiedener Nationalitäten, im Vielvölkerstaat Jugoslawien nicht ungewöhnlich, mussten neu geschlossen werden. Verwandtschaftsverhältnisse wurden überprüft, Städte und Dörfer ethnisch sortiert. Das alles erinnerte mich fatal an die 30er Jahre in meinem Land und an die Nürnberger Rassegesetze.

Uns UN-Mitarbeitern war erlaubt, nach Ungarn zu fahren, um uns mit Lebensmitteln zu versorgen. Der nächste größere Ort hinter der Grenze war Hakany, ein Kurort mit Heilbad. Einmal sagte mir ein Zöllner auf der ungarischen Seite, wenn ich guten Wein kaufen wolle, müsse ich an der ersten Querstraße nach rechts abbiegen, bis zum nächsten Dorf fahren, am fünften Haus auf der linken Straßenseite halten und nach Laszlo fragen.

Ich folgte dem Hinweis und wurde vom 87-jährigen Laszlo gefragt: »Hat dich mein Enkel geschickt?«

Laszlo hatte graue Haare, die Haut war sonnenverbrannt. Er stellte Gläser auf den Tisch, ging in den Keller und kam mit zwei

Kanistern zurück, drinnen jeweils fünf Liter Wein. Erst schenkte er von dem Weißen ein, nur zur Probe. Der angenehm fruchtige, klare Wein erfrischte sehr. Dann der Rote: ähnlich gut, kein Vergleich mit dem Wein aus dem Supermarkt. Ob ich Urlaub mache, erkundigte er sich, und wie es mir hier gefalle.

Ich erklärte ihm den Grund meines Hierseins, dass wir in Kroatien die Folgen des Krieges beseitigten, indem wir Minen und Blindgänger räumten. Der Alte nickte verständnisvoll mit dem Kopf, er wisse, was Krieg bedeute, und freue sich, dass es Menschen wie uns gäbe. Dann stand er auf, nahm die beiden Kanister und verschwand. Wir waren irritiert.

Nach etwa fünf Minuten kehrte er wieder. Er trug zwei Kanister wie vorhin. Er könnte uns nicht den Touristenwein verkaufen, sagte er. Für besondere Menschen hätte er auch einen besonderen Wein. Es war wie in der Ouzo-Werbung im Fernsehen, wo einer den Wirt um eine Flasche Anisschnaps »für meine Freunde« bittet, und als der Grieche ihm eine reicht, schüttelt er den Kopf und sagt: »für meine *guten* Freunde«.

Wir waren tief gerührt. Unsere Arbeit war doch nichts Besonderes in unseren Augen. Aber für Menschen wie den alten Laszlo schon. Wir könnten jederzeit wiederkommen, sagte er beim Abschied augenzwinkernd. Wir hatten verstanden und freuten uns, das unsere Tätigkeit so hoch geschätzt war – obgleich wir noch im Nachbarland und nicht hier räumten.

Bei der Ausreise erkundigte sich der Zöllner, ob wir bei Laszlo gewesen seien.

Wir nickten.

Dann hätten wir auch nichts zu verzollen, sagte der Ungar und ließ uns passieren. Das sollte sich später stets wiederholen.

In Hakany tauschen wir Forint ein und kauften, was wir die Woche über brauchten. Danach gingen wir essen und anschließend ins Heilbad. Neben Ungarn räkelten sich viele deutsche Touristen, es gab, wie ich erfuhr, eine direkte Busverbindung nach Frankfurt am Main. Zum Bad gehörten ein Hotel, ein Café und ein Restaurant. Wir nutzten nur das Bad. Es war eine großzügig angelegte

Anlage mit mehren Becken und unterschiedlichen Wassertemperaturen. Die Becken waren zum Schwimmen ungeeignet. Die meisten Gäste lagen im Wasser, lasen, spielten Schach oder tobten mit ihren Kindern.

Überall hingen Hinweisschilder. Neben der chemischen Zusammensetzung des Wassers wurde informiert, wofür es gut sei und wogegen, also welche Leiden es lindere, insbesondere in den Gelenken. Ganz wichtig war der Hinweis, dass man nicht länger als 30 Minuten im Wasser bleiben solle. Wir nahmen das nicht sehr ernst. Nach einer halben Stunde im 24 Grad-Becken wechselte ich hinüber ins Becken mit 37 Grad und nach weiteren 30 Minuten in das letzte Becken, direkt an der Quelle. Am Beckenrand betrug die Temperatur 43 Grad und steigerte sich, je näher man der Quelle kam bis auf 87. Dort hielt ich es nur 15 Minuten am Beckenrand aus. Die Härtesten unter den Badegästen standen etwa einen halben Meter vor der Quelle, wo das Wasser fast kochte.

Das Bad war eine angenehme Erholung für die müden Knochen. An fünf Tagen krochen wir auf allen Vieren über die kroatische Erde. Kein Baum schützte uns vor der prallen Sonne. Dazu die permanente Nervenanspannung. Das alles forderte seinen Tribut.

Abends fuhren wir zurück. Oft war es bereits dunkel. Wir passierten auf kroatischer Seite Siedlungen, die von Straßenlaternen prächtig beleuchtet waren und ihr Licht auf neuen Asphalt warfen. Doch dann tauchte der Wagen in die Finsternis, es rumpelte, Schlagloch folgte auf Schlagloch, in den Fernstern flackerte Kerzenlicht. Wir hatten das Serbenviertel erreicht. So spürte man selbst in der Nacht die Nationalitätenpolitik der kroatischen Regierung.

In Vukovar verhielt es sich nicht anders. In der Innenstadt wurde eine Straße rekonstruiert, in die Läden zogen kroatische Geschäftsleute ein. Der Fleischer und der Fischhändler wurden dreimal in der Woche mit frischer Ware beliefert. Eine Querstraße weiter hatten noch einige Serben ihre Läden, viele gaben bereits auf. Sie gehörten nicht zur Lieferkette und mussten sich selbst darum kümmern, was sie in die Regale bekamen. Allerdings schauten der Zoll, die Hygiene und das Gewerbeamt jede Woche einmal nach ihnen.

Ähnliches berichtete auch Vadim, unser Vermieter. Er ist serbischer Abstammung und lebte während des Krieges im Ausland. Jovanka, seine Frau, ist Kroatin und kümmerte sich in jener Zeit um die Kinder. Sie lebten damals, trotz aller Entbehrungen, im bescheidenen Wohlstand. Jetzt hatten sie sich zu entscheiden: ist die Familie serbisch oder kroatisch. Vadim entschied sich, der Kinder und der Liebe wegen, zu konvertieren und Kroate zu werden. Dadurch konnten die Kinder eine Berufsausbildung als Lehrerin und als Zöllner absolvieren und Arbeit finden. Die Familie blieb jedoch im Serbenviertel wohnen. Das bedeutete für sie, den dreifachen Strompreis zu zahlen haben – während ihre Kinder im kroatischen Staatsdienst den Strom kostenlos erhielten.

Äußerlich, so empfand ich, wird sich nach und nach alles normalisieren, doch die nach dem Krieg aufgerissenen Gräben würden noch lange bestehen.

Sladko, der Konstrukteur unserer Maschine, erschien bereits am Donnerstag auf die Räumstelle. Sonst kam er doch immer am Freitag, machte mit mir die Abrechnung der Wochenleistung und kassierte das Geld. Auch Piete war verunsichert. Warum erschien Sladko mit seinem Jeep, den er für wenig Geld aus dem UN-Fuhrpark gekauft hatte, vor der Zeit?

Er stoppte auf unserem Pausenplatz, öffnete den Kofferraum und stellte einen Karton Whiskey vor uns hin. »Für euch, fürs Wochenende. Piete und dich erwarte ich heute Abend bei Miriana.« Er zeigte in meine Richtung, stieg wieder ein und fuhr los.

Wir schauten uns fragend an. Keiner wusste, was diese Einladung zu bedeuten hatte.

»Miriana« war ein kleines Restaurant mit traditioneller, erlesener Küche. Idyllisch gelegen, unter ausladenden Bäumen standen die Tische, man blickte auf die sich träge dahinwälzende Donau. Sladko erwartete uns bereits an einem gedeckten Tisch.

»Was ist los?«, erkundigte ich mich besorgt. Ich hatte noch unsere Preisverhandlungen im Hinterkopf.

Sladko sagte: »Erst einmal wollen wir anstoßen.«

Der Selbstgebrannte feuerte den Hals hinunter.

Nachdem wir uns gesetzt hatten, begann Sladko. »Ich habe euch eingeladen, weil ihr mich, meine Firma, meine Mitarbeiter und unsere Familien gerettet habt. Vor einem Jahr hatte ich einen Vertrag mit den *Mungos*. Ich habe 1,2 Millionen Quadratmeter für die geräumt. Die waren sehr zufrieden mit unserer Arbeit und wollten meine Firma kaufen. Ich lehnte ab. Also bezahlten sie nicht. Aber in jedem Monat stand das Finanzamt vor der Tür, manchmal schon mit der Polizei, um die Abgaben einzutreiben. Die Bank wollte meinen Kredit kündigen, Aufträge blieben aus, und jeden Monat fragten die Mungos an, ob ich verkaufen wolle. Ich sagte immer: nein.

Als mir das Wasser bis zum Hals stand, kamst du, Kalle, und ich hatte fortan einen zuverlässigen Partner, der wöchentlich bar zahlte. Zu Beginn unserer Zusammenarbeit hatte ich noch nicht einmal das Geld, notwendige Ersatzteile kaufen zu können. Dann unsere Verhandlungen und einen für beide Seiten guten Preis. Nun ja, heute ist das Geld der Mungos angekommen. Mit eurer Hilfe haben wir gewonnen.«

Von den *Mungos,* einer kommerziell tätigen kroatischen Räumfirma, die von einem Ex-General geleitet wurde, und ihren dubiosen Geschäftspraktiken hatte ich auch schon gehört und sah, dass man bei ihnen auf Abstand hielt. Auf unserer Räumstelle waren einige Vertreter der Firma, die im Besitz der Tochter des kroatischen Präsidenten war, einmal kurz zu Besuch gekommen. Ich maß der Visite aber weiter keine Bedeutung bei. Jetzt aber sah ich das ein wenig anders.

Das Unternehmen – zwar zivil, dennoch militärische strukturiert – sollte dem Vernehmen nach etwa 2.400 ehemalige Soldaten beschäftigen und für jeden von der UNO 14.500 US-Dollar pro Monat beziehen. Den Räumarbeitern auf dem Feld, die mit alter, verschlissener Ausrüstung im Einsatz waren, bekamen jedoch lediglich 2.400 D-Mark und das Versprechen, dass im Falle eines Unfalls die Hinterbliebenen eine Kriegsheldenrente erhielten. Sie arbeiteten außerhalb jeden Standards und räumten in einer Reihe, versetzt um zwei Meter Abstand. Das war kriminell. International sind 25 Meter und in eine Richtung vorgeschrieben, auf diese Weise entstanden Räumfelder von 25 mal 25 Metern. Diese Überlegung fußt auf dem Wissen, dass eine Antipersonenmine eine tödliche Wirkung von 20 bis 25 Meter hat. Bei einem Sicherheitsabstand von zwei Metern bedeutete dies im Ernstfall einen Verlust von fünf Mann. Insofern verdiente die Anweisung einer solchen Räumtechnik die Bezeichnung »menschenverachtend«.

Die Dichte ist auch klar: Je mehr Leute im Einsatz waren, desto höher waren die Überweisungen.

Hinzu kam noch das erkennbare Bestreben des Unternehmens, sich in Kroatien eine Monopolstellung zu verschaffen. Es hatte zunächst einen sogenannten Standortvorteil. Scheiterten beispielsweise ausländische Bewerber, die sich auf eine Ausschreibung des Staates Kroatien bewarben, bereits am Beschaffen von Information über das Territorium – der einheimische Mitbewerber kannte diese Probleme nicht: Er bekam mühelos Unterlagen von Behörden und aus Archiven. Damit aber wusste er, dass – nehmen wir beispielsweise an, ein Angebot über zehn Hektar war erbeten wurde – eventuell tatsächlich nur zwei Hektar munitionsverseucht und damit zu beräumen waren, entsprechend lautete das Angebot, womit die »Mungos« jedes Angebot der Konkurrenz, die natürlich von der fünffachen Fläche ausging, spielend unterbot und darum den Zuschlag erhielt.

Fast unmerklich ging der Herbst in den Winter über. Eines Morgens wurde ich wach, es war kalt und die Landschaft war mit Schnee bedeckt. Der Frost und der Schnee behinderten unsere Arbeiten auf der Räumstelle derart, dass wir sie einstellen mussten, ehe wir auch nur eines der Minenfelder erreicht hatten. Da unser Einsatz jedoch zeitlich befristet war, blieb es eine Aufgabe für unsere Nachfolger.

Anfang Dezember fuhren wir letztmalig vorm Jahreswechsel nach Ungarn, gönnten unseren geschundenen Knochen ein Bad und deckten uns mit Spezialitäten ein. Jeder bereitete sich auf seine Weise auf die Heimreise vor.

Einer von uns fuhr eine Woche vor der Abreise mit unserem Jeep gegen einen Baum. Er war bei Glatteis ins Rutschen gekommen und hatte dabei auch ein Verkehrsschild beschädigt. Beides – das defekte Auto wie auch das Schild – sollten sich als Riesenprobleme erweisen. Eigentümer des Verkehrszeichens war der kroatische Staat, der gegen den Fahrer klagte. Wir fanden einen Rechtsanwalt, der sich unserer Sache annahm. Am Ende verlangte das Gericht 500 D-Mark plus Nebenkosten, alles in allem also rund tausend Mark, und das war vergleichsweise glimpflich. Nicht so leicht hingegen erwies sich die Reparatur des Fahrzeugs. Milan, ein Mann mit goldenen Händen, schaffte es in drei Tagen, das Auto wieder flottzukriegen – bis auf die Airbags, die er nicht auf ihre ursprüngliche Größe zusammenfalten konnte, und die Ersatzteile, die wir in Deutschland angefordert hatten. Der Transporter stand im Niemandsland zwischen Österreich und Slowenien. Der slowenische Zoll ließ ihn nicht passieren, weil der Warenwert der Ersatzteile für eine Person unzulässig hoch war. Die Österreicher ließen ihn nicht wieder herein, weil es sich nunmehr um einen unzulässigen Import in die EU handelte. Ich rief im *Mine Action Center* (MAC) in der kroatischen Hauptstadt Zagreb an und bat um Hilfe. Nach zwei Stunden meldete sich Belinda, die Assistentin des MAC-Chefs. Sie hatte an alle zuständigen Grenzzollstellen Faxe geschickt, die Wirkung erzielten. Obgleich meine Meinung über die UNO aufgrund meiner Einblicke nicht sonderlich gut war, freute ich mich, ihre Macht nun einmal nutzen zu dürfen. Der Ersatzteillieferant durfte endlich in Kroatien einreisen.

Am Tag unserer Abfahrt erschien das halbe Dorf. Mina, unser Maskottchen, wich nicht von unserer Seite. Mirijana lockte den Hund mit ein paar Leckerlis von den Fahrzeugen weg.

Der Abschied war ergreifend. Frauen, Kinder und gestandene Männer heulten um die Wette und wir mit. Wir waren als Fremde gekommen und schieden als Freunde. Die Verbindung sollte bleiben. Sladjana, unsere Dolmetscherin, rief in den folgenden Jahren stets zu Weihnachten bei mir an und berichtete, wie es ihr, der Familie und dem Dorf ergangen war in den vergangenen Monaten.

Im Kosovo, 1999

Im Kosovo, einer autonomen Provinz Serbiens in der Bundesrepublik Jugoslawien, lebten mehrheitlich Albaner. Sie strebten seit Jahrzehnten schon nach Autonomie, es gab immer Reibereien, die aber eskalierten, als Jugoslawien zu Beginn der 90er Jahre sich aufzulösen begann. Nach einem illegalen Referendum proklamierten die Separatisten im September 1991 die »Republik Kosovo«, die jedoch nur vom benachbarten Albanien anerkannt wurde. Der Schriftsteller Ibrahim Rugova (1944-2006) – sein Markenzeichen war ein Seidenschal über der Krawatte – wurde zu deren Präsidenten ausgerufen, ein gewähltes Parlament trat nie zusammen. Durch »passiven Widerstand« versuchten die »Kosovaren« die Weltöffentlichkeit auf ihre Seite zu ziehen. Die Maßnahmen der serbischen Regierung gegen die abtrünnige Provinz machten sie angeblich zu Opfern.

1996 nahm die »Befreiungsarmee des Kosovo« (UÇK) den bewaffneten Kampf gegen serbische Institutionen auf. Obgleich selbst der deutsche Verfassungsschutz die UÇK als terroristische Vereinigung charakterisierte – bis Anfang 1998 erfolgten 21 Mordanschläge, zu denen sich die UÇK bekannte – erfuhr dieser »Kampf« Unterstützung durch den Westen. Diese ging sogar soweit, dass der Weltsicherheitsrat am 31. März 1998 mit der Resolution 1160 ein Embargo gegen Jugoslawien verhängte, damit diese gegen die Separatisten in Kosovo »einlenkte«. Die Europäische Union verhängte ebenfalls Sanktionen, um Jugoslawien bzw. Serbien zum Rückzug von seinem eigenen Territorium zu veranlassen. Auf diese Weise ermutigt, ging die UÇK im Juli zur Offensive über und erklärte der »serbischen Herrschaft« den Krieg. Die Folge waren Tote und rund 300.000 Flüchtlinge. Am 24. August 1998 artikulierte der Weltsicherheitsrat seine Sorge über die »heftigen Kämpfe im Kosovo, die verheerende Auswirkungen auf die Zivilbevölkerung haben«, und forderte eine sofortige Waffenruhe. Er gab der Besorgnis Ausdruck, dass »sich die Situation im Kosovo in Anbetracht der wachsenden Zahl der Vertriebenen und des herannahenden Winters zu einer noch größeren humanitären Katastrophe entwickeln könnte.«

Berichten zufolge wurden am 27. August von Angehörigen der UÇK 22 Zivilisten im Dorf Klecka hingerichtet. Für den 9. September wurde berichtet, dass die Leichen von 34 Menschen, sowohl Serben als auch Albaner, in einem See nahe dem Dorf Glodjane gefunden wurden. Mit hoher Wahrscheinlichkeit wurden sie von UÇK-Kräften getötet. Dennoch verurteilte der Weltsicherheitsrat in der Resolution 1199 am 23. September 1998 den »exzessiven Gebrauch von Gewalt« durch serbisches Militär und Polizeikräfte und bezeichnete das als »Bedrohung des Friedens«.

Die NATO drohte Luftangriffe an und die Balkan-Kontaktgruppe, bestehend aus USA, Russland, Großbritannien, Frankreich, Deutschland und Italien, forderten ultimativ direkte Verhandlungen zwischen der serbischen Staatsführung und Vertretern der Kosovoalbaner. Unter diesem Druck stimmte am 13. Oktober die serbische Staatsführung einem faktischen Waffenstillstand zu und signalisierte, der UN-Resolution 1199 Folge zu leisten, welche einen Rückzug der schweren Waffen und eines großen Teils der paramilitärischen Polizeikräfte vorsah. Weiterhin sollten die Flüchtlinge heimkehren können und der Prozess von einer 2.000 Mann starken internationalen Beobachterkommission der OSZE überwacht werden.

Der Deutsche Bundestag stimmte am 16. Oktober 1998 in einer Sondersitzung mit großer Mehrheit dem Vorgehen der NATO gegen Jugoslawien und einer Beteiligung der Bundeswehr an möglichen Luftschlägen zu. Von den 584 anwesenden Abgeordneten stimmten 503 für den Kosovo-Einsatz.

Die seit 6. Februar 1999 in Rambouillet unter NATO-Vermittlung laufenden Friedensgespräche zwischen der jugoslawischen Führung und den Führern der Kosovo-Albaner wurden am 19. März 1999 unterbrochen. Während die Delegation der Kosovo-Albaner das ihr vorgelegte Papier – wonach der Kosovo innerhalb von Serbien eine umfassende Autonomie erhalten, aber unter serbischer Hoheit bleiben sollte, die UÇK entwaffnet und NATO-Truppen im Kosovo stationiert werden sollten – am 18. März 1999 unterzeichnet, wird dies von der jugoslawischen Delegation verweigert. Mit Recht lehnt sie als souveräner Staat eine Stationierung ausländischer Truppen sowohl im Kosovo als auch in der gesamten Bundesrepublik Jugoslawien ab, zumal sie den Soldaten der NATO vollständige zivilrechtliche und strafrechtliche Immunität einräumen und die NATO die gesamte jugoslawische Infrastruktur kostenlos und uneingeschränkt zur Nutzung überlassen soll.

BRD-Verteidigungsminister Scharping (SPD) und Außenminister Joschka Fischer (Grüne) veröffentlichen daraufhin im Frühjahr 1999 den »Hufeisenplan«, einen militärstrategischen Plan der jugoslawischen Regierung zur angeblich systematischen Vertreibung der Albaner aus dem Kosovo. (Die Existenz eines solchen Planes wird bis heute angezweifelt und konnte auch in Den Haag im Prozess gegen den serbischen Staats- und Parteichef Milosevic nicht nachgewiesen werden.)

Bereits im Juni 1998 hatte die NATO militärische Luftübungen über Albanien und Mazedonien abgehalten und Einheiten der Marines zu Übungen nach Albanien gebracht. Im September waren die Planungen für die Luftangriffe unter den NATO-Mitgliedern abgeschlossen. Am 13. Oktober 1998 autorisierte der Nordatlantikrat NATO-Generalsekretär Javier Solana, den Aktivierungsbefehl für Luftschläge zu geben. Sie waren für ein Scheitern der Gespräche zwischen Miloseviç und dem britischen Außenminister Holbrooke vorgesehen. Die schon in der Luft auf den Angriffsbefehl wartenden B52-Bomber der US-Air Force wurden noch am 13. Oktober 1998 in letzter Sekunde zurückbeordert. Am Abend des 24. März 1999 jedoch gaben NATO-Generalsekretär Javier Solana und NATO-Oberbefehlshaber US-General Wesley Clark Luftangriffe gegen die Bundesrepublik Jugoslawien bekannt. Die NATO-Luftstreitkräfte begannen ab ca. 20 Uhr mit Angriffen auf Ziele der serbischen Luftverteidigung in Pancevo, Belgrad, Pristina, Novi Sad und Podgorica. An diesem Angriff waren von U-Booten in der Adria sowie von Tarnkappenbombern abgefeuerte Marschflugkörper und von verschiedenen Basen gestartete Kampfflugzeuge beteiligt. Auch die Bundeswehr beteiligte sich vom ersten Tag an den Luftschlägen. Für sie stellte der Kosovokrieg den ersten Kampfeinsatz seit der Gründung 1955 dar, anders formuliert: Erstmals seit 1945 waren deutsche Soldaten wieder im Krieg. Am 21. Juni erklärte NATO-Generalsekretär Javier Solana die NATO-Luftangriffe für beendet, drei Tage später beschloss das serbische Parlament die Aufhebung des Kriegszustandes.

Die Intervention der NATO erfolgte ohne UN-Mandat. Daran beteiligt waren 1.200 Kampfflugzeuge von 14 NATO-Mitgliedstaaten. Im Ergebnis des Krieges wurde, basierend auf der Resolution 1244 des UN-Sicherheitsrates, eine UN-Verwaltung in der Provinz eingerichtet, gleichzeitig aber auch die Zugehörigkeit des Gebietes zur Bundesrepublik Jugoslawien bestätigt.

Während des Krieges wurden von der NATO mindestens 35.000 Geschosse (etwa zehn Tonnen) mit abgereichertem Uran verschossen. Auch Streu- und Splitterbomben wurden eingesetzt. Im Kosovo blieben zahlreiche Landminen sowie nicht explodierte Munition von Streubomben der NATO zurück. Der Europarat rügte die Bombardierung wegen der ökologischen Konsequenzen als Verletzung der Genfer Konvention.

Nach dem Anruf im Juni 1999 hatte ich genau zehn Tage Zeit, mich auf den Einsatz vorzubereiten, zu welchem ich zum zweiten Mal auf den Balkan gerufen wurde. Als Dreier-Team sollen wir uns in Prizren beim Deutschen Einsatzkontingent der Kosovo Force, kurz: KFOR, melden. Die multinationale Kosovo-Truppe unter Leitung der NATO überwacht den Vollzug der UNO-Resolution 1244 und die Rückkehr von Flüchtlingen. Fünf Tage zuvor hatte die NATO ihre Bombenangriffe auf Serbien beendet.

Prizren, so erfuhr ich, ist die zweitgrößte Stadt im Kosovo. Das deutsche Hauptquartier befand sich in einer ehemaligen osmanischen Kaserne aus dem Jahre 1908. Wir selbst würden dem Koordinator des Auswärtigen Amtes unterstellt werden, unser Einsatz wurde von deutsche Organisationen und Institutionen getragen. Die Ausrüstung war perfekt: Satellitentelefon, Laptops, Detektoren der neuesten Generation, neue Splitterschutzwesten, Solarduschen ... Wir verfügten über einen Pickup, einen Kleinbus und einen japanischen Geländewagen. Vor uns lag eine lange Fahrt von etwa anderthalbtausend Kilometern. Am Ende des ersten Tages sollte unser Konvoi Österreich passieren, am zweiten Tag Montenegro erreichen und am dritten Tag am Ziel eintreffen.

Das war die Planung daheim. Die Realität sah ganz anders aus.

Zunächst jedoch ein paar Worte zu unserer Gruppe. Kalle (Karl-Heinz Krawczyk) war einst Kapitän zur See bei unserer Volksmarine. Er trug Vollbart wie ein Seemann, der eine Besonderheit aufwies: Auf der einen Seite war dieser schwarz, auf der anderen grau. Der dritte Mann hieß Manfred Büchner und war Ende 40. Unsere Wege hatten sich schon einmal 1974 gekreuzt, ohne dass es uns bewusst gewesen war. Manne bildete damals als Oberleutnant mot.-Schützen als Aufklärer aus, ich diente in einer Spezialkompanie, die Fallschirmjäger- und Aufklärungsoffiziere qualifizierte. Das wurde uns aber erst im Kosovo bewusst. Wir freundeten uns dort an. In den folgenden Jahren sollten wir gemeinsam in verschiedenen Ländern als Minenräumer arbeiten. Unsere Verbindungen endete tragisch: Manne starb bei einem Verkehrsunfall in Laos.

Der erste Tag unserer Reise lief wie geplant. Erwartungsvoll starteten wir sehr früh am zweiten Tag bei Wien. Nach einer Stunde erreichten wir die Grenze. »Mit diesen Papieren hier nicht«, sagte der ungarische Zöllner. Er verwies mich an eine Spedition, die mir ungarische Zollpapiere für den Transit aushändigen würde. Der Mitarbeiter dort schüttelte den Kopf. Mit Ausrüstungen für 150.000 DM in den Kosovo? Unmöglich. Was über 100.000 DM sei, müsse ich mit einer Kaution in Höhe von 15.000 DM belegen, die ich aber bei der Rückreise wieder erhielte. Ich sagte: Humanitäre Hilfe. Auch die habe ihren Preis, bekam ich als Antwort.

Wir diskutierten etwa eine Stunde. Eine zweite. Obgleich Wochenende entschloss sich mein Gegenüber, seinen Chef anzurufen. Der lag an einem Badesee. Auch in der dritten Stunde traute sich niemand etwas zu entscheiden. Mein Pajero stand zwar unter einem Sonnendach, dennoch zeigte das Außenthermometer inzwischen 36 Grad an. Endlich kam der Chef des Zollamtes vom Badesee. Die Papiere seien in Ordnung, erklärte er, und eine Kaution sei auch nicht nötig. Vier Stunden hatten wir verloren.

Das schöne Wetter und die unverwechselbare Landschaft entschädigten für die Verzögerung, aber wir fuhren ja nicht in den Urlaub. Und auch wenn wir in Ungarn gut vorankamen: Der Zeitverlust war nicht mehr aufzuholen.

Kurz vor der kroatischen Grenze riefe ich Jovan in Vukovar an, dort wollten wir übernachten. Erfreut nahmen wir uns beim Wiedersehen in die Arme. Er wusste viel Neues zu berichten. Unsere Trasse war inzwischen vollständig beräumt, der Strom floss wieder. Das erfreute mich und machte mich auch ein wenig stolz. Gern hätten wir die ganze Nacht geplaudert, aber wir wollten recht früh aufbrechen.

Nach dem Frühstück ging es weiter in Richtung Bosnien. Zunächst tankten wir an der uns bekannten Stelle. Ringsum waren neue Häuser entstanden, doch in der Innenstadt sah es noch immer so aus, wie ich es in Erinnerung hatte. Die Regierung hält daran fest, die Stadt als Mahnmal zur Akquise ausländischer Hilfen so zu belassen, wie sie der Bürgerkrieg zeichnete. Ich halte das für schamlos, zumal die Zuwendungen nie in Vukovar ankamen, wie mir Jovan berichtete. Präsident Tudjman habe sich seine Staatsjacht generalüberholen lassen.

Der bosnische Zoll verhielt sich wie der an der ungarischen Grenze. Doch die Spedition, an die ich verwiesen wurde, war katholisch und heute Sonntag. Am Tag des Herrn wurde nicht gearbeitet.

Im Zollbüro verlangte ich den Chef zu sprechen, der jedoch abwesend war. Wir tranken Kaffee und Mineralwasser und warteten auf ihn. Zu uns gesellte sich ein »Investor«, der in Bosnien eine Bekleidungsfirma aufgemacht hat, alles natürlich selbstlos und aus Nächstenliebe. Er regte sich deshalb mächtig darüber auf, wie man ihn behandelte. Nach etwa einer Stunde traf der Zollchef ein, ein junger Mann von Mitte 20. Er beugte sich über unsere Papiere und grübelte, der Warenwert sei zu hoch, keine Spedition, die das bearbeiten wolle etc. etc. Dann grinste er und sagte: »Fahren Sie weiter, meine Kollegen werden es bei der Ausreise hoffentlich verstehen und ebenso handeln.«

Kurz hinter der Grenze war Markt, auf den man uns aufmerksam gemacht hatte. Hier bekäme man alles – von der Kalaschnikow bis zu Mädchen im heiratsfähigen Alter, hatte er gesagt. Das Interesse führte zum Stau auf der Straße. Im Schritttempo ging es voran. Plötzlich sprang eine Sinti-Familie aus dem Straßengraben. Vielleicht dreißig Kinder, Frauen und Männer reckten aufdringlich die Hände in die Wagen. Ich habe nichts gegen Bettler, wenn Menschen in Not sind, muss man ihnen helfen. Aber das war penetrant. Ich schloss die Fensterscheiben und verriegelte alle Türen. Vor mir stand ein Golf mit Hamburger Kennzeichen. Der Fahrer reichte eine Münze aus dem Fenster, das war, wie sich zeigte, ein Fehler. Sofort umringte die Familie sein Auto, die Straße war nunmehr dicht. Nichts ging mehr. Mit einem 100 DM-Schein kaufte sich schließlich der Hamburger frei. Die Sippe verzog sich lärmend.

Nach zwei Stunden hatten wir den Markt passiert. Für dreißig Kilometer brauchten wir insgesamt vier Stunden. Unser Zeitplan war endgültig im Eimer. Unsere Wagen kletterten über Serpentinen die Berge hinauf, bei 998 Metern erreichten wir den Pass. Vor uns

Die Neretva, der bedeutendste Fluss der Herzegowina

breitete sich eine Landschaft von atemberaubender Schönheit aus: Berge, Wasser und Himmel. Über allem breitete sich friedlich Stille. Nichts erinnerte an den Krieg, der hier getobt hatte.

Bei der Weiterfahrt passierten wir die Neretva, der bedeutendste Fluss der Herzegowina, er entspringt in einer Höhe von über 1.100 Metern im Gebirge, ehe er nach 225 Kilometer in die Adria fließt. In der Neretva-Schlucht, die bis nach Mostar reicht, kämpften im Frühjahr 1943 Titos Partisanen gegen die deutschen Okkupanten. Die Wehrmacht wollte die Volksarmee schlagen, woran sie jedoch scheiterte. Eine Gedenkstätte erinnerte noch immer an diese patriotische Schlacht. So uneins und zerstritten sich die Völker Jugoslawiens auch waren: Kam die Rede auf Tito, waren sich die Menschen einig. Auf ihn, den Befreier des Landes, ließen sie nichts kommen.

Wir fuhren durch Dörfer und sahen viele neue unverputzte Klinkerbauten mit roten oder rotbraunen Dachziegeln. Die bereits verputzten leuchteten weiß in der Sonne. Ganz Bosnien schien unterwegs zu sein. Mit Autos und auf Traktoren rollten sie in die Sommerfrische. Wer kein Fahrzeug besaß, ging zu Fuß. Lastkraftwagen bahnten sich hupend ihren Weg. Jovan hatte uns gewarnt: »Fahrt vorsichtig und denkt dran: die Jugos sind nicht sauber im Turm.« So temperamentvoll, wie sie lebten, fuhren sie auch Auto. Sein Hinweis war begründet.

Schließlich erreichten wir Sarajevo, die Hauptstadt der Föderation Bosnien und Herzegowina. In dieser Stadt wurde 1914 Weltgeschichte geschrieben, als der österreichische Thronfolger Franz Ferdinand und seine Frau erschossen wurden. Alle auf Krieg hoffenden Mächte, in welchem die Neuaufteilung der Welt erfolgen sollte, nahmen dieses Attentat zum Anlass, endlich loszuschlagen. In den 40er Jahren, unter den deutschen Okkupanten, wurde in der Stadt die sogenannte SS-Muselmanendivision aufgestellt. 1992 war die Stadt neuerlich Kriegsschauplatz und geteilt: in einen von der Regierung Bosnien und Herzegowina kontrollierten bosniakisch-kroatischen und einen von der Republika Srpska kontrollierten serbischen Teil. Beide Seiten beschossen sich gegenseitig. Der Belagerung und den Kämpfen fielen nach Angaben der Regierung Bosnien-Herzegowinas 10.615 Menschen aller Volksgruppen zum Opfer, unter ihnen 1.601 Kinder. Durch Granaten, Minen oder Scharfschützen wurden rund 50.000 Menschen verletzt, teilweise schwer.

Im Gegensatz zu Vukovar sah ich nur sehr wenige Zerstörungen in der Stadt. Die Altstadt mit ihren historischen Gebäuden war erhalten geblieben oder wieder rekonstruiert worden, als habe es keine 1.425 Tage dauernde Belagerung gegeben. Außer dem zerschossenen Hochhaus erinnerte nicht viel an den Krieg. Das Hochhaus kannte ich aus dem Fernsehen. Eine Ruine, immer und überall gezeigt, lockerte das Geld in den Taschen.

Früher existierten in Sarajevo 18 verschiedene Kirchen und Religionsgemeinschaften friedlich nebeneinander. Juden, Christen und Moslems waren Nachbarn. Das war vorbei. Die Stadtviertel waren ethnisch und religiös geschieden. Nur die Tempel standen an ihrem angestammten Platz. Moscheen, Kirchen und Synagogen erheben sich nicht weit voneinander entfernt. Deswegen nannte man die Stadt gelegentlich Klein-Jerusalem oder auch Europäisches Jerusalem. Die König-Fahd-Moschee ist die größte Moschee auf dem Balkan. Ihren Sitz haben in Sarajevo der Großmufti der bosnisch-herzegowinischen Muslime, der Metropolit der serbisch-orthodoxen Kirche und der Erzbischof der römisch-katholischen Kirche.

Am Stadtrand wuchs eine neue Wohnsiedlung empor. Wiederholt traf ich auf Soldaten der NATO-Schutztruppe für Bosnien und Herzegowina. Sie heißt Stabilisation Force, abgekürzt SFOR, und zählte einige Tausend Mann. Auch deutsche Soldaten waren darunter. Doch ich sah nur Amerikaner.

Ich erkundigte mich bei einem Polizisten nach dem Weg. Er wohne fünfzig Kilometer weiter, sagte er, wir könnten ihn ja mitnehmen. Warum auch nicht. Plötzlich standen wir jedoch an einem Fluss. Die Brücke, die ihn überspannte, lag im Wasser. Wir suchten mit Hilfe des Polizisten eine andere. Beim Abschied stippte er auf die Karte. Wir kämen bald auf die Europastraße, von dort sei es nur noch ein Katzensprung.

Die Europastraße entpuppte sich als drei Meter breite Schotterpiste. Sie schob sich an einem Berghang entlang. Zur Linken ging es 300 Meter in die Tiefe, rechts stieg der Fels fünfhundert Meter in die Höhe. Wie nicht anders zu erwarten, kam uns ein Lkw entgegen. Hupend schob er sich an unseren ersten beiden PKW vorbei. Ich lenkte das dritte Fahrzeug. Der Pajero war zu breit. Ich stieß im Rückwärtsgang etwa fünfzig Meter zurück. Schweiß perlte mir von der Stirn. Eine falsche Lenkbewegung und schon würde es abwärts gehen. Endlich erreichte ich eine breitere Stelle und klappte die Außenspiegel ein. Der Lkw schnauft vorüber. Der Fahrer hätte sich durchaus bedanken können, fand ich.

Schon bald standen wir vor der Grenze von Montenegro.

Der Zoll stellt uns die bereits bekannten Fragen. Ah, in den Kosovo, und die Papiere? Die aus Deutschland wären in Ordnung, aber wo sind die bosnischen Transitpapiere? Ich erklärte ihm alles ruhig, der Zöllner hörte geduldig zu. Ob ich nicht noch irgendwelche anderen Dokumente hätte?

Eine UN-ID-Card aus Kroatien, sagte ich.

Na, das sei doch schon was, bekam ich zu hören.

Der Mann in Uniform verfluchte noch seine Kollegen auf der anderen Seite und wünschte gute Weiterfahrt. Da wir aber bereits zehn Stunden auf der Straße waren, wollten wir lieber eine Pause machen. Ich erkundigte mich bei ihm, wo man in der Nähe rasten können. Freundlich verwies er auf eine Raststätte in etwa siebzig Kilometern. Doch zuvor mussten wir eine dreistündige Pause einlegen: Kalle, der Kapitän a. D., hatte keinen Pass bei sich, nur seinen deutschen Ausweis. In Kroatien und Bosnien konnte er anstandslos damit die Grenze passieren. Hier nicht. Das Ausfertigen von Ersatzpapieren zog sich in die Länge.

Weiter ging es durch die Berge. Mein Höhenmesser zeigte mir, dass wir inzwischen tausend Meter hoch waren, die Außentemperaturen empfand ich als angenehm. Dann aber kam es knüppelhart. Die zerklüftete, bergige Landschaft forderte die letzte Konzentration, ein Kilometer war wie vier. Die Gipfel zur Linken wuchsen bis zweitausend Meter in die Höhe, zur Rechten stürzten die Schluchten, auf dessen Sohle ein Fluss springt, tausend Meter tief. Nach siebzig Kilometern erreichten wir Nischik, es war bereits Nacht. Weil wir uns bei der Suche nach einem Hotel auffällig anstellten, interessierte sich die Polizei für uns. Zehn Mann stoppten uns. Nachdem wir jedoch alles erklärt hatten, geleiteten sie uns zum ersten Haus am Platze. Dort verlangte man 100 DM pro Mann und Bett, die Sicherheit für unsere Autos wäre darin jedoch nicht eingeschlossen. Die Dame vom Empfang verwies auf ein Motel in der Nähe. 65 DM mit Dusche und Frühstück – ein akzeptabler Preis, aber Telefon gab es nicht. Die Handys waren hier ohne Netz.

Ich hatte mich heute noch nicht in Deutschland gemeldet, vielleicht machte man sich bereits unseretwegen Sorgen. Anderentags ging es über Podgoriza, der Hauptstadt Montenegros, weiter in Richtung Kosovo. Ich hoffte, dass nichts Unvorhergesehenes dazwischenkam, denn wir haben bereits einen ganzen Tag verloren. Der geringe Verkehr ließ eine zügige Fahrt zu. Nach etwa 20 Kilometern stoppte uns ein gemischter Polizeiposten. Der Montenegriner, der die Kelle hob, wollte nur, dass sein serbischer Kollege mit unserer Hilfe schnell nach Hause kam. Außerdem seien die Serpentinen eng und steil sind, weshalb die Polizei Konvois zusammenstelle, die sie über die Pässe begleitete und an den Ausweichstellen den Gegenverkehr stoppte.

Es war die gleiche Landschaft wie am Vortag. Die Tunnel waren der blanke Horror. Sie waren zwar nicht sehr lang, aber das Auge gewöhnte sich nur langsam an die plötzliche Dunkelheit. Wie im Blindflug ging es hinein, hindurch und wieder hinaus. Die Rinder, die den Schatten im Tunnel suchten, verhielten sich autofreundlich. Sie pressten sich an die kühlen Felswände und mieden die Fahrbahn.

Bei etwa zweieinhalbtausend Metern passierten wir den höchsten Punkt der Route. Mein Beifahrer, der Polizist, sprach russisch und englisch, da konnte ich mithalten. Er sei 21, sagt er, besuche die Polizeischule und habe Urlaub. Er wäre Balkanmeister im Judo, erklärte er mir stolz. So plauderten wir dahin, bis er »Stopp!« rief und sich verabschiedete. Zu Fuß stiefelte er in sein Bergdorf. Bis zum Kosovo sei es nicht mehr weit, sagte er beim Abschied, vielleicht noch zwanzig Kilometer.

Schon bald begannen aus Sandsäcken errichtete, verlassene Unterstände die Straße zu säumen, dazwischen Krater, die von Granateneinschlägen zeugten. Dann öffnete sich die Schlucht. Vor uns dehnte sich im satten Grün unter einem blauen Himmel das Kosovo: eine Region von knapp elftausend Quadratkilometern, ein Zehntel von der DDR und auch der zehnte Teil der DDR-Bevölkerung. Zu winzig, um aus eigener Kraft zu existieren. Ein Staat mit weniger als zehn Millionen Staatsbürgern und eigener Wirtschaft sei nicht eigenständig lebensfähig, sagen die Experten – es sei denn, er verfüge über besondere ökonomische Qualitäten wie die Schweiz oder Monaco.

Welche Stärken könnte die Republik Kosovo haben?

In Jugoslawien gehörte die Region zu den ärmsten in der Bundesrepublik. Bis zu 80 Prozent des nach Westeuropa geschmuggelten Heroins kam laut Interpol aus diesem Gebiet, das wäre ein Fünftel der Wirtschaftsleistung des Landes. Die Organisierte Kriminalität reiche bis in die Regierungskreise, wie auch deutsche Nachrichtendienste ermittelten. Drogenschmuggel, Menschenhan-

Ein ausgebrannter Bus am Wegesrand, im Hintergrund Kosovo

del und Geldwäsche führten dazu, dass der BND von einem Land sprach, »in dem organisierte Kriminalität die Staatsform ist«.

Das alles aber sah man von hier oben nicht. Ich griff meine Kamera und machte einige Fotos. Das also würde in den nächsten Monaten meine Heimat sein. Noch ahnte ich nicht, dass die Berge am Horizont mein Ziel sein würden. Jetzt war ich erst einmal froh, es bis hier geschafft zu haben.

Nach etwa zwei Kilometern erreichten wir einen im Aufbau befindlichen Kontrollpunkt der französischen KFOR. Aus einem am linken Straßenrand parkenden weißen Mercedes sprangen vier Polizisten, die uns etwas Unverständliches zuriefen, aber durch Gesten zugleich zum Weiterfahren aufforderten. Das musste die Grenze gewesen sein, sagte ich mir. Links und rechts am Straßenrand lagen ausgebrannte Autowracks.

Auf den Weg hinunter ins Tal wurden wir auf halbem Weg von Italienern gestoppt. Ihr Kontrollpunkt war nicht so großzügig wie die Franzosen. Als ich sagte, dass wir zur deutschen KFOR gehörten, ließ man uns jedoch passieren. Nach etwa 20 Minuten erreichten wir die erste Stadt, die meisten Häuser waren Ruinen wie die Autos am Straßenrand. Wie die Siedlung hieß, konnten wir nicht feststellen. Das Ortsschild war nicht zu entziffern. Über die kyrillischen Lettern wurde mit Pinsel etwas auf Albanisch geschmiert.

Eine Streife stoppte unsere Fahrt. Den Uniformen und der Flagge nach mussten wir im italienischen Sektor sein. Zwei gepanzerte Fahrzeuge blockierten die Fahrbahn, die Soldaten versuchten verzweifelt, eine Massenschlägerei zu beenden. Auf der rechten Straßenseite brannte ein Haus. Eine Gruppe versuchte zu retten, was noch zu retten war, woran die andere Gruppe sie hindern wollte. Männer und Frauen jeden Alters, selbst Greise und Kinder prügelten aufeinander ein. Mit Steinen, Knüppeln, Spaten.

Den Soldaten blieb nichts anderes übrig, als sich um die zahlreichen Verletzten zu kümmern. Blutüberströmt hockten oder lagen sie am Straßenrand. Selbst auf diese wurde noch eingeschlagen. Mir dämmerte langsam, was uns erwartete. Wollten diese Menschen sich wirklich helfen lassen?

Wir schauten hilflos auf diesen Ausbruch von Hass und Gewalt, bis Verstärkung eintraf. Ich fragte einen Alpini, einen italienischen Gebirgsjäger, auf Englisch nach dem Weg. Er antwortete mit feinstem Englisch, dass er kein Englisch verstehe, wies aber mit seinem Arm in Richtung Süden.

Wir fuhren in Richtung Süden und erreichten nach etwa 45 Minuten Dakovica. Wenn man den Berichten Glauben schenken durfte, handelte es sich um eine der am stärksten zerstörten Städte im Kosovo. Die Hauptstraße führte vorbei an Trümmern, Cafés und KFOR-Posten. Wir passierten den alten Markt. Die Gebäude lagen in Schutt und Asche. Schwer nur konnte ich mir geschäftiges Treiben vorstellen, dass hier einmal geherrscht haben soll.

Zur Linken standen moderne Betonbauten, alle Scheiben ganz, die Auslagen der Geschäfte und Supermärkte quollen über, Bars und Cafés waren gefüllt. Der Kontrast erschütterte. Als wir die Stadt verließen, fuhren wir an einer Ruine vorbei, deren Trümmer einen Schützenpanzer unter sich begraben hatten. Vor uns ein weiterer Kontrollpunkt. Auf ihm wehte eine deutsche Flagge.

Ich erkundigte mich bei einem jungen Rekruten nach dem Hauptquartier. »Noch ein Kilometer geradeaus und dann rechts in der Konservenfabrik.«

Es sollte der längste Kilometer werden, den ich jemals gefahren bin. Nach etwa einer halben Stunde fanden wir endlich die Konservenfabrik. Wir meldeten uns bei der Wache. Ein Stabsfeldwebel nahm gelangweilt unsere Pässe an und winkte einen Posten heran. Nun hatte ich nicht unbedingt erwartet, dass er seinen Landsleuten begeistert um den Hals fiel, aber nach so einer langen Tour hätte ich schon ein wenig mehr Freundlichkeit erwartet.

Dieser Posten brachte uns in das Innere des Verwaltungsgebäudes. Überwältigt hielt ich kurz inne. In der Mitte des Lichthofes wuchs ein riesiger Gummibaum. In der dritten Etage befand sich das Koordinierungsbüro des Auswärtigen Amtes, wo wir uns melden sollten.

Dort spürte ich die Erleichterung, dass wir mit anderthalbtägiger Verspätung endlich eintrafen und keine Suche nach uns nötig

Das KFOR-Hauptquartier im Kosovo mit Gummibaum im Verwaltungsgebäude der Konservenfabrik »Progress«

war. Zum Schwatzen jedoch war keine Zeit. Während ich im Büro die Verbindungen, zeitliche Abläufe und nächsten Aufgaben abstimmte, fuhren die beiden anderen Fahrzeuge mit einem Mitarbeiter zum Hotel und machten Quartier. Angeblich handelte es sich um das beste Hotel der Stadt, vermutlich ist es das einzige. In Sichtweite befand sich eine der zahlreichen Moscheen, von dessen Minarett der Muezzin regelmäßig zum Gebet rief. In den Zimmern gab es fließend warmes und kaltes Wasser, und das zu jeder Zeit, was wirklich als Luxus galt.

Am nächsten Morgen fuhren wir wieder zum KFOR-Hauptquartier. Obgleich erst acht Uhr, zeigte das Thermometer schon 30 Grad. Ich traf mich mit Vertretern von Nichtregierungsorganisationen (NGO), meine Kollegen sprachen unterdessen mit dem Pionierführer der Brigade. Beim Meeting stellten sich alle NGO's vor, gaben einen Einblick in die Arbeit und zeigten Punkte auf, bei denen man sich gegenseitig helfen könnte. Danach stellte mich der Verbindungsoffizier zwischen AA und KFOR, ein Oberstleutnant, bei einem Rundgang durch das Hauptquartier den wichtigsten Leuten vor. Ich stimmte wesentliche Aspekte unseres Einsatzes mit ihnen ab: Wie sind die Rettungswege, die medizinische Notfallversorgung und die materielle Sicherstellung?

Am Mittag tauschte ich mit meinem Team kurz die Informationen aus, danach fuhren wir nach Rahovec, wo das Technische Hilfswerk (THW) einen Bauhof betrieb. Wir würden für das THW arbeiten und deren Einsatz vorbereiten.

Die Kleinstadt lag dreißig Kilometer nördlich von Prizren und war das Zentrum der Weinproduktion. Der Weg führt uns in jene Richtung, aus der wir gestern gekommen waren. Wir rumpelten durch die gleichen Schlaglöcher. Auf dem Bauhof wurden wir schon erwartet. Gemeinsam begannen wir sofort Arbeitskräfte und Unterkunft zu organisieren. Da neben dem deutschen Team ausschließlich Kosovoalbaner auf dem Bauhof arbeiteten, war ich zuversichtlich, dass am nächsten Morgen schon die ersten Interessenten auf uns warten würden. Nachdem alles erledigt war, fuhren wir zurück. Wir entschlossen uns zu einer Stadtbesichtigung.

Die Großgemeinde Prizren ist die älteste Stadt des Kosovo und die zweitälteste in ganz Jugoslawien, gegründet und besiedelt wurde sie einige Hundert Jahre vor der Zeitrechnung von den Illyrern, später kamen die Römer und schließlich die Osmanen. Ihre Bedeutung als Handelsstadt an der Kreuzung der Warenrouten von Süd nach Nord und von Ost nach West hat sie schon lange verloren. Geblieben jedoch war das babylonisch anmutende Sprach- und Völkergemisch. Hier lebten Albaner, Bosniaken, Türken, Roma und Serben, Moslems, Katholiken und serbisch-orthoxe Gläubige, sie sprachen türkisch, albanisch, bosnisch, serbisch sowie die Sprachen der Roma, Goranen und Torbeschen. Die achte Sprache hieß Oravacki, eine Mischung aus Serbisch, Albanisch und türkischen Lehnworten, welche vor allem in der dreißig Kilometer nördlich von Prizren gelegenen Stadt Rahovec gesprochen wurde, dort, wo wir stationiert waren.

Der Krieg hatte das von Hochgebirgen eingeschlossene Prizren weitgehend verschont, die Altstadt war unzerstört. Ein kleiner Fluss, von kleinen Häusern gesäumt, bahnte sich einen Weg. Uralte Steinbrücken und neuere überspannten ihn. Neben den zahlreichen Moscheen existierten in unmittelbarer Nachbarschaft zahlreiche serbisch-orthodoxe Klöster. Die Mönche kümmerten sich jetzt vornehmlich um die verbliebene serbische Bevölkerung, die zu Hunderten hinter diesen Mauern Schutz suchten. Es war nicht einfach für die Serben, da sie nur wenig Unterstützung hatten. Die Posten der KFOR vor den Toren verbreiteten allenfalls die Illusion von Sicherheit.

Ungeachtet dessen war die Stadt voller Leben. Cafés und Gaststätten luden zum Verweilen ein, aus Lautsprechern dröhnte die türkische Hitparade, alle Welt schien in Feierlaune. Die einen, weil der Krieg vorüber war, die anderen, dass sie ihn überlebt hatten, die dritten begossen die Rückkehr in die Heimat.

Am nächsten Morgen fuhren wir erneut nach Rahovec. Jetzt erst fielen mir die vielen Holländer auf, und ich erfuhr auch den Grund: Das niederländische Kontingent hat sein Hauptquartier in der dortigen Weinfabrik. Im THW hatten sich auch die ersten Bewerber eingefunden. Während Manne und Kalle mit ihnen sprachen, machte ich mich mit einem Einheimischen auf Quartiersuche.

Die Altstadt von Prizren mit Flüsschen und der uralten Brücke

Viele Familien boten ihre Häuser zur Vermietung an, es war für sie zurzeit die einzige potenzielle Einnahmequelle. Straßensperren und Posten auf dem Weg, an der Zufahrt zum Serbenviertel stand eine selbstfahrende Haubitze M 109.

»Hallo, ich bin Linda. Wer bist du, und wo willst du hin?«, erkundigte sich die Blondine in Uniform, die mich gestoppt hatte. Ich erklärte mich, worauf sie mich auf eine Straße wies, die um das Serbenviertel herumführte.

Nachdem ich mir drei der zur Miete angebotenen Häuser angesehen und über Preise verhandelt hatte, fuhren wir zurück zum Bauhof. Es war nichts dabei, was wir wirklich brauchten.

Ein mittelgroßer, etwa 30-jähriger Albaner mit auffallend abstehenden Ohren hatte sich als Dolmetscher beworben. Shivo erklärte mir in holperndem Deutsch, das er bis gestern bei den Holländern gearbeitet habe, die nun aber einen suchten, der auch türkisch spreche, was er nicht beherrsche.

Ich bestellte ihn zum nächsten Morgen. Etwa zwanzig Männer bewarben sich um einen Job. Der eine wollte als Kraftfahrer, der andere als Mechaniker eingestellt werden. Als ich ihnen sagte, dass wir ausschließlich welche zum Minensuchen brauchten, gingen die meisten. Das war ihnen augenscheinlich zu gefährlich. Fünf blieben übrig. Wir bestellten sie zum nächsten Montag.

In unmittelbarer Nähe vom Stützpunkt war uns ebenfalls ein Haus zur Miete angeboten worden. Alles sprach für die Lage. Aber noch waren die Bauarbeiter zugange. Der Vermieter schwor bei Allah, dass wir am Sonntag einziehen könnten. Ich machte alles perfekt.

Ein leitender Ingenieur vom THW gab mir den Tipp, dass in dem Gebäude, in welchem das französische Hilfswerk einst ein Büro hatte, etwas frei wäre. Mit Salli, einem albanischen Mitarbeiter des THW, suchte ich das Haus auf. Wir trafen den Besitzer, der in der Nähe von Hamburg lebte und zufällig vor Ort war, um nach seinem Haus zu sehen. Es war komplett eingerichtet und wies kaum Schäden auf. Ab Sonntag könnten wir einziehen, danach würde er mit seiner Familie nach Deutschland zurückfahren.

Auf dem THW-Stützpunkt erwarteten uns erneut rund zwanzig Arbeitssuchende. Als sie hörten, was sie tun sollten, verschwanden die meisten. Drei blieben zurück.

Am nächsten Morgen wimmelte es von Militärpolizei und Sicherheitskräften in der Stadt. Ein Deutscher, der mit uns im Hotel untergebracht war, er arbeitete für eine deutsche Zeitung mit vier Buchstaben, wollte von mir wissen, was das zu bedeuten habe. Ich wusste es so wenig wie alle anderen. Auf dem Stützpunkt der KFOR erfuhr ich den Grund für die Aufregung: Morgen soll Bundeskanzler Schröder kommen.

Ich entzog mich der Hektik und fuhr nach Rahovec. Dort erwartete mich ein zweiter Dolmetscher, ein junger, intelligenter Albaner mit offenem Blick. Neben Deutsch sprach er auch Englisch und Italienisch. Er überzeugte mich, ich stellte ihn ein. Obwohl wir nur acht Räumarbeiter benötigten, mussten wir weiter suchen.

Unsere erste Aufgabe war eine Stromtrasse. Sie war an vier Stellen unterbrochen. Die Elektriker, mit der Reparatur beauftragt, fürchteten, dass dort Munition läge oder der Zugang vermint sei. Wir fuhren an die Trasse. Jeder Feuerwerker begann zwei, drei Albaner zu schulen. Einer der Räumarbeiter war Pionier und Unteroffizier bei der jugoslawischen Volksarmee, er sprach Deutsch und half uns bei der Ausbildung sehr. Ich meinte, dass er sich auch als Vorarbeiter gut machen würde. Für das praktische Training brauchten wir sicheres Gelände. Am Rande eines Weinberges fanden wir eine geeignete Wiese. Aber wem gehörte sie?

Mit Daut, unserem zweiten Dolmetscher, machte ich mich auf die Suche nach dem Besitzer. In den engen Gassen des Ortes und nach einigem Fragen fanden wir ihn auch. Ein neugieriger Nachbar brachte uns ans Tor und rief nach ihm. Wir warteten geduldig. Schon bald erschien ein weißhaariger Mann mit Bärtchen und landestypischen Fez. Er reichte mir die Hand, umarmte mich leicht, flüsterte mir erst etwas ins linke, dann ins rechte Ohr, was ich aber nicht verstand.

Ich trug ihm unser Anliegen vor, Daut übersetzte.

Der Alte erkundigte sich, ob wir Löcher graben müssten.

Als ich verneinte, war er sichtlich zufrieden und sagt, unsere Tätigkeit helfe schließlich allen. Als wir uns verabschieden wollten, lud er uns auf einen Kaffee und einen selbstgebrannten Raki, einem weißen Branntwein, ein. Leichtsinnigerweise nahm ich die Einladung an. Ich wurde in einen Salon geführt, der so groß war wie mein ganzer Bungalow in Schwerin und nahm auf einer der ausgelegten Matratzen Platz. Mein Mann stellte einen Aschenbecher vor mich hin und legte zwei Zigaretten dazu. Daut erklärte mir, es sei hier üblich, dass der Gast solange bleiben müsse, bis die Zigaretten aufgeraucht seien.

Mit dem Kaffee erschienen weitere Gäste, und jeder legte Zigaretten vor mich hin. Mal zwei, mal fünf. Am Ende lagen 25 vor mir.

Der Weißhaarige erklärte, wie froh sie seien, dass nach über fünfzig Jahren wieder Deutsche hier seien. Er und der Vater seines Nachbarn hätten der 21. Waffen-Gebirgs-Division der SS »Skanderbeg« angehört und waren bei der Partisanenbekämpfung eingesetzt, darauf wären sie noch immer sehr stolz. Eines Tages wäre ein deutsches Kommando gekommen, da wären die serbischen Partisanen Weg gewesen. »Wie heute«, sagte er. Ob ich auch in der Armee gedient und welche Dienstgrad ich habe, wollte er wissen.

Ich sagte, dass ich 17 Jahre lang Uniform getragen hätte und als Oberstleutnant ausgeschieden sei.

Der Zigarettenhügel vor mir wuchs um weitere Glimmstengel an.

Aber nicht nur das stieß mir sauer auf. Sollte ich ihnen nicht sagen, dass mir als ehemaligem NVA-Soldaten aus verschiedenen Gründen meine damaligen jugoslawischen Waffenbrüder noch immer weitaus näher standen als ihre Scheiß SS-Division? Was gab es da, worauf man hätte stolz sein können?

Der Sohn jenes Nachbarn von der SS-Division sagte, dass er meine Hilfe benötigte. Ich wollte nicht unhöflich erscheinen und fragte nach, um was es gehe. Er begann zu stammeln, Daut übersetzte tapfer. Es sei ihm peinlich, zumal er ja dankbar sei, dass die Deutschen zum zweiten Male für sie die Serben vertrieben hätten, erklärte er. Aber seinem Vater, der als Obergefreiter bei der SS-Division gegen Titos Partisanen gekämpft habe, stünde noch Sold für drei Monate zu, beim Rückzug sei das damals drunter und drüber gegangen. »Könnten Sie das nicht regeln, damit ihm das Geld nachgezahlt wird? Wir sind dringend darauf angewiesen.«

Mir kam die Galle hoch. Wie sollte ich auf eine derartige Unverschämtheit, die in mehrfacher Hinsicht ärgerlich war, reagieren?

Ich flüchtete mich in die diplomatische Formel, dass ich nicht wisse, wer dafür zuständig sei.

An die 7.000 albanische Kollaborateure, von den Nazis als der deutschen Herrenrasse artverwandt und als natürliche Verbündete im Kampf gegen die »slawischen Untermenschen« hofiert, waren seinerzeit in der SS-Division »Skanderbeg« zusammengeschlossen worden. Sie kamen mehrheitlich aus dem Kosovo und operierten zumeist dort und im Norden Mazedoniens. Bis April 1944 hatten sie rund 40.000 Serben aus dem Kosovo vertrieben, es sollten noch über weitere 100.000 folgen. In Pristina wurde ein »Erziehungslager« eingerichtet. Nachweislich ermordete die Division am 28. Juli 1944 im Dorf Veliko 380 Menschen, darunter 120 Kinder, 300 Häuser wurden niedergebrannt. Die Juden im Kosovo wurden, soweit sie nicht hatten fliehen können, ins KZ Bergen-Belsen deportiert. In Skopje unterstand der Einheit ein Lager, in das die mazedonischen Juden interniert wurden, bevor man sie in deutsche KZ abtransportierte. Die Gewalt der nach dem albanischen Nationalhelden benannten terroristischen Vereinigung richtete sich auch gegen Roma. Militärische Erfolge gegen Titos Partisanen konnte die von SS-Brigadeführer August Schmidhuber befehligte Division jedoch nicht erringen. Die Partisanen kontrollierten weite Teile des Kosovo, praktisch den ganzen Süden Serbiens um Vranje und die angrenzenden mazedonischen Gebiete. Im Operationsgebiet der Division riefen die Tito-Partisanen am 2. August 1944 die Republik Mazedonien aus, im September löste die deutsche Militärführung, nicht zuletzt wegen der hohen Desertionsrate, die SS-Division »Skanderbeg« auf ...

Der Sohn des Kollaborateurs gab sich mit meiner ausweichenden Antwort zufrieden.

Nicht nur wegen dieser unangenehmen Begegnung saß ich wie auf Kohlen. Seit über einer Stunde hockte ich bereits hier, und hatte doch zu arbeiten – offensichtlich unterschied ich mich auch in diesem Punkte von meinem Gastgeber und seinen Freunden. Meine verschiedentlichen Anläufe, mich aus der Runde zu verabschieden, endeten in Widerreden der Art: Die Arbeit könne ich doch auch morgen erledigen, ich sei ja lange genug hier.

Als ich die Bauern demagogisch fragte, ob sie erst im kommenden Jahr in ihre Weinberge wollten, weil wir mit dem Räumen nicht fertiggeworden wären, wünschten sie mir Gesundheit, langes Leben, viele Kinder und ließen mich ziehen.

Bei unserer Rückkehr glich unser Hotel einer Festung. Posten standen vor dem Eingang, der Parkplatz war mit Stacheldraht umzäunt. Morgen sollte der Kanzler kommen, eine Gruppe von Pathologen des Bundesgrenzschutzes war schon da. Die Gerichtsmediziner sollten Massengräber untersuchen und dabei ermitteln, ob es sich um systematischen Mord handelte oder um Tote, die durch »normale« Kriegseinwirkungen ihr Leben verloren hatten.

Kanzler hin, Schröder her: Wir fuhren am nächsten Tag nach Rahovec, um mit dem Räumen zu beginnen. Zu unserer Überraschung wurde bereits an der Stromtrasse repariert. In der Weinfabrik nannte man uns den Grund: »Ihr wart ja da, euch ist nichts passiert, also konnten wir auch ran.«

Es folgte eine Einladung in den Weinkeller, der in einen Felsen gehauen war. Bei gleichbleibender Temperatur lagerten Weine vieler Jahrgänge. Bei einem Glas Merlot erzählte mir der Kellermeister einiges über die Fabrik. So richtig wisse es niemand, aber es sollen zwischen 10 und 50 Millionen Liter Wein hier lagern. Die westdeutsche Firma Racke habe damals nach einem Gebiet gesucht, das große Mengen Wein in gleichbleibender Qualität liefern könnte und war im jugoslawischen Kosovo gelandet. Als »Amselfelder Rotwein« brachte Racke ihn auf den Markt. In den 60er und 70er Jahren gehörte dieser zu den bekanntesten Marken in der Bundesrepublik. Der Name leitete sich von einem Territorium im Kosovo ab, auf dem 1389 die Serben gegen die Osmanen kämpften: dem

Amselfeld. Auf rund 8.000 Hektar produzierten die Winzer in jener Zeit jährlich etwa 60 Millionen Liter Roten – und das schon seit mehr als zweitausend Jahren. Bereits die Römer bauten dort, wo an mindestens 300 Tagen die Sonne scheint, Reben an.

Der Krieg hatte, so hörte ich vom Kellermeister, zu einem dramatischen Einbruch geführt; die Winzer trauten sich nicht in die Weinberge, womit er natürlich meinen Ehrgeiz provozierte. Später jedoch erfuhr ich den eigentlichen Grund. So lange es noch Jugoslawien gab, stellte man in Belgrad das Zertifikat aus, das die EU bei der Einfuhr des Amselfelder Rotweins verlangte. Nachdem sich aber das Kosovo für unabhängig erklärt hatte, sah Belgrad keinen Grund, ihnen diese Bescheinigung weiterhin auszustellen. Die hier tätigen Behörden der UN konnten dies aber auch nicht, Wein war nicht ihr Ressort, sie kannten sich damit nicht aus. So wurden auch die Weinbauern Opfer des Kosovo-Krieges, indem sie auf ihren Flaschen sitzenblieben und um ihre Existenz bangen mussten.

Am Montag begannen wir, nachdem alle Vorbereitungen getroffen waren, endlich mit unserer eigentlichen Tätigkeit. Am Wochenende waren wir vom Hotel in unser angemietetes Haus umgezogen,

In der Altstadt brannte ein Haus, es interessierte keinen

danach ein wenig um die Häuser gezogen. Brandgeruch lag in der Luft. In der Altstadt brannte ein Haus. Das Leben und der Trubel auf der Straße blieben davon unberührt. Die Händler, die morgens den größten Teilen ihrer Waren nach draußen trugen, nahmen von den lodernden Flammen so wenig Notiz wie die Bauern auf dem Markt. Mich verstörte diese auffällige Teilnahmslosigkeit. Als ich Tage später darauf Angehörige der KFOR ansprach, bekam ich zu hören: »Hier brennt es jeden Tag.«

»Und wer trägt daran die Schuld?«, wollte ich wissen.

»Wir«, lautete die Antwort, und klang nicht einmal ironisch oder gar zynisch. Man habe die Lage völlig falsch eingeschätzt.

Nun, diese Formel kannte ich. Aber was genau war darunter zu verstehen?

»Wir wollten die Serben besonders schützen und haben, um unsere Streifen besser zu orientieren, die serbischen Wohnhäuser gekennzeichnet. Das half aber auch den anderen. Fortan ging fast täglich ein solches Haus in Flammen auf.«

Konnte man wirklich so naiv sein?

Man habe daraufhin die Streifentätigkeit verstärkt, bekam ich zu hören. Und dann die Geschichte von dem albanischen Brandstifter, den man auf frischer Tat stellte und zum Stab brachte, wo ihn ein Offizier vernahm. Danach wurde auch die Streife befragt: »Habt ihr gesehen, wie er das Streichholz anzündete?«

»Nein. Aber wenige Minuten, nachdem er aus dem Haus stürzte, begann es zu brennen.«

»Tut mir leid. Wenn ihr nicht gesehen habt, wie er gezündelt hat, muss ich ihn laufen lassen!« Und so geschah es. Die Folge: Alle potenziellen albanischen Kokler nahmen dies als Freibrief, die Zahl der Brandstiftungen nahm erkennbar zu.

»Wir haben die Lage völlig falsch eingeschätzt.«

Haben die Verantwortlichen wirklich angenommen, dass nach dem Bürgerkrieg aller Hass, alle Verblendung sich in Luft auslösen würde? Der jahrzehntelange ethnische Konflikt bestand fort. Und die ausländischen Soldaten, die sich doch angeblich zum Schlichten zwischen die Fronten gestellt hatten, waren nicht so neutral, wie sie selber annahmen. Allein ihre Präsenz verstanden die »Kosovaren« als Anerkennung ihres vermeintlichen Erfolges über die Serben, die Soldaten sicherten ihnen ihre Unabhängigkeit. Die Serben hingegen sahen die Soldaten als Fremde, als Besatzer, die dafür sorgten, dass die abtrünnige Provinz Kosovo abtrünnig blieb. Das hieß, die Feindschaft zwischen den Volksgruppen wurde nicht befriedet, sondern eher verschärft, auch wenn dies augenblicklich nicht so aussah. Wenn die Soldaten abzögen, würde es wieder knallen.

Die Stadt war voller Menschen und bunt: Militär, junge Frauen in modischer europäischer Kleidung und alten Frauen mit traditionellem Mantel, Kopftuch und Pluderhose, Kinder und Jugendliche auf dem Skateboard, die übers Pflaster wackeln. Hinter dieser Fassade verschwinden Leid und Not.

In Rahovec bezog jeder von uns im angemieteten Haus ein eigenes Zimmer. Das Dach war dicht, die Fensterscheibe heil. Jedoch: Im Bad floss kein Wasser, und Strom gab es nur zwei Stunden täglich. Man erzählte uns, die NATO habe das Kraftwerk und das Wasserwerk bombardiert. Kein Kollateralschaden, sondern Kalkül: Eine zerstörte Infrastruktur bringt überall die Bevölkerung gegen die Machthaber auf. In diesem Irrglauben bombardierten schon die Westalliierten die deutschen Städte – und schürten dadurch den Hass. Auf sie! »Unsere Mauern brechen, unsere Herzen nicht!« schrieben nicht nur die Durchhaltekrieger auf die Ruinen.

Ich bat Daut, ein gelernter Elektriker, unser kleines Notstromaggregat ans Haus anzuschließen, so konnten wir zumindest das Satellitentelefon und den Computer benutzen. Kaum stand die Telefonverbindung, meldete sich das UN-Büro Pristina. Wir verabredeten ein Meeting bei der KFOR in der kommenden Woche. Alles drehte sich dort um Kompetenzen. Es wurde gerangelt, gehauen und gestochen. Der Streit ging in unserem Falle darum, wem wir unterstünden und rechenschaftspflichtig seien – der UN und ihrer hiesigen Vertretung oder der Bundesrepublik Deutschland, vertreten durch die KFOR. In der ersten Stunde rechnete man sich gegenseitig Fehler vor, in der zweiten suchte man nach Kompromissen, in der dritten wurde man sich einig. Im Wesentlichen blieb alles beim Alten. Wir unterstanden weiter dem Koordinator des Auswärtigen Amtes und berichteten an die UNO, während die KFOR im Bedarfsfall uns logistisch unterstützen sollte.

Der Antrittsbesuch in Pristina erfolgte am Sonnabend. Die UN-Mission residierte standesgemäß im Grand Hotel, die KFOR führte ihr öffentliches Büro im Sportpalast. In der Lobby des Grand Hotels herrschte hektische Betriebsamkeit, eine Polizeieinheit checkte ein. Am großen Fenster in der Ecke unterhielten sich angeregt ein Inder und ein Pakistani. Einer von ihnen musste meine Neugier gespürt haben und drehte sich um. »Da staunst du, was? Die UNO macht's möglich«, lächelte er und wandte sich seinem Gesprächspartner zu. Alle Welt wusste, dass seit Jahrzehnten Indien und Pakistan sich de facto im Krieg miteinander befanden. Man stritt in Punjab und Kaschmir miteinander. Mal war es ein heißer, mal ein kalter Krieg, aber nie herrschte Frieden zwischen beiden Staaten.

Man schickte uns in den Sportpalast gegenüber. Das Meeting eröffnete der künftige Chef des *UN Mine Action Center*, ein Oberstleutnant der Königlich-Neuseeländischen Pioniere. Nach der Begrüßung stellte sich jeder vor. Mit unserer Tropenkleidung fielen wir auf und bekamen auch einen Spitznamen verpasst. Wir waren die *Prizren-Gang*. Sodann erfolgte die Aufgaben- und Flächenverteilung. Siebzehn kommerziell tätige Firmen und NGO's sollten

Panorama von Pristina, vorn der neue Sportpalast

10.000 Quadratkilometer räumen. Nichtregierungsorganisationen, die bislang nie etwas mit Kampfmittelräumung zu tun hatten, präsentierten eigene Räumteams mit angeblich hochqualifiziertem Personal. Überseeische Unternehmen, die noch nie außerhalb ihres Kontinents gearbeitet hatten, waren präsent und hofften auf ein Stück vom Kuchen, etwa Afrikaner aus Simbabwe, Namibia und vom Kap. Eine US-Firma stellte ein Team aus Kambodscha vor. Nur wenige akquirierten Personal von hier.

Nach der Aufteilung endete das Meeting, und es wurden die Dokumente aufgesetzt. Wir erhielten eine ID-Card der KFOR und, nach Vorlage unserer Qualifikationen, eine Berechtigungskarte zum Umgang mit Sprengstoff und Munition. Voraussetzung war eine mehrjährige militärische Dienstzeit, fünf Jahre Minimum, und eine Sprengberechtigung. Ich blickte auf 17 Jahre zurück und konnte eine Ausbildungsberechtigung vorweisen, Manne und Kalle konnten auf mehr als 20 Dienstjahre bei der NVA verweisen.

Die Woche begann mit Ausbildung. Wir benötigten zwar nur acht Räumarbeiter, nahmen aber zehn. Mittwoch wollten wir eine Zwischenprüfung abnehmen und eine Vorauswahl durchführen. Während die beiden ausbildeten und prüften, bereitete ich den Einsatz vor. Das hieß Abstimmung mit THW, KFOR, UNO und Auswärtigem Amt.

Ab kommenden Montag würden wir im Dorf Celina die Räumarbeiten aufnehmen. Mit meinem Dolmetscher fuhr ich nach Celina, um den Bürgermeister aufsuchen. Es gäbe keinen Bürgermeister, erklärte man uns, der UÇK-Kommandant entschiede alles. Ehe wir den gefunden hatten, sprach uns ein junger Mann an. Auf dem Bauernhof seines Großvaters vermutet er Blindgänger, ob wir nicht einmal nachschauen könnten. Wir ließen ihn einsteigen, er wies uns die Richtung.

Hinter einem einfachen Holztor dehnte sich der riesige Hof, auf dem einige Landmaschinen standen. Ein seltsamer Geruch lag in der Luft: eine Mischung aus verbranntem Fleisch, verkohltem Holz und Verwesung. Ausgebrannte Fensterhöhlen starrten uns an. Das Zelt des UNHCR, des Hohen Flüchtlingskommissars der UNO, nahm die geretteten Habseligkeiten auf. Nur der Großvater und eben sein Enkel hatten überlebt. Auf der Treppe seines in Trümmern liegenden Haus hockte ein alter Mann, apathisch starrte er in unbestimmte Weite. Sein Enkel flüsterte ihm etwas ins Ohr. Langsam hob der Greis den Kopf und schaute mich mit leeren, ausdruckslosen Augen an. Nach einer Weile bat er uns, sich neben ihn zu setzen und mit ihm Kaffee zu trinken. Dann erzählte er. »Eines Nachts kam die UÇK aus Albanien. Sie diskutierten mit ihm. Drei seiner fünf Kinder müssten sich ihrer Befreiungsarmee des Kosovo anschließen, also Soldaten werden. Er habe abgelehnt und erklärt: Jetzt nicht, erst nach der Ernte. Die UÇK-Vertreter akzeptierten und zogen ab. Am nächsten Morgen erschien die jugoslawische Polizei und durchsuchte das Gehöft. Offenkundig hatten sie von der Werbung erfahren. Weil alle Söhne jedoch auf dem Hof waren und niemand fehlte, ging die Streife wieder. In der Nacht fiel ein Schuss. Auf dem Hof lag der Jüngste, gerade 16 Jahre alt, mit einer Kugel im Kopf.

Die Polizei wollte den Mord untersuchen, fand aber nur Spuren von Familienangehörigen auf dem Hof und zog wieder ab.«

Wer habe seinen Sohn erschossen, erkundigte ich mich.

»Na wer wohl? Die UÇK-Leute tauchten erneut auf und fragten mich, ob ich verstanden habe. Ich ließ mich aber nicht einschüchtern und erkläre, dass ich bei meiner Haltung bliebe: erst nach der Ernte. Die Herren von der *Ushtria Çlirimtare e Kosovës* verschwanden wieder und ließen uns vier Wochen in Ruhe. Unterdessen machte das Gerücht die Runde, die Serben hätten den Jungen erschossen. Das war eine Lüge, und das sagte ich auch allen. Dann fuhr ich mit ihm da«, er machte eine Kopfbewegung zu dem jungen Mann, der uns geholt hatte, »nach Pristina zur Universität. Als wir anderentags zurückkehrten, fanden wir das vor.«

Die ganze Familie war erschlagen, erschossen oder erdrosselt worden, niemand hatte überlebt. Das Haus und die Stallungen: rauchende Ruinen. Und an einer Wand hatten sie geschrieben: »Serbenfreund«. »Seit jenem Tag hat Großvater sich nicht von seinem Gehöft bewegt«, sagte sein Enkel. »Die meiste Zeit sitzt er stumm auf der Treppe und starrt ins Leere. Aber es muss irgendwie doch weitergehen!«

Ich erhob mich und drehte eine Runde über den Hof. Es handelte sich wirklich um eine gut gehende Wirtschaft. In der eingestürzten Halle zählte ich die Reste von acht Traktoren, diversen Landwirtschaftsmaschinen. In einem Stall verwesen die verbrannten Kadaver von etwa fünfzig Rindern. Der Gestank war unerträglich.

Alleine konnte ich das Gehöft nicht untersuchen, es war zu groß. Ich vertröstete den jungen Mann auf Montag, dann würden wir auch diesen Hof gründlich untersuchen. Mein Dolmetscher übersetzte. Der Greis hob den Kopf und sah mich an. Diesen Blick werde ich nie vergessen. Es schien, als kehrte etwas Leben in ihn zurück.

Beim Abschied umarmte mich sein Enkel am Auto, küsste meine Hände und brach in Tränen aus. »Großvater sagte, wir hatten Gäste, wir konnten sie mit Kaffee bewirten, wir sind keine Bettler mehr, wir haben wieder Hoffnung.«

Nach dieser Begegnung sah ich den UÇK-Kommandanten, den wir im Anschluss aufsuchten, mit kritischen Augen. Er führte das Gespräch mit uns sehr freundlich, er zeigte sich hilfsbereit, doch ein unangenehmes Gefühl hatte von mir Besitz ergriffen.

Daheim werteten wir die Zwischenprüfung aus und legten unsere Strategie für den Freitag fest. Am Freitag stand uns das Gelände der Schule zur Verfügung. Während im Klassenraum die Theorie geprüft wurde, holten wir jeden Einzelnen zur praktischen Prüfung. Für die Kinder im Dorf war das ein besonderes Erlebnis, dass sie sich nicht entgehen lassen wollten, aber sie blieben trotz aller Neugier in respektvoller Distanz.

Alle zehn bestanden. Das waren schon sehr verschiedene Leute, darunter ein Fernsehtechniker/Kameramann, der in Polen studiert hatte, ein Berufskraftfahrer, der dreißig Jahre Fernbusse durch Europa steuerte, ein Brennmeister aus der Weinfabrik, der für den Cognac zuständig war, und ein Pizzabäcker. Jeder von ihnen war sichtlich stolz, die Prüfungen gemeistert zu haben. Wir konnten beginnen.

Das komplette Team, Mitte: der Autor (mit Hut), links von ihm Kalle (Karl-Heinz Krawczyk), rechts Manne (Manfred Büchner)

Es gab viele Wege, die nach Pristina führten. Ich entschied mich für den längeren, vermeintlich besseren und verließ Prizren in Richtung Osten. Ich passierte eine serbische Armeekaserne, Weinberge, zerstörte Moscheen und Kirchen. Nach etwa zwanzig Kilometer erreichte ich das Städtchen Suva Reka, wo eine Einheit der Bundeswehr stationiert war. Slowaken, Österreicher und Schweizer sollten noch folgen.

Ab und an war die Straße farbig markiert: Es handelte sich um Brücken ohne Geländer. Aus einem Flugzeug waren sie nicht als solche erkennbar. Titos Partisanen-Enkel hatten sichtlich Erfahrungen im Tarnen und Täuschen.

Obwohl die Straße in einem schlechten Zustand war, erreichte ich nach etwa zwei Stunden Pristina. Das Panorama glich dem von Sarajevo. Hier sollte auch das Funktelefon funktionieren. Ich schaltete mein Handy ein und suchte ein Netz. Es fand gleich fünf: ein saudiarabisches, ein griechisches, ein amerikanisches, ein britisches und ein russisches. Über diese Länder nach Deutschland zu telefonieren war mir doch ein wenig zu teuer, ich beschloss, es bei der KFOR zu versuchen. Beim heutigen Meeting sollte uns der Stab vom *UN Mine Action Center* (UNMAC) vorgestellt werden.

Den Chef, einen Neuseeländer, sahen wir schon eine Woche zuvor. Sein Stellvertreter und Chef des Stabes war ein Namibier, dessen Stellvertreter wiederum kam aus Großbritannien. Die operative Abteilung führte ein Brite. Dieser John sah aus wie ein Hot-Doc-Verkäufer aus London und war im Krieg als sogenannter Beleuchter aktiv gewesen: Die von der NATO eingesetzten Bomben wurden mit einem Laserstrahl ins Ziel gelenkt, dazu wurden sie »angeleuchtet«.

Für die Qualitätskontrolle waren ein Schwede und ein Kanadier verantwortlich. Die Verbindung zur KFOR hielt ein kanadischer Oberstleutnant, die in den deutschen Sektor ein Schweizer.

Nach der Vorstellung erstattete jeder Bericht. Die meisten jammerten und klagten, dass alles schwierig sei. Mir schien, dass sie es nicht gewohnt waren, mit Problemen konstruktiv umzugehen. Nach dem offiziellen Ende fanden sich Gruppen zur Unterhaltung. Ich wurde von einem Südafrikaner angesprochen. Meine und seine Firma hätten doch in Angola zusammengearbeitet und er würde gern wissen, wie es dem und dem gehe, sagte er.

Ich bedauerte, in Angola nicht dabei gewesen zu sein, und fragte zurück, ob er Piete und Rocco kenne. Nun hatten wir gemeinsame Freunde, über die wir trefflich diskutieren konnten. Obgleich wir Konkurrenten waren, verstanden wir uns auf Anhieb. Wir waren alle Müllmänner des Krieges. Wir räumten gemeinsam den gefährlichen Dreck weg, den andere hinterlassen hatten.

Inzwischen war Juli geworden, die Arbeit bei Celina hatte wie üblich bereits Routine bekommen. Das THW hatte uns eingewiesen. Die 230 Häuser des Dorfes waren bis auf fünf zerstört oder beschädigt, das Hilfswerk wollte sie winterfest machen. Das UNHCR stellte dafür sogenannte *Shelterkits* zur Verfügung, das waren Dachbalken und eine extrastarke Folie, mit denen die Häuser überspannt wurden, damit es nicht hineinregte.

Um 10 Uhr hatte ich einen Termin. Eine andere Hilfsorganisation wollte sich an der Instandsetzung beteiligen und hatte sich einen Lagerplatz ausgesucht. Nach einer Stunde vergeblichen Wartens fuhr ich angefressen zu meinem Team. Es arbeitet in der prallen Sonne, ein Außenthermometer zeigte 57 Grad.

Am Ende der Woche erhielten meine Leute ihren ersten Lohn ausgezahlt. Bei den ersten Empfängern machte ich mir die Mühe, ihnen die komplizierte Abrechnung zu erklären, die meisten winkten ab. »Wird schon stimmen, Chef.« Ihre Augen leuchteten wie bei Kinder am Weihnachtsabend. Wer weiß, wann sie zum letzten Mal selbstverdientes Geld in der Hand hielten? Vergessen die Ängste, die Hitze und all das Ungemach. Die Scheine in der Hand entschädigten, sie sind Befriedung und Stolz zugleich.

Am Abend gingen wir in die Stadt »auf ein Bier«. Auf der Straße quietschten Bremsen, ein Auto stoppte neben uns. Miftar, einer unserer *Deminer*, lachte uns an. »Chefe, komm was trinken!«

Wir folgten ihm zu »Lolli«, einem kleinen gemütlichen Café. Dort kriegte man fast alles: Kaffee, Bier, Raki und geschmuggelte Zigaretten. Die Gasstätte war bis auf den letzten Platz gefüllt. Für Miftar war das kein Grund zur Umkehr. Er sprach Männer an einem Tisch an. Diese erhoben sich und zwangen uns auf ihre Stühle. Ich wusste nicht, was er ihnen erzählt hatte, aber es musste eventuell die Wahrheit und unser Beruf gewesen sein, denn sie lächelten und zogen ohne ein lautes Wort von dannen.

Beim NGO-Meeting präsentierte sich eine Organisation, die während des Vietnam-Krieges Flüchtlinge im Südchinesischen Meer rettete. Der Leiter des Minenräumprogramms stellte sich vor. Für diese Funktion war er äußerst unvorteilhaft bekleidet. Die kurze Hose gab den Blick auf eine Beinprothese frei. Sein Bein habe er in Angola verloren, erklärte er. Das, so meinte ich, war für alle Anwesenden nicht sonderlich ermutigend. Würde mir so etwas widerfahren, hängte ich diesen Job an den Nagel. Nicht etwa deshalb, weil man mit einer Prothese ihn nicht mehr ausüben könnte, sondern weil dies der sichtbare Nachweis dafür ist, dieser Aufgabe nicht oder nicht mehr gewachsen zu sein. Die meisten Unfälle waren selbst verschuldet, durch Unachtsamkeit oder aufgrund von Selbstüberschätzung.

Bei diesem Mann jedoch verspürte ich keinen Anflug von Selbstzweifel, Schlimmer noch: Er machte deutlich, dass er die Räumtätigkeit anderer für schlecht hielt, die einzigen, die ordentlich und erfolgreich arbeiten, wären die Mitarbeiter seines Unternehmens.

Mir war bekannt, dass diese NGO keine sonderlich gute Reputation in Fachkreisen genoss, in Angola war ihre Tätigkeit vorzeitig beendet und sie ausgewiesen worden. Wenn sie, so spöttelte man, bei der Räumarbeit nur halb so erfolgreich wäre wie beim Organisieren und Koordinieren von Presseterminen, verdiente sie allerhöchste Anerkennung. Hinzu kam der Verdacht von Unregelmäßigkeiten. Auch mir war bekannt, dass diese NGO in der Bundesrepublik fast 75 Millionen DM für Hilfsleistungen im Kosovo eingesammelt hatte. Interne Informationen aber besagten, dass das Gesamtprogramm nicht mehr als 1,5 Millionen betragen sollte.

Unserer Koordinatorin stach zu Recht der anmaßende Auftritt in die Nase, sie fuhr dem Vortragenden in die Parade. Nach anderthalb Stunden gingen wir genervt auseinander. Ich musste mich sputen, denn Geschäftsleitung und Vorstand meiner Firma hatten sich zum Besuch angesagt. Mit meinem japanischen Geländewagen und einem General der Bundeswehr ging es zum Stützpunkt zurück. Innerlich musste ich grienen: Wenn mir jemand zehn Jahre zuvor erklärt hätte: Genosse Oberstleutnant, du wirst mal einen Zweisterne-General der NATO durch Jugoslawien kutschieren, dem hätte ich einen Vogel gezeigt.

Bundeswehr-Einheiten aus Schwerin, Hagenow, Dehmen und Stern-Buchholz übernahmen nunmehr im Kosovo das Kommando. Dabei traf ich auf einen Leutnant, der einst als Zugführer in der 7. Panzerkompanie des 3. Panzerbataillons Schwerin diente, als ich dort Stellvertretender Stabschef war. Wenig später beggenete mir ein Hauptfeldwebel, der in unserer NVA-Division verantwortlich gewesen war für Treib- und Schmierstoffe. Im Unterschied zu mir hatten sie die Uniformen gewechselt, was für mich nie in Frage kam. Ich war Offizier der DDR aus Überzeugung, nahm den beiden jedoch den Fahnenwechsel nicht übel: Auch sie hatten eine Familie zu ernähren. Wir freuten uns über das Wiedersehen fernab der Heimat und waren uns einig: Die Welt ist ein Dorf!

Mit den Gästen aus Deutschland fuhr ich an unsere Räumstelle. Es war unerträglich heiß. Der Vorstand lobte vor der Mannschaft deren Einsatz und dankte dafür. Professionelle Routine, gewiss, aber durchaus bewegend. Nur Shivo, der Dolmetscher, mokierte sich. Er war sauer, dass wir Bundesaußenminister Fischer nicht zu ihm geschickt hatten. Das Protokoll drängelte. Wir machten noch einen kurzen Abstecher zu unserem Haus, dann machte sich der Tross mit dem guten Gefühl auf den Heimweg, dass alles gut angelaufen sei und das deutsche Steuergeld ordentlich eingesetzt werde.

Am nächsten Tag fuhr ich mit Dolmetscher nach Prizren, um einiges für die Ausrüstung zu besorgen. Dort war Markttag und die Stadt völlig verstopft, wir ließen das Auto stehen und machten uns zu Fuß auf den Weg. Am Nachmittag erledigte ich Büroarbeiten. Inzwischen hatte ich gelernt: Was man nicht aufgeschrieben und berichtet hatte, war auch nicht gemacht worden. Das Prinzip »Wer schreibt, der bleibt!« schwebte über allem.

Am Abend traf ich auf Salli, einen Hiesigen, der beim THW arbeitet. Der dunkelhaarige Albaner, Macho durch und durch, hatte in der Schweiz Bauwesen studiert und war danach in seine Heimat Jugoslawien zurückgekehrt. Am Vortag hatte er uns gebeten, sein Haus zu überprüfen. Da es sich unweit unserer Räumstelle befand, taten wir es – und fanden drei im Garten vergrabene Handgranaten. Aus Dankbarkeit lud er uns nun auf einen Kaffee ein, seine Freunde kämen auch.

Nach und nach kreuzten diese auf. Wie sich zeigt, handelt es sich um einheimische Angehörige der UÇK, die offen ihre Waffen tragen. Das war gegen die Vereinbarung: UN und KFOR sollten nicht nur die Macht ausüben, sondern auch die einzigen Waffenträger sein. Doch wie zu sehen war, liefen die Kommandeure ungeniert mit Waffen herum.

Aufgrund meiner Beobachtungen an den letzten Tagen war ich begründet voreingenommen, was ich so gut wie möglich zu unterdrücken versuchte. Nach der Vorstellung meiner Person erkundigte ich mich nach ihrer militärischen Struktur. Sie erzählten mir, dass sie zur 121. Brigade der UÇK gehörten. Ihre sieben Bataillone wären auf vier Dörfer verteilt. Der Chef dieser Brigade sah aus wie 50, war aber erst 39 Jahre alt, wie ich erfuhr. Und das es zwei Flügel in ihrer Befreiungsarmee gebe, der eine habe seinen Ursprung in Albanien, der andere im Kosovo. Es sei meist dem Zufall geschuldet, wer sich welchen Flügel angeschlossen habe.

Der Kommandeur der Brigade gab sich nach meinem Eindruck moderat und politisch. Im Krieg hätten nicht nur Albaner, sondern auch Serben gelitten, erklärte er, nun müsse man lernen, miteinander in Frieden zu leben und sich gegenseitig zu respektieren. Das klang vernünftig, schien mir allerdings nicht Gemeingut bei seinesgleichen zu sein. Und was er unter »gegenseitigem Respekt« verstand, führte er auch nicht näher aus. Beim Aufbruch bedankte er sich bei uns mit Pathos, dass wir seine Gäste waren, und lud uns zu irgendeiner Feier bei ihnen ein. Sodann erklärte er, dass wir »für alle Zeiten« unter dem Schutz der UÇK stünden, was man wie eine Lebensversicherung verstehen muss. Nun waren wir also beschützt.

Am Tag darauf begannen wir die Häuser in Celina nach Munition abzusuchen. Mit der Liste vom THW ging ich mit einem Dolmetscher von Gehöft zu Gehöft, jedem teilte ich eine Nummer nach Dringlichkeit zu. Die Beobachtungen waren derart widersprüchlich und bisweilen aberwitzig, dass sie von Menschen in Zentraleuropa, die in friedlichen und normalen Verhältnissen lebten wie unsereiner, kaum zu begreifen waren. Ich traf auf ausgebrannte Gebäude, vor denen in Zelten Familien saßen. Sie hatten fast alles verloren, der Garten gab nicht viel her, in der Sonne war vieles verdorrt. Und doch lud man uns zum Kaffee ein, bat uns zu Tisch. Wir lehnten dankend ab, was sie beleidigte. Na, dann wenigstens ein Glas Wasser gegen den Durst, lenkte ich ein.

Nach einer Woche in Celina hatte ich eine annähernde Vorstellung bekommen, was sich während des Krieges zugetragen hatte.

Aus Albanien und aus dem Kosovo stammende Stoßtrupps der UÇK waren wiederholt in die mehrheitlich von Serben bewohnten Dörfer eingefallen. Sie mordeten die vermögenden Bauern, sie schlachteten diese und ihre Familien geradezu ab und hinterließen als Visitenkarte den Namen eines Dorfes, aus dem angeblich ihr Kommando kam. Wohl wissend, dass hier das Gesetz der Blutrache war, sollte auf diese Weise Unmut und Hass der von ihnen überfallenen Siedlungen sich gegen diese Dörfer kehren. In Celina, einem rein albanischen Dorf, starben etwa 80 Väter, wodurch rund 400 Kinder zu Halbwaisen wurden. Der Dorfälteste erzählte, dass von einer Großfamilie nur ein Kind übrig geblieben war ...

Ich begann mich wie schon beim Einsatz in Kroatien zu schützen, indem ich solche anrührenden Leidensgeschichten nur bis zu einem bestimmten Maße an mich heranließ. Nicht nur aus Gründen emotionaler Belastung verinnerlichte ich nur wenig. Ich hätte auch Partei ergreifen müssen – aber für welche? Auf beiden Seiten war Unrecht geschehen, Albaner wie Serben waren nicht frei von Schuld. Eine massive seelische Belastung führte auch meist zur Unaufmerksamkeit bei der Arbeit. Man war in Gedanken bei den Toten und Verwundeten und nicht auf der Räumstelle. Eine Mine oder ein UXO – das war die internationale Bezeichnung für Blindgänger: *Unexploded Ordnance* – unterschied weder nach Seelenlage noch nach Alter, Geschlecht oder Abstammung, wenn sie explodierte. Solche Erfahrungen, die ich im Laufe der Jahre als Minenräumer sammelte, machten mich zwangsläufig zum Pazifisten.

Zurück in Rahovec stellten wir fest, dass es mal wieder kein Wasser gab, und auch der Strom floss nicht. Den ganzen Tag in sommerlicher Gluthitze und dann keine kühle Dusche am Abend: das war schlimm. Aber vergleichsweise harmlos gegenüber weitaus größeren Problemen. Milchkühe waren zu hunderten verreckt, weil sie nicht gemolken wurden, denn die Bauern waren tot oder geflüchtet. Streunende Hunde schlossen sich zu Rudeln zusammen und degenerierten zu Wölfen. Sie fraßen das Aas und jagten lebende Rinder, und wenn es diese nicht mehr gab, fielen sie die Menschen an. Sie verbreiteten aber nicht nur Angst und Schrecken, sondern auch Seuchen. Der niederländische Kommandant rief mich an, ich solle meine Räumarbeiter auffordern, ihre Hunde einzusperren, denn man werde systematisch freilaufende Tiere in dieser Woche jagen.

In der Nacht gegen 3 Uhr weckten mich Schüsse. Erst einzelne Pistolenschüsse, dann folgte zweimal das trockene Tackern einer Maschinenpistole. Weil sich der Schall in den Bergen ganz anders brach als gewohnt, konnte ich nicht eindeutig die Richtung feststellen, aus denen die Schüssen kamen. Plötzlich splitterte Fensterglas, Kalk rieselte von der Decke. Ich war hellwach, rollte mich aus dem Bett und kroch auf allen Vieren rasch ins Nebenzimmer, mein Büro. Mein Herz schlug bis zum Halse. Eh, Alter, dachte ich, was bist du für ein Soldat? Ich hätte nie geglaubt, dass mir derart der Schreck in die Glieder fahren könnte. Ich lauschte in die Nacht. Nichts war zu vernehmen. So verharrte ich eine Zeitlang, dann setzte ich mich auf meinen Bürostuhl am Schreibtisch. Die Nacht war vorbei, der Schlaf würde ohnehin nicht wiederkehren.

Niemand von den Kollegen in den unteren Etagen wollte etwas bemerkt haben, als ich sie befragte. Nein, keine Schüsse, kein Schreck in der Morgenstunde. Ich stieg in die noch nicht ausgebaute Dachetage. Einige Kugeln hatten das Fenster und den Rahmen durchschlagen und steckten im Dachbalken. Kaliber 7,62 mm, das waren Geschosse aus einer Kalaschnikow. Verirrte Kugeln oder Querschläger, vermutete ich, denn niemand war hier, dem die Schüsse hatten gelten können.

Später hörte ich, dass sich zwei Nachbarn gestritten und aufeinander geschossen hatten.

In der kommenden Nacht wackelte das Haus. Fast fiel ich aus dem Bett. Die Druckwelle einer gewaltigen Detonation rollte durch den Talkessel. Was war das? Wir trafen uns in der Küche, als wäre das ein sicherer Zufluchtsort. Als nichts weiter nachkam, gingen wir wieder in unsere Zimmer und warfen uns aufs Bett. Konnte man denn keine Nacht mehr durchschlafen?

Die KFOR informierte uns anderentags. Terroristen hätten – nach der Tiefe des Kraters zu urteilen – mit etwa 200 Kilogramm

TNT das Ehrenmal für die im Kampf gegen die deutschen Okkupanten gestorbenen Partisanen in die Luft gejagt. Auch wenn es keine Bekennerschreiben oder dergleichen gab, wusste jeder, dass nur die UÇK dahinterstecken konnte. Sie behaupteten doch immer, dass es sich bei den Widerstandskämpfern um Kommunisten handelte, die allein schon deshalb kein Denkmal verdienten. Es müsse vielmehr Platz gemacht werden für die wahren Helden.

Die Mehrheit der Einwohner in der Stadt war jung, nur jeder Fünfte älter als 26 Jahre. Die interessierten sich nicht für Politik, sie lebten in den Tag hinein und hockten in Kaffeehäusern. Mädchen flanierten, in Sichtweite die Brüder, die auf sie aufpassten.

Eine Woche später erschütterte eine ähnlich schwere Detonation Suva Reka. Der Anschlag galt dem letzten verbliebenen Minarett der zerstörten Moschee.

Aus dem heißen Krieg war offenkundig ein Nervenkrieg geworden. Jeder kämpfte gegen jeden. Auch mit nichtmilitärischen Mitteln. KFOR und UNO rangen um Einfluss und Oberhand, NATO und EU um die Befehlsgewalt. Die UÇK stritt untereinander, der radikale Flügel gegen den moderaten, der nationalistische gegen den gemäßigten und alle zusammen gegen die NATO. Die KFOR ordnete nach dem Anschlag die Entwaffnung der UÇK an. Einige gaben ihre Waffen ab, andere versteckten sie. Die UÇK-Führung verhandelte mit der KFOR mit dem Resultat, dass die Kommandeure ihre Waffen behalten und weiterhin offen tragen durften.

Dann tauchten in der Stadt Spielzeugpistolen auf, die wie echte aussahen. Sie verunsicherten jeden Kontrollposten und jede Streife.

Die nächtlichen Brände häuften sich, das THW organisierte eine freiwillige Feuerwehr. Aber wenn es im Serbenviertel brannte, brauchten die albanischen Kameraden anderthalb Stunden bis zum Brandort. Dann löschten sie die rauchenden Trümmer. Mal sprang das Löschfahrzeug nicht an, ein andermal war der Wassertank leer, und niemand wusste, wie und wo man ihn füllen konnte. Der häufigste Ausfallgrund jedoch: Die Löschmannschaft war sturzbesoffen.

Das änderte sich schlagartig, als ein albanisches Haus vollständig niederbrannte und zwei stark beschädigt wurden. Die Feuerwehr hatte wie immer bei einem Notruf reagiert. Der Arzt aus dem Krankenhaus berichtete, er habe in jener Nacht acht Feuerwehrleute mit Platzwunden und schweren Prellungen behandeln müssen. Die betroffenen albanischen Familien hatten mit schlagenden Argumenten der Feuerwehr klargemacht, was sie von ihnen hielten. Seit jenem Brand befand sich nicht nur die Feuerwehr in ständiger Bereitschaft, sondern die Brandstiftungen hörten schlagartig auf.

Auch wenn die Lage als ruhig erschien, existierte die Feindschaft zwischen Albanern und Serben unverändert fort. Als ich beim niederländischen Kommandanten Absprachen traf wegen der Nutzung eines gemeinsamen Sprengplatzes, berichtete er mir entrüstet, dass in der Nacht zuvor eine Streife im serbischen Viertel ein Ehepaar ermordet aufgefunden habe. Mann und Frau, beide über 80, seien im Bett erschlagen und beraubt worden. Resignativ erklärte er: »Die beiden tauchen in keiner Statistik auf. Tote Serben gibt es nicht, sie existieren nur als Feinde. Ich fühle mich so hilf- und machtlos. Wer soll die Mörder überführen? Wir sind Militär, keine Polizei.«

In Celina kamen wir mit dem Räumen gut voran. Die Mitarbeiter jeder NGO, die durch die Häuser gingen, hinterließen ihr

Ein neuer Friedhof in Celina findet mediale Aufmerksamkeit

Kürzel an den Wänden. Je tiefer wir in den Ort eindrangen, desto deutlicher wurde das ganze Ausmaß der Zerstörung und des menschlichen Leids. Regelmäßig kreuzten irgendwelche Prominente mit Presse im Schlepptau auf, um uns »zu helfen«. Es war Katastrophentourismus höchst unangenehmer Art. Eines Tages erschien beispielsweise ein saudischer Prinz, um zu sehen, ob und wie er seinen moslemischen Brüdern unter die Armee greifen könne, wie er vorgab. Je länger man mit ihm durch den Ort fuhr, desto größer wurde die Summe, die er spenden wollte. Sie schrumpfte allerdings schlagartig auf Null, als er drei Bauern in der Mittagspause Bier trinken sah. »Ihr seid gar keine richtigen Moslems«, rief er wütend aus, warf seinen Begleiter aus Celina aus dem Auto und brauste zurück nach Skopje.

Auch die reinen Journalistenbesuche nahmen zu, aber die Gossips interessierten sich nicht für unsere Arbeit, für die gesellschaftlichen Ursachen und Folgen des Krieges, sondern für einen neuen Friedhof, auf dem alle Toten bestattet wurden, die man jüngst gefunden hatte. Das jüngste Opfer dort war acht Monate, das älteste 93 Jahre alt.

Salli, der inzwischen das THW verlassen hatte, um als UÇK-Kommandant in Celina eigenen Geschäften nachzugehen, offenbarte offenherzig mir gegenüber: »Es sind erst 52 Gräber. Eine Leiche fehlt noch, die haben sie noch nicht gefunden. Der Säugling und der Alte starben eines natürlichen Todes, zehn wurden von den Serben gekillt, als wir sie angriffen, 15 haben wir erschossen, weil sie mit den Serben kollaboriert haben, die übrigen starben bei NATO-Angriffen. Das interessiert wirklich niemanden. Die Presse braucht Bilder, und wir bieten sie ihr.«

Wie zur Bestätigung seiner These, dass die Wahrheit niemanden interessiere, sah ich am Nachmittag ein großes, niedergebranntes Gehöft. Die Hitze des Feuers hatte die Glasscherben schmelzen lassen, das Anwesen war von Kratern übersät. In der Mitte des Hofes ragte auf einem Sägebock ein Fallrohr der Dachrinne in die Höhe, ringsumher waren leere Ölfässer gestapelt. Aus der Luft hielt man es für eine Artilleriestellung. Vielleicht war das auch beabsichtigt von jenen, die das Arrangement besorgt hatten. Für den oder die Piloten im NATO-Flieger war es ein gefährliches Ziel, auf welches gefeuert werden musste. Zack und rumms. Dass eventuell Unschuldige dabei starben, verbuchte man als Kollateralschaden.

Nach einiger Zeit einigten sich alle Administrationen. Fortan verteilten ein ziviles UN-Büro in Prizren und ein Regionales Minenzentrum die Hilfs- und Räumungsmaßnahmen. Wir unterstanden zwar weiter dem Auswärtigen Amt, mussten nunmehr aber unsere Berichte an das zentrale Minenzentrum in Pristina senden. Zuvor genügte ein Blatt, jetzt fertigte ich bei jeder Gefahrenmeldung vier, für den Abschlussbericht sechs Seiten aus.

Zu diesem bürokratischen Mehraufwand kamen auch weitere Verpflichtungen. An jedem Dienstagmorgen gab es eine Zusammenkunft bei der KFOR, am Nachmittag ein Meeting im Regionalen Minenzentrum, am Donnerstagabend eine Beratung im UN-Büro in Prizren und am Sonnabend eine im UN-Zentrum in Pristina. Ein Drittel meiner Arbeitszeit versaß ich nun bei Beratungen, ein weiteres Drittel fraß die Erledigung des Papierkrams und ein weiteres Drittel verbrachte ich im Auto auf der Straße. Das Team arbeitete unterdessen in Celina weiter.

Dienstags konnten alle NGO's ihre Sorgen und Nöte auskippen, um Unterstützung bitten, Ergebnisse präsentieren und sich auch Mut zusprechen. Der Presseoffizier der KFOR informierte über die Lage, über Zwischenfälle und vermeintliche Anschläge, um Gerüchten entgegenzuwirken. Er berichtete über einen Unfall beim Waffenreinigen wie über etwa dreitausend krepierende Schweine in Kosovo Polje, einem kleinen Ort vor den Toren Pristinas. Für die Kosovoalbaner respektive Moslems galten bzw. gelten Schweine als unrein, sie waren Ungeziefer, um das man sich nicht kümmern musste. Die Tiere in einer Mastanlage waren nunmehr dem Verhungern preisgegeben, weil die Albaner jeglichen Zutritt verweigerten. Auch hier konnte niemand, wie so oft, von den Organisationen helfen. Um nicht ganz hilflos zu erscheinen, wurde eine sogenannte CIMIC-Einheit gebildet, in der Militär sowie staatliche und nichtstaatliche zivile Dienststellen zusammenarbeiteten. CIMIC stand für *Civil-Military Co-operation.* Der Stab war ebenfalls in die ehemalige Konservenfabrik »Progress« in Prizren eingezogen, in deren Nähe eine kleine Messerfabrik lag. Man habe jedoch »etwas Verdächtiges« dort gefunden, was ich mir einmal ansehen sollte.

Unmittelbar nach dem Meeting, es war bereits Mittag, die Temperatur lag wie an den Tagen zuvor bereits bei 35 Grad, fuhr ich dorthin. In einiger Entfernung zum Tor des Stabes boten Jugendliche auf einem Flohmarkt CDs an. Alles, was in der internationalen Popszene Rang und Namen hatte, war da vertreten, wie ein kurzer Blick verriet. Am Tor einer eingestürzten Fabrikhalle auf dem Gelände der Messerfabrik erwartete mich ein Kosovoalbaner. Er sprach gut deutsch, er hätte es in Wiesbaden gelernt, als er dort als Pizzabäcker gearbeitet habe, erklärte er mir auf Nachfrage, und lieferte mich im ehemaligen Büro des Direktors ab. Inzwischen hatten sich uns fünf Männer angeschlossen, es handele sich um ehemalige Angestellte des Unternehmens, hieß es.

Die Einwohner von Prizren hatten bereits alles geplündert, was irgendwie zu gebrauchen war. Im Zimmer des Direktors war lediglich der Schreibtisch verblieben, und der sei nicht in Ordnung, sagte der Pizzabäcker. Ich solle ihn mir mal anschauen.

Ich musterte ihn sehr aufmerksam. Er war sehr wacklig, was auf den ersten Blick erkennbar war, mehr fiel mir jedoch nicht auf. Vorsichtig öffnete ich die einzige Schublade, die der Schreibtisch hatte. Durch den Spalt erkannte ich eine Handgranate.

»Alles raus hier!«, rief ich. Die Männer stürzten zur Tür, um Sekunden später neugierig um die Ecke zu schauen, nachdem nichts geschehen war. Vorsichtig öffnete ich die Schublade weiter, um mit der Hand das Innere abtasten zu können. Als ich sicher war, dass keine Drähte oder andere Auslösemechanismen vorhanden waren, öffnete ich die Schublade. Darin lagen nicht nur eine, sondern drei Handgranaten, zwei in einem Transportbehälter.

»Das war's«, sagte ich – und war für die Männer der Held des Tages. Der Pizzabäcker nahm mich an die Hand und führte mich zu einem Raum, in welchem nach Landessitte Sitzpolster auslagen. Wenig später trugen drei Frauen Essen für ihre Männer auf, sie stellten die Teller und Schüsseln in die Mitte. Aufgeregt erzählten die Männer den Frauen mit den üblichen dramatischen Übertreibungen, was ihnen soeben widerfahren war.

Wieder einmal bestätigte sich meine Erfahrung: Je ärmer die Menschen waren, umso bereitwilliger teilten sie das Wenige mit anderen.

Beim Essen berichteten sie mir von ihrer Arbeit in der Messerfabrik, die sie seit ihrer Jugend geleistet hätten. Sie haben Kirchengeschirr, Hirtenmesser, Messer für die Weinbauern und auch Orden hergestellt. Es gäbe nichts Schöneres, als aus einem einfachen Stück Messing einen Kelch oder einen Leuchter zu fertigen. Die Produktion der für die jugoslawische Armee bestimmten Medaillen und Orden hatte die Fabrik wohl zu einem »strategischem Ziel« der NATO werden lassen. Mit einer einzigen Bombe hatte man die Gasleitung zerstört und damit die gesamte Produktion lahmgelegt.

Was hatten diese Orden mit dem Krieg zu tun, fragten sie. Aber dieser Angriff vernichtete die Existenz hunderter Familien, indem die Ernährer ihre Arbeit verloren. Die Männer zeigten sich jedoch wild entschlossen, die Fabrik wieder aufzubauen und die Produktion in Gang zu setzen.

Ich sagte, sie sollten damit noch eine Woche warten, dann hätten wir die gesamte Fabrik auf Sprengmittel untersucht und sie müssten nichts mehr befürchten.

Mit Tränen in den Augen verabschiedeten sie mich.

Unser Team fand lediglich noch eine Handgranate. Sie stammte aus dem Ersten Weltkrieg und war bei der Explosion der Gasleitung freigelegt worden.

Auf einem anderen Meeting wurden wir über einen Minenunfall an der albanischen Grenze informiert. Eine Streife sei bei einem Kontrollgang in ein Minenfeld geraten, dabei wäre ein deutscher Stabsfeldwebel und zwei Rekruten verletzt worden. Die drei wurden in die Bundesrepublik ausgeflogen.

Diese Nachricht löste absolutes Unbehagen aus.

Kaum eine Hilfsorganisation, die nunmehr keinen Bedarf signalisierte. Im Regionalen Minenbüro, das von Tony, einem Leutnant der britischen Marine, geleitet wurde, stapelten sich die Anträge. Mit seinem braungebrannten Gesicht, schulterlangen Haaren und vielen Tattoos sah er wie ein Seeräuber aus. Tony beherrschte die Sache jedoch mit Coolness.

Der leitende Feuerwerker, in dessen Abschnitt der Unfall passierte, berichtete uns später: Sie sollten jenes Minenfeld räumen, das in unmittelbarer Nähe eines Dorfes in einer Bergregion lag. Das Dorf bestand nur noch aus Zelten, die Häuser waren zerstört, das Gelände mit Bombenkratern übersät. Sie fanden im Ort einen Blindgänger, wie sie einen solchen noch nie gesehen hatten: Der Bauart nach war die Bombe amerikanisch, der Zünder stammte aus Frankreich und die Beschriftung sei Hebräisch gewesen. Der Dorfälteste habe sie informiert, dass es in diesem Grenzort einen Posten der serbischen Spezialpolizei gegeben habe, der nach Beginn des Bombenkrieges von UÇK-Einheiten, die aus Albanien kamen, gestürmt worden sei. Die Serben waren auf den Angriff vorbereitet und leisteten erbitterten Widerstand. Als die ersten Flugzeuge kamen, zogen sie sich in die Berge zurück. Die NATO-Flieger zerstörten das Dorf, vernichteten die UÇK-Einheit und töteten die Hälfte der Dorfbewohner. Seither seien die Überlebenden damit beschäftigt, die Tote zu bestatten und Brauchbares aus den Ruinen zu bergen. Der Dorfälteste habe sich ehrlich gefreut, dass nun endlich Hilfe von außen käme.

Die Freude hatte sich aber verflüchtigt, als ihm eröffnet wurde, dass sie einzig zum Räumen des Minenfeldes an der Grenze gekommen seien. Einzig die Aussage, dass keine andere Hilfe ins Dorf kommen würde, wenn nicht zuvor alle Sprengmittel beseitigt seien, hinderte die enttäuschten Dorfbewohner daran, den Trupp aus dem Dorf zu jagen.

Drei Wochen hätten sie dann im Feld gearbeitet und rund 180 Minen gefunden, bis zu jenem Tag, als die Streife auftauchte. Er habe den Jeep bei Annäherung gestoppt und die Lage geschildert. Der Stabsfeldwebel habe jedoch ziemlich herablassend reagiert und erklärt, dass er sich hier auskenne und von einem Zivilisten sich nicht an der Erfüllung seiner Aufgaben hindern lasse.

Ob es so gewesen war oder nicht, steht dahin. Es bleibt aber eine Tatsache, dass der deutsche Unteroffizier weiter ging, ihm folgten zwei Soldaten in geringem Abstand, ein vierter blieb im Auto sitzen. Dann gab es eine Detonation, die der Stabsfeldwebel ausgelöst hatte. Die beiden Soldaten liefen zu ihrem verletzten Vorgesetzten, um ihn zu bergen und traten selbst auf Minen.

Der Räumtrupp rief einen Rettungshubschrauber und barg die verletzten Soldaten, die sich über die Warnung hinweggesetzt und dafür nun die Leben gefährdende Quittung bekommen hatten …

Der Vorfall wurde intern ausgewertet. Es bestand Einigkeit darüber, dass der Unfall vermeidbar war, es handelte sich eindeutig um ein Fehlverhalten der Streife: Sie hätte den Anweisungen des leitenden Feuerwerkers Folge leisten müssen. Das Gute an diesem schrecklichen Unfall: Unsere Tätigkeit wurde von manchem fortan mit anderen Augen betrachtet. Und nicht wenige nahmen mit einem gewissen Erstaunen – wie naiv konnte man nur sein? – zur Kenntnis, dass die Mitarbeiter der Räumfirmen zumeist ehemalige, gestandene Militärs waren, die mitunter einen höheren Dienstrang hatten als manch schnöseliger Rekrut oder Offizier der KFOR, der bislang ein wenig hochnäsig auf diese Männer herabgeschaut hatte.

Allerdings beunruhigte, dass seit jenem Morgen die Räumstelle aus einem anderen als dem vermuteten Grund gesperrt worden war. Ein ABC-Trupp der KFOR hatte Radioaktivität gemessen, die dreimal so hoch war wie üblich. Das wurde Thema beim Meeting in Pristina, denn auch andere Teams hatten eine höhere Strahlung festgestellt. Fast jeder von uns kannte den Grund, der dem Chef der UNMAC unangenehm war. Es handelte sich um uranabgereicherte, panzerbrechende Munition, die mit dem Kürzel DU für *depleted uranium* bezeichnet wurde. Fast jeder wusste, dass abgereichertes Uran nur sehr schwach radioaktiv war, dennoch konnte eine solche Dosis, wenn sie über einen längeren Zeitraum wirkte, das Erbgut schädigen und Krebs auslösen. Neben dem militärisch verfolgten zerstörenden Effekt entfaltete die DU-Munition auch wegen ihrer chemischen Giftigkeit eine schädliche Wirkung auf den menschlichen Organismus, insbesondere ging die toxische Wirkung auf die Nieren. Es gab kein internationales Abkommen, das den Einsatz von abgereichertem Uran explizit untersagte, aber bereits das Genfer Protokoll von 1925 verbot die Verwendung von giftigen Stoffen im Kriege.

Der UNMAC-Obere schickte seinen Stabschef zur US-KFOR, um einen Experten zu holen, der unsere Fragen beantworten könnte. Doch statt eines Fachmanns schickten die Amerikaner eine 80 Seiten starke Expertise, in welcher erklärt wurde, dass das Zeug harmlos und ungefährlich sei.

Verärgert gingen wir auseinander.

Aber unsere Fragen blieben nicht folgenlos.

Am darauf folgenden Montag wurden alle zivilen Räumfirmen aus den Sektoren abgezogen, in denen DU-Munition eingesetzt worden war. Nun ja, wir waren fürs erste sicher, aber was war mit den Menschen, die dort lebten? Ich hörte nicht davon, dass man sie bis zur vollständigen Räumung umsiedeln wollte.

Diese panzerbrechende Munition wurde zumeist in Bordwaffen der Fliegerkräfte eingesetzt, diente aber auch der Markierung von Territorien, in denen unterschiedliche Munitions- und Bombentypen der NATO zu Testzwecken unter Gefechtsbedingungen eingesetzt wurden. In Regionen, in denen beispielsweise neuartige Clusterbomben eingesetzt wurden, markierte man die Abwurfgebiete zuvor mit der Uranmunition. So konnte man anschließend die Wirkung der Cluster untersuchen. Bei Clusterbomben, auch Kassettenbomben genannt, handelte es sich um Streumunition. Diese befand sich in einem Behälter, welcher nach der Aktivierung mehrere kleine Bomblets freisetzte. Nach diesem Prinzip funktionierten bereits während des Weltkrieges eingesetzte Bomben, um eine größere Fläche mit »Minibomben« zu treffen und zu schädigen. Weit über hundert Staaten haben diese Waffe geächtet, unter anderem deshalb, weil sie die Zivilbevölkerung durch eine Vielzahl von Bindgängern lange Zeit gefährden. Wie hoch deren Zahl war, sollte in den mit DU-Munition markierten Territorien festgestellt werden. Da kein genauer Nachweis über den Einsatz dieser gefährlichen Uranmunition erfolgte, diese aber nur von der A 10 oder von Kampfhubschraubern verschossen wurde, erhielt die KFOR Karten, in denen die Flugrouten der A 10 eingezeichnet waren. Das hieß also: Sucht gefälligst selbst, wo das Zeug liegen könnte.

Schon bald aber tauchte ein ganz anderes Problem auf, was bei einigen in Rahovec für helle Aufregung sorgte. Die niederländische KFOR-Einheit sollte durch ein russisches Kontingent ersetzt werden, welches sich augenblicklich noch im 30 Kilometer entfernten Malischevo befand. Weil die Russen als serbenfreundlich galten, fürchteten einige Albaner Racheaktionen.

Die deutschen Soldaten der KFOR und auch das THW reagierten darauf mit besonderer Vorsicht. Mit Recht: In der Nacht machte die Stadt hörbar mobil. Am nächsten Morgen stellte man fest, dass die Hauptstraße auf Veranlassung der UÇK blockiert worden war. Hunderte Fahrzeug- und Autowracks hatte man auf einer Länge von 500 Metern so ineinander verkeilt, dass eine Passage mit Fahrzeugen unmöglich war. Ferner hatte die UÇK alle Familien gezwungen, sich zu beteiligen. Schulklassen verlegten zwangsweise den Unterricht in Zelte neben der blockierten

Über Nacht hatte die UÇK veranlasst, die Straße mit Autowracks und Pkw zuzuparken und so unpassierbar zu machen

Straße, Geschäftsleute mussten ihre Läden schließen, Restaurantbetreiber durften nicht vor 20 Uhr öffnen, mussten aber tagsüber die an der Blockade beteiligten Personen versorgen.

Zwar scheute die UÇK eine offene Konfrontation mit der internationalen Kosovo Force, aber sie hatte es vermocht, die ganze Stadt gegen deren Entscheidung zu mobilisieren. Damit war ein Machtkampf eröffnet worden, in den auch wir, die wir mitten in der Stadt wohnten, mit einbezogen werden sollten. Bereits am zweiten Tag erklärte etwa die Hälfte der Räumarbeiter, sie könnten diese Woche nicht mehr kommen, denn sie müssten ihren Posten an der Blockadestraße beziehen.

Ich rief sofort Salli an. Wenig später erschien er in Begleitung des UÇK-Kommandanten in meinem Büro. Der Befreiungskrieger begann mir einen Vortrag zu halten. Selbstbewusst erklärte er, warum das alles angeblich notwendig sei.

Wütend fuhr ich ihm in die Parade. Mich interessiere es nicht, ob und welche Probleme er und seine Leute mit den Russen oder der KFOR hätten. Ich habe den Auftrag, so rasch wie möglich die Folgen dieses idiotischen Krieges zu beseitigen. Wenn er nicht unverzüglich dafür sorgt, dass mein Räumteam vollzählig arbeiten und die Straße ungehindert passieren könne, würden wir unsere Sachen packen und sofort abreisen. Dann könnten sie auf den Minen und Blindgängern sitzenbleiben. Ich war ziemlich laut geworden, und meine Stimme hatte noch immer jene Festigkeit, mit der sie früher über den ganzen Kasernenhof getragen hatte.

Beide schauten mich sichtlich verdattert an. Der UÇK-Mann brauchte einige Momente, um sich zu sammeln. Hinter seiner Stirn arbeitete es sichtlich. Mir war klar, dass er unseren Auszug nicht riskieren konnte, gleichzeitig aber verlor er sein Gesicht, wenn er die Aufhebung der Blockade anordnete.

Er sagte zu, alles zu regeln. Allerdings würden sie ungefähr eine Woche brauchen, um die Fahrzeuge von der Straße zu bringen.

Am nächsten Morgen erschienen alle meine Räumarbeiter sichtlich gut gelaunt. Ich erkundigte mich nach dem Grund. Ach, die Blockade gehe sie nichts an, sagten sie. Und außerdem könnten sie, im Unterschied zu den anderen, mit regulärer Arbeit Geld verdienen.

Es zog nun wieder Normalität ein. Die Räumarbeiten in Celina kamen gut voran, mit dem THW und der Vertreterin des Auswärtigen Amtes besprach ich bereits die nächsten Aufgaben. Die warteten in Opterusa, einem Dorf westlich von Rahovec. Hier war noch nichts vorbereitet, wie ich erfuhr, als ich mich mit Daut im Dorf informierte.

Uns empfing dort der Bürgermeister, der wohl zugleich auch der UÇK-Kommandant ist. Das Dorf, abseits der Straße gelegen, war ebenso zerstört wie Celina, aber nur wenige Hilfsorganisationen hatten sich bislang hierher verirrt. Neben den zumeist zerstörten Gehöften sollten wir unser Augenmerk auf die Brunnen und die Weinberge richten. Anders als Celina, das zerrieben worden war zwischen der albanischen »Befreiungsarmee des Kosovo« und den jugoslawischen Streitkräften, hatten hier vornehmlich Kämpfe zwischen NATO und den regulären Streitkräften Jugoslawiens getobt. Für die UÇK war der Ort zu weit von der Grenze gelegen. Außer sporadischen Überfällen kleiner Gruppen aus der Nachbarschaft hatte es hier keine größeren Kampfhandlungen gegeben. Dennoch wies der Ort schwere Zerstörungen auf. Sie waren die Folge massiver Luftangriffe. Der Bürgermeister flehte mich geradezu an, die Weinberge von Blindgängern und dergleichen zu räumen. Seit ewigen Zeiten lebe das Dorf vom Weinanbau, die Weinberge wären das einzige Kapital, das es besäße. Ich sicherte ihm zu, dass wir in einer Woche mit der Arbeit beginnen würden.

Bei der Rückkehr in Rahovec erwartete mich ein neues Problem.

Unser einheimischer Arzt berichtete völlig aufgelöst, dass er in der vergangenen Nacht Besuch von Schwarzuniformierten bekommen habe. Sie hätten ihn genötigt, seine Wohnung binnen einer Woche zu räumen, damit eine arme albanische Familie einziehen könne. Um der unverschämten Forderung Nachdruck zu verleihen, warfen sie seinen Fernseher aus dem dritten Stock. Sie verließen ihn mit der Drohung, ihm und seiner Frau würde das Gleiche widerfahren, wenn sie sich weigerten.

Er erklärte mir auch den Grund für diesen martialischen Auftritt: Er und seine Frau waren im Kosovo geboren, hatten jedoch in Belgrad Medizin studiert, was in den Augen der Albaner sie zu halben Serben, mindestens aber zu Serbenfreunden machte, also zu »Feinden«.

Ich war ratlos. Was sollte ich gegen diesen Hass tun?

Am Abend traf ich mich mit Salli und erzählte ihm davon. Er antwortete nur: »So sind die Albaner aus Albanien, auf die haben wir keinen Einfluss. Die kann man nur noch erschießen. Wenn der Arzt am Leben bleiben will, sollte er so schnell wie möglich seine Wertsachen nehmen und verschwinden. Irgendjemand ist neidisch auf ihn.« Am nächsten Morgen sprach ich mit dem Arzt. Es handele sich vermutlich nicht um Hass, sondern um Neid, erklärte ich ihm. Aber meine Kontakte reichten nicht aus, ihm zu helfen.

Mit Tränen in den Augen umarmte er mich. Er werde zu seinem Bruder nach Mitroviza gehen und uns in guter Erinnerung behalten. Durch die Zusammenarbeit mit uns habe er sein Selbstwertgefühl zurückgewonnen, sagte er, dafür bedanke er sich. Dennoch habe er noch eine Bitte: Ob ich ihn ins Krankenhaus fahren könne? Ich tat es. Er hieß mich am Eingang warten. Nach wenigen Minu-

Eine leere Mutterbombe im Weinberg

ten erschien er mit einem Arzt. Das wäre Sadrie, stellte er mir den jungen Mann vor. Er würde bei uns seine Nachfolge antreten, sofern wir damit einverstanden seien. Sadrie jedenfalls wäre es. Er würde gleich nach der Nachtschicht zu uns kommen.

Nach der Nachschicht im Krankenhaus? Ich schaute ungläubig.

Ihr seid gut ausgebildete Leute, sagt er, da passiere nichts. Er könne also sich tagsüber bei uns aufs Ohr legen.

Er hat ja recht, griente ich zurück, warum sollte der Doktor sein Geld nicht im Schlaf verdienen?

Auf dem nächsten NGO-Meeting berichtete ich von dem Vorfall mit dem Arzt. Auch andere Organisationen hatten vergleichbare Erlebnisse mit Albanern gehabt. Schlimmer noch: Es gab Entführungen und Versuche, Lösegeld zu erpressen, Vieh wurde gestohlen, sogar Vergewaltigungen hatte es bereits gegeben. Noch kehrte sich die Kriminalität nicht unmittelbar gegen uns. Aber das schien wohl nur eine Frage der Zeit.

Wie versprochen nahmen wir nach Wochenfrist unsere Arbeit in Opterusa auf. Wir teilten das Team in zwei Gruppen. Eine Gruppe begann im Dorf, und die zweite ging in die umliegenden Weinberge. Bereits im ersten Weinberg entdeckten wir eine leere Mutterbombe, einem Sammelbehälter für die Submunition. Die Streumunition war also verschossen worden, wir mussten davon ausgehen, dass vieles davon in der Umgebung lag.

Offiziell setzte die NATO Clusterbomben gegen gepanzerte Ziele ein. Die Dorfbewohner erzählten uns aber, dass hier nie ein jugoslawischer Panzer gewesen wäre. Weshalb das Ding also trotzdem hier lag, konnte also zwei Ursachen haben: Entweder handelte es sich um einen Notabwurf, oder es war mit Vorsatz gegen dieses zivile Ziel eingesetzt worden.

Wir durchkämmten Reihe für Reihe. Nachdem wir etwa die Hälfte des Weinberges abgesucht hatten, waren 35 Cluster lokalisiert und markiert. Das war eine extrem hohe Blindgängerrate von über 40 Prozent, üblich waren 15 bis 20 Prozent. Ich unterstellte, dass es sich um keinen Zufall handelte. Mit dieser hohen Zahl an Blindgängern sollte die Plantage nahezu unbegehbar gemacht werden, vermutete ich. Die Weinbauern sollten eingeschüchtert werden, was, wie ich im Dorf festgestellt hatte, durchaus funktionierte. Aber warum nur?

Ich schaute mir die Blindgänger sehr genau an, ohne auch nur einen einzigen zu berühren. Es handelte sich um Hohlladungsgeschosse, die am Kopf eine Feder zur Abstandshaltung mit einem piezoelektrischen Zünder besaßen. Am anderen Ende war sie mit einem Uhrwerkszünder bestückt. Die Gefahr der Auslösung war also sehr hoch. Wir entschieden darum, alle bezünderten Cluster berührungsfrei vor Ort und die unbezünderten an einem sicheren Ort außerhalb des Weinberges zu sprengen.

Seit Celina und angesichts dieses Weinbergs verstärkt suchte ich eine Antwort auf die Frage: wozu Hunderte von Marschflugkörpern, Tausende Tonnen Bomben und Hunderttausende von Clustern? Sie wurden doch angeblich eingesetzt, um ein Flugverbot durchzusetzen. Hier war nicht ein einziges jugoslawisches Kampfflugzeug abgeschossen worden. Was Wunder: Es hatte sich auch nicht ein einziges im Luftraum über Kosovo »verirrt«. Welche Absicht steckte hinter allem? Gab es – neben dem Antikommunismus, denn Restjugoslawien mit Serbien galt als kommunistisch: Slobodan Milosevic war seit 1987 Vorsitzender der serbischen KP, seit 1988 Präsident der Teilrepublik – auch noch andere, strategische Gründe?

Vordergründig hieß es, dass für die Jugoslawienkriege (1991 in Slowenien, 1991-1995 in Kroatien, 1992-1995 in Bosnien und 1999 im Kosovo) eine komplexe Vermischung von ethnischen, religiösen und schweren ökonomischen Problemen ursächlich gewesen wären, und diese Konflikte hätten bereits in den Jahrzehnten zuvor, wenngleich unterschwellig, begonnen. Sie brachen erst auf, als die föderale Bundesrepublik Jugoslawien auseinanderbrach. Mit anderen Worten: Es handelte sich nach offizieller, also westlicher Lesart ausschließlich um innere Probleme, keineswegs um welche, die von außen beeinflusst oder gar gesteuert wurden.

An jenen Kriegen der 90er Jahre in Jugoslawien war die EU als Staatenverbund nicht direkt beteiligt. Sie besaß auch gar nicht die

Mittel dazu. Das militärische Sagen hatten die USA und die NATO, der (damals) neun von zwölf EU-Staaten angehörten. EU-Mitglieder, an der Spitze Deutschland, trugen aber durch ihre übereilte Anerkennung ehemaliger jugoslawischer Bundesstaaten ihren Teil zur Tragödie des Völkergemetzels in Jugoslawien bei. Den völkerrechtswidrigen, von keiner Resolution des UN-Sicherheitsrats gedeckten Luftkrieg der USA und der NATO, der am 24. März 1999 begann, billigte die EU. Der gerade tagende Europäische Rat fand kein Wort der Kritik an dem Angriff. In seiner Erklärung zum Kosovo hieß es verharmlosend: »Die Nordatlantische Allianz hat jetzt Aktionen gegen militärische Ziele in der Bundesrepublik Jugoslawien durchgeführt, um die humanitäre Katastrophe im Kosovo zu beenden.«

Die »Aktionen gegen militärische Ziele« erwiesen sich als handfester Krieg mit über 5.000 Todesopfern, meist Zivilisten.

Und unsereiner durfte nun, mit Mitteln der EU, den Dreck beseitigen, den die NATO hinterlassen hatte.

Auch hier konnte man sehen, dass die These zutraf: Der Zerstörungsmaschinerie folgt die Aufbauindustrie. Und beide werden von den gleichen Auftraggebern finanziert. Jene Staaten, die am aktivsten an der Zerstörung beteiligt waren, waren es auch beim Räumen und Wiederaufbau. So verdiente man doppelt.

Die einheimischen Unternehmen, die sich der illusionären Hoffnung hingaben, am Wiederaufbauprogramm zu partizipieren, also ebenfalls zu profitieren, gingen stets leer aus. Das Geld blieb (und bleibt) stets im vorprogrammierten Kreislauf, sicherte im eigenen Land Arbeitsplätze und das Bruttosozialprodukt. Man behielt die Kontrolle über die Mittel, sicherte sich neue Märkte und schuf zugleich neue Abhängigkeiten. Wenn es das Geschäft erforderte, wurden ganze Landstriche verwüstet und Flüchtlinge »produziert«, die zur Rechtfertigung für »das Eingreifen in humanitärer Mission« benötigt wurden. Es funktionierte das alte kapitalistische Prinzip: Geldvermehrung durch Geldvernichtung.

Verantwortliche von Hilfsorganisationen – vermutlich aus ehrlicher Überzeugung – stellten sich vor die internationale Presse und erklärten den vorgefundenen Notstand und das Elend mit der Absicht, an das Mitleid der Welt zu appellieren. Und die reiche Erste Welt spendete, d. h. die Menschen in den kriegführenden Staaten taten es, meist die weniger Besitzenden, auf diese Weise angerührt, und auch die Aktionäre der Rüstungskonzerne beispielsweise entlasteten ihr Gewissen mit großzügigen Gaben. Doch diese Mittel flossen und fließen zu beachtlichen Teilen jenen zu, die das Elend angerichtet hatten. Den Opfern blieben und bleiben meist nur Almosen.

Krieg, Zerstörung, Minenverlegen – das begreift jeder als ein schmutziges Geschäft. Doch Minenräumen, Wiederaufbau, Flüchtlingshilfe müssen nicht sauberer sein.

Ob ich und meine Truppe es wahrhaben wollten oder ignorierten: Objektiv waren wir Teil dieses Systems.

Gleichwohl, so ist das mit der Dialektik, halfen wir den Menschen vor Ort, die unter dem Krieg und seinen Folgen am meisten gelitten hatten. Von den uns zugestandenen Mitteln verschenken wir nichts, geben auch nichts zurück. Unsere Räumteams bestanden aus Einheimischen, die empfingen keine Almosen, sondern wurden für ihre Arbeit bezahlt. Vergleichbare Teams brachten ihr Personal mit, etwa aus England, Kambodscha oder Simbabwe.

So bleibt das Geld, was zur Hilfe für dieses geschundene Land vorgesehen ist, in Wirklichkeit immer bei der Hilfsorganisation oder der Firma, was sich positiv auf deren Bilanz auswirkt. Das wiederum sorgt für gute Referenzen, was neue Aufträge nach sich zieht. Es ist ein Kreislauf. Das wirkliche Ergebnis zählt meist nicht.

Auf dem Meeting in Pristina beim UNMAC sprachen einige Organisationen das Cluster-Problem an. Dabei handelte es sich um eine besondere Art Streubombe, die BLU 97. Sie waren mit einem empfindlichen piezoelektrischen Zünder ausgestattet, der selbst durch den Impuls eines Minendetektors ausgelöst werden konnte. Das war unser Problem. Wieder machte der Chef des UNMAC, jener neuseeländische Pionier, keine gute Figur, als ihm mangelnde Informationstätigkeit vorgeworfen wurde. Er konnte sich auch nicht entschuldigen, ohne seine Inkompetenz einzugestehen. Dieses Mal sprang der Verbindungsoffizier von UNMAC und KFOR, ein kanadischer Oberstleutnant, in die Bresche, in dem er sofort einen EOD der US-KFOR herbeorderte. Der erschien auch innerhalb weniger Minuten und brachte ein Schnittmodell mit, an welchem er Aufbau, Wirkungsweise und Umgang mit der Waffe erläuterte. Die von uns gefundenen Cluster waren britischer Bauart und in den 70er Jahren entwickelt und in die NATO-Streitkräfte eingeführt worden. Die BLU 97 aus US-Beständen, in den 90ern entwickelt, funktionierte ebenfalls als Hohlladung. Sie sah aus wie eine Bierdose mit 0,33 Liter. Nach dem Ausstoß aus dem Mutterbehälter sorgt eine Feder dafür, dass sie sich auf die doppelte Länge vergrößert. An dieser Schnittstelle befindet sich der Piezokristall, der beim Aufschlag den Stromstoss für den elektrischen Zünder im Heck erzeugt. Diese elektrische Leitung zwischen dem Kristall und dem elektrischen Zünder war die Gefahrenstelle für die Impulse des Detektors.

Auf die Frage, warum wir erst jetzt diese Informationen erhielten, versuchte er ausweichend zu antworten, bis er schließlich einräumte, dass es die Politik der US-Streitkräfte sei, keine Informationen über Waffensysteme herauszugeben, die nicht im Bestand *aller* NATO-Mitgliedsstaaten seien.

Daraufhin entschied der Befehlshaber der multinationalen Kosovo-Truppe, dass keine zivile Räumfirma oder NGO in Gebieten

Ruinen im Dorf stören die Idylle

mit Clusterstricks räumten. Na toll, dachte ich, das geschient nun, wo wir fast fertig sind.

Dem superheißen Sommer folgte ein angenehmer Spätsommer. Die Sonne schickte ihre Strahlen in die Weinberge und tauchte die sich verfärbenden Blätter in goldgelbes Licht. Die Weinbauern sagten, es werde ein guter Jahrgang. Ein Bild des Friedens und der Harmonie ... Wenn nicht die Ruinen im Dorf wären.

Seit vier Wochen arbeiten wir nun hier. Als wir unsere erste Sprengung vornahmen, geriet fast das ganze Dorf in Panik, obwohl wir alle Bewohner informiert hatten. Inzwischen kannte uns jeder, wir wurden empfangen wie Ehrengäste. Aber wir hielten eisern Disziplin, nur Kaffee, kein Alkohol während der Arbeit. Unsere Disziplin und die Gewissenhaftigkeit trugen zu unserer Autorität bei. Ohne große Diskussion folgte man unseren Anweisungen.

Eines Tages erreichten wir ein Gehöft, auf dem eine Frau mit ihren sieben Töchter lebt. Ihr Mann arbeitet in Italien, um den Wiederaufbau des Hauses zu finanzieren. Das Haus ist ausgebrannt, die acht Personen wohnen in einem Zelt des UN-Flüchtlingshilfs-

Auf dem Grund des Brunnens verweste ein Kalb, dazu waren drei Handgranaten gepackt

werks. Über dem gesamten Gehöft lag ein Geruch von Fäulnis und Verwesung. Trotz intensiver Kontrolle fanden wir nichts, bis einer unserer Räumarbeiter die Abdeckung des Trinkwasserbrunnens zur Seite schob. Ein Wolke infernalischen Gestanks stieg auf. Ein Freiwilliger stieg hinab, drei Kameraden sicherten. Mit drei verpackten Handgranaten und der Nachricht, das am Grunde des Brunnens ein verwesendes Kalb läge, kommt er wieder nach oben.

In Rahovec begann die Stimmung umzuschlagen. Die Menschen waren des Kämpfens müde und wollten wieder ihrem normalen Leben nachgehen. Die UÇK erhöhte den Druck, so hielten sie noch weiter aus. Aus Malischevo kam die Nachricht, dass die Bevölkerung das russische Kontingent auf keinen Fall ziehen lassen wollte. Die Einheit wurde geführt von einem stämmigen Generalmajor. Neben Streifen und Sicherungsposten stellte sie Arbeitskommandos. Diese Kommandos verteilten Hilfsgüter, zumeist *Shelterkits*, also Notunterkünfte, die sie auch aufbauten. Das machten sie zügig und verlässlich, was ihnen in Malischevo einen guten Ruf eintrug. Außerhalb hingegen schlug den Russen unverändert Argwohn, Misstrauen und gar offene Feindschaft entgegen.

Die KFOR gab dazu noch keine Entscheidung bekannt, ob die Russen bleiben oder gehen sollen. Die UÇK wollte sie, natürlich, loswerden. Der Anteil der serbischen Bevölkerung nahm überall auf ihr Betreiben drastisch ab. Prizren galt inzwischen als nahezu »serbenfrei«. Es wiederholte sich also das, was erst drei Jahre zuvor in Vukovar geschehen war. In jeder Woche fuhr mindestens ein Bus mit KFOR-Eskorte Richtung Serbien. Die »herrenlosen« Grundstücke wurden anschließend großzügig von der UÇK ausschließlich an Kosovoalbaner aus Prizren oder angeblich arme Familien aus Albanien verteilt. Wie sich bald herausstellte, handelte es sich bei diesen vermeintlich Not leidenden Familien um einflussreiche Klans, die sich weltweit im Rotlichtmilieu, Drogenhandel, Schmuggel und Geldfälschung engagierten.

Überall flatterte die albanische Flagge auf diesen Häusern.

Auf dem sonnabendlichen Meeting in Pristina wurde stets gefragt, wer noch frei Kapazitäten habe. Es häuften sich Gefahrenmeldungen beim UNMAC, die Kapazitäten reichten einfach nicht aus. Unternehmen, die ihre Teams aus Kambodscha und Simbabwe mitbrachten, drohten bereits mit der Einstellung der Arbeiten, weil sie sich überfordert fühlten. Außerdem wurde das Wetter immer schlechter. Wir waren zwar keine Schön-Wetter-Truppe, aber wenn die Temperaturen zu niedrig sind, werden die Finger steif. Dadurch stieg objektiv das Risiko. Ich setzte nach dem Samstagmeeting eine entsprechende Nachricht nach Deutschland ab. Am Montag solle ich eine Antwort bekommen, lautete die Auskunft.

Am Montag kam die Antwort. Unser Team sollte durch Gerd, einen Feuerwerker, verstärkt werden, der im Laufe der Woche in Skopje ankommen würde. Er hatte bereits in Laos internationale Erfahrungen gesammelt. Ich sollte Gerd vom Flughafen abholen. Pristina hatte zwar auch einen Flughafen, der aber war nicht in Betrieb. Ein russisches Fallschirmjägerbataillon hatte ihn, sehr zum Ärger der NATO, in der Nacht vor dem offiziellen Einmarsch der westlichen KFOR-Führung besetzt. Als alle Kontingente die ihnen zugewiesenen Sektoren bezogen, übernahmen die Briten den Flugplatz. Die aber stellten fest, dass die international vorgeschriebenen Flugsicherungsanlagen fehlten. Bei dieser Feststellung blieb es. So wurde Skopje zur Versorgungsbasis.

Skopje, nach dem Erdbeben von 1963 mit der Hilfe Jugoslawiens wieder aufgebaut

Skopje war (bzw. ist) die Hauptstadt Mazedoniens. Seit der Unabhängigkeit der Republik Makedonien 1991 stritt man sich mit den Griechen, denn jenseits der Grenze gab es eine Provinz gleichen Namens. Man rettete sich in das Akronym FYROM, was auf Englisch ausgeschrieben *Former Yugoslav Republic of Macedonia* hieß, also Ehemalige Jugoslawische Republik Mazedonien. Seit 2005 ist diese Republik – mit etwa zwei Millionen Menschen einer der ärmsten Staaten des Kontinents – Beitrittskandidat der EU.

Die größte Stadt – dort lebt heute etwa ein Viertel der Landesbevölkerung – wurde 1963 bei einem Erdbeben zu 75 Prozent zerstört. Die gesamte Altstadt starb und wurde anschließend mit internationaler Hilfe wieder aufgebaut. Das Gros der Arbeit leistete natürlich die Bundesrepublik Jugoslawien, was insbesondere nach 1990 aus dem Blick geriet.

Nun also musste der kleine Inlandsflughafen die Aufgaben eines internationalen Airports mit militärischem Teil übernehmen und war damit hoffnungslos überfordert. Es gab zwei Hauptstraßen nach Skopje. Eine führte über Tetovo, dem ehemaligen Stützpunkt der Bundeswehr. Diese Strecke war sehr zeitraubend, da zumeist aus Serpentinen bestehend. Der Vorteil dieser Strecke bestand aber darin, dass der Grenzverkehr relativ gering war – wohl aus eben jenem Grunde. Die kürzere und direkte Verbindung nach Skopje ging über Blace. Was man allerdings an Kilometern sparte, verlor man an Zeit. Vor der Grenze, am Hauptübergang der KFOR, gab es mitunter Warteschlangen, die bis zwanzig Kilometer lang waren. Im Niemandsland lag eines der großen UNHCR-Flüchtlingslager. Seit Monaten versuchten die Grenzer, Ordnung in das Chaos zu bringen. Zwar wurden wir bevorzugt behandelt, dennoch ging es ohne Wartezeit nicht ab.

Um den Zeitverlust an der Grenze so gering wie möglich zu halten, fuhr ich die kurze Strecke, als ich Gerd abholen wollte. Ich kam gut voran. Hinter einer Kurve, kurz vor einem jener malerisch gelegenen Wintersportorte, lag jedoch ein Baum auf der Straße. Nachdem eine kleine Durchfahrt für mich geschaffen worden war, konnte ich passieren. Hinter der nächsten Kurve stand eine Kolonne der Bundeswehr. Es war die CIMIC-Kompanie aus Suva Reka. Ich hatte mich schon mehrmals über ihr Logo aufgeregt: Mit der Palme kamen fatale Erinnerungen an das Afrika-Korps der Wehrmacht auf. War's Gedankenlosigkeit oder Absicht? Ich fuhr vorbei und stand alsbald wieder vor einer Straßensperre in Gestalt eines umgestürzten Baumes. Weit und breit jedoch war niemand zu sehen, der sich anschickte, das Hindernis zu beseitigen. Also drehte ich um. Am anderen Ortsausgang jedoch kam ich auch nicht weiter. Der ältere Mann von vorhin, der mir »Gute Weiterreise« gewünscht hatte, erklärte mir, dass ich nicht aus dem Ort herauskäme. Ich sei wie die anderen der KFOR ihr »Gast«.

Ich ging zur Kolonne, ein Kapitänleutnant sprach mich an. Ich solle, sobald ich den Ort verlassen habe, den Stab in Prizren informieren, dass sie liegengeblieben seien. Ich konnte mir ein höhnisches Lachen nicht verkneifen, ob er das nicht selbst tun könne mit einem Funkgerät. Er winkte ab. In den Bergen taugte das nicht viel.

Ein junger Rekrut, Kraftfahrer vom Wagen vor mir, klärte mich auf. Sie hätten absichtlich nur die kleinen Funkgeräte mitgenommen, weil die großen, mit der größeren Leitung und größeren Reichweite, auch viel schwerer und unhandlicher wären. Jetzt hätten sie den Salat.

Inzwischen stauten sich immer mehr Fahrzeuge. Ein Niederländer mit Jeep war zunächst an uns vorbeigefahren, kam dann aber wie ich notgedrungen retour. Er hatte allerdings ein Satelliten-Telefon an Bord und informierte seinen Stab. Er stellte sich an den Straßenrand und unterhielt sich mit dem Alten, der mich in die Falle gelockt hatte.

Mittlerweile waren schon zwei Stunden vergangen. Ein britischer Jeep gesellte sich zu uns, hielt hinter dem Niederländer, öffnete die Heckklappe und machte Teepause.

Nach einer weiteren Stunde kam der Holländer zur mir. Er kenne die Gegend gut und auch den Alten. Er habe mit ihm zu verhandeln versucht, dass sie mich als Zivilisten passieren ließen. Der Alte sei aber stur. Ich hätte einen KFOR-Pass vorgewiesen, also gehörte ich mit dazu.

Vielleicht solle ich mit dem Alten reden? Ich war in Kroatien, gewesen, habe dort mit den Serben gelebt, beherrschte einige Idiome. »Dravo« zum Beispiel benutzten nur Serben untereinander und bedeutete soviel wie »Hallöchen«. Ich ging mit dem Holländer zu dem Serben. In seiner Sprache, durchsetzt mit Russisch, versuchte ich ihm zu erklären, was ich tue und dass ich nach Skopje müsse, um einen Kollegen abzuholen. Der Alte hörte es sich an, reagierte aber nicht.

Inzwischen hatten etwa zwei Dutzend Männer den Konvoi umringt und versuchten das erste Fahrzeug umzustoßen. Einfach so. Der Kraftfahrer hielt sich krampfhaft am Wagen fest, seine Kameraden standen unentschlossen an der gegenüberliegenden Straßenseite.

Der Alte packte mich am Arm und zog mich zu der aufgebrachten Menge. An der Frontscheibe des Lkw prangte eine rote winkende Hand, wie sie in den 70er Jahren an den Rückscheiben der Pkw üblich war, um den Nachfolger auf Distanz zu halten. Allerdings trug diese hier keine Warnung, sondern die Aufschrift »Viva Kosova« und den albanischen Adler.

Das hatte den Unmut der Leute provoziert, wie ich unschwer bemerkte. Ich forderte den ahnungslosen Rekruten auf, mir das Mistding zu geben. Doch dieser Trottel sagte, es wäre sein persönliches Eigentum, das gebe er nicht her. In seine Gegenrede flocht er noch Worte wie »Panzer« und »Ordnung« ein, Vokabeln, die in serbischen Ohren mit Recht einen besonderen Klang hatten, insbesondere die Alten reckten drohend ihre Fäuste und Knüppel.

Ich schrie den Rotzlöffel an: »Her mit der Hand, wenn du überleben willst!«

Erschrocken gab er mir die blöde Hand. Ich reichte sie an den Alten weiter, der das Plastikding zerbrach und zu Boden warf. Demonstrativ trampelten einige Männer auf die im Staub liegenden Insignien des Feindes. Danach zerstreute sich die Menge.

Inzwischen waren fünf Stunden vergangen

Der Alte nahm mich zur Seite und klagte mir sein oder besser ihr Leid. Ihr Ort lag im polnischen Sektor, und sie als Serben und die

Russen gehörten zur slawischen Familie, weshalb die Polen – ich solle mich an das Jahr 1939 erinnern und Katyn und alle anderen Wunden, die sich die beiden Völker geschlagen hätten – nicht unbedingt sich für die Serben sonderlich engagierten. Die Polen verwalteten hier nur Kriegsgefangenenlager, Hilfe gewährten sie keine. Warum müssten sie hier, einfache serbische Bauern auf dem Balkan, dafür kurzgehalten werden, dass die polnischen Pans einst nach Osten marschierten und dafür von der Roten Armee Prügel bezogen, woraus sich in den folgenden Jahrzehnten eine Reihe von Konflikten ergaben?

Vom anderen Ende des Dorfes drang Lärm zu uns herüber. Wie sich zeigte, wollte der Chef einer belgischen Hilfsorganisation gewaltsam einen Weg bahnen und sich als Blockadebrecher hervortun. Als ich dort eintraf, schoben die aufgebrachten Serben bereits seinen Jeep in den Straßengraben. Der Belgier kam mit einem blauen Auge davon.

Die Stimmung blieb gereizt, alle waren sichtlich nervös und spürten das Pulverfass, auf dem wir saßen. Ein Funke, eine kleine Unaufmerksamkeit, eine falsch verstandene Geste konnte die Explosion auslösen. In dieser Situation tauchte am oberen Ortseingang ein rot-weißes Auto der UN-Polizei auf. Drinnen saßen ein Pakistani, ein Nigerianer und ein Bundesgrenzschützer. Nie wieder in meinem Leben habe ich mich so über einen Bayern gefreut wie in jenem Augenblick. Nachdem sich die drei kurz mit der KFOR-Einheit ausgetauscht hatten, verhandelten sie mit dem Alten.

»Wir haben uns geeinigt«, sagte mir der BGSler, »die Armeeangehörigen kann er behalten, für die sind wir nicht zuständig. Aber die Zivilisten nehmen wir mit. Oder willst du etwa hier bleiben?«

Was für eine Frage.

Ich stieg in mein Auto und folgte dem UN-Fahrzeug. Unbehelligt ließ man mich die Sperre passieren. Nach etwa zehn Kilometer fuhr der Wagen rechts ran, ich stoppte ebenfalls. Der BGS-Mann bat mich, nach Prizren zum Stab zu fahren und diesen über die Blockade zu informieren. »Wir bleiben besser hier, um zu verhindern, dass die Situation außer Kontrolle gerät.«

Nach fast sechs Stunden war ich also wieder dort, wo ich am Morgen aufgebrochen war. Gerd war gewiss schon längst in Skopje gelandet und wartete. In Prizren kam mir eine Kolonne der Bundeswehr entgegen. Ich stoppte das Führungsfahrzeug und fragte den Hauptmann, ob er Funkverbindung zu seinem operativen Führungszentrum (OPZ) habe. In seinen Augen sah ich, dass ihm diese Belästigung durch einen Zivilisten sehr unangenehm war. Also fuhr ich weiter zum Stab in der Konservenfabrik. Ich zeigte dem Posten meinen KFOR-Pass und suchte das OPZ in der ersten Etage auf. Auf halbem Weg herrschte mich eine Stimme an. »«So geht das aber nicht! Auch wenn Sie eine KFOR-Berechtigung haben, brauche ich Ihre Personalien.« Es war ein Stabsfeldwebel von der Einlasskontrolle. »Hier ist mein Pass. Ich habe eine Meldung fürs OPZ. Den Rest können wir später erledigen.«

Der Stabsfeld war sauer. Er hatte seine Vorschriften und hier die Macht. »Kommen Sie ans Fenster, wie es sich gehört«, knurrte er.

Ich bedachte ihn mit einem Zitat aus dem Götz von Berlichingen. Nun hängte sich auch noch der Militärseelsorger mit in den Disput. Ich ließ beide stehen und kehrte wutentbrannt zu meinem Wagen zurück und bretterte zum Brigadestab. Dort schien man mich bereits zu erwarten, der Buschfunk hatte getrommelt.

Der Diensthabende wies mir eine Karte vor und bat mich, den Ort und die Sperren zu markieren. Als ich ihm von der CIMIC-Kompanie berichtete, atmete er sichtlich erleichtert auf. »Die suchen wir schon seit drei Stunden.«

Später erfuhr ich, dass die Kolonne erst nach 28 Stunden freigelassen worden war.

Seit diesem Vorfall habe ich eine ganz spezielle Meinung über Offiziere und Zeitsoldaten der Bundeswehr und deren Vorbereitung und Eignung für solche Einsätze. Der junge Kraftfahrer beispielsweise wurde vielleicht auf einem Truppenübungsplatz in Deutschland theoretisch auf bestimmte Situationen vorbereitet. Falls dort die Sache schieflief, wenn er angeschrien oder falsch behandelt wurde, konnte er sich beschweren. Hier, in den Bergen des Kosovo, interessiert es niemanden, ob »regelgerecht« mit ihm umgegangen wurde oder nicht. Ob er sich danach beschwerte, war unerheblich. Was wäre passiert, wenn der Alte nicht nur friedlich protestiert hätte, wenn die Situation außer Kontrolle geraten wäre?

Die NVA bereitete sich auf den Krieg vor, getreu dem lateinischem Wort »Si vis pacem, para bellum«, wenn du den Frieden willst, bereite dich auf den Krieg vor. Wir NVA-Soldaten mussten nie Krieg führen. Die Bundeswehr zog in den Krieg, war aber darauf nicht vorbereitet. Die Entscheidung der Politiker war unverantwortlich in jeder Hinsicht.

Am Abend gegen 19 Uhr traf ich doch noch in Skopje ein, Gerd hatte geduldig ausgeharrt. Ohne zu wissen, wann jemand ihn abholen würde. Was hätte er getan, wenn niemand gekommen wäre?

Gerd integrierte sich rasch in unser Kollektiv, das ein wenig chaotische Entree war bald vergessen. Die beiden Hauptteams arbeiteten weiter in den Dörfern, das mobile Team fuhr täglich nach Pristina und erhielt dort aktuelle Aufgaben. Bedeutung und Häufigkeit der Meetings nahm mit der Routine ab. Wichtig war eigentlich nur die Zusammenkunft am Dienstagvormittag bei der KFOR. Nach der Blockade jedoch veränderte sich nach meiner Wahrnehmung das Verhältnis der Bundeswehr zu mir und meinen Männern. Einige hatten wohl erkannt, dass wir keine Zivilisten waren, denen man erst einmal zeigen müsse, was eine militärische Harke sei.

Das Meeting im regionalen Minencenter am Dienstagnachmittag war schon nicht mehr so wichtig und fand bald auch nicht mehr statt. Dafür gewann das Treffen im regionalen UN-Office am Donnerstagabend größere Bedeutung. Da saßen alle EOD und zivilen NGO beieinander. Dort fand bei Bier, Whiskey und Tequila das eigentliche Meeting statt. An der Bar sprach man über Besonderheiten, Probleme, Technologien oder tauschte Muster aus. Gibst du mir eine BLU 97, bekommst du von mir eine MPA 2 oder so ähnlich. Es wurden Termine besprochen, an denen man sich besuchte, Ausrüstung begutachtete und sich auch persönlich näherkam. Soldaten, ob aktiv oder im Ruhestand, egal welcher Nation verstanden sich, weil sie die gleiche Sprache beherrschten. Solche Abende endeten selten vor 3 Uhr in der Früh. Einmal kam Tony, der Leutnant

Unser Pickup voller Minen, die Kalle und sein Team in einem Grenzdorf fanden

aus der britischen Marine, mit zwei Gläsern Whiskey zu mir und lallte: »Ihr Deutschen, ihr Krauts, ihr seit doch so doof und löst glatt die falsche Armee auf.« Offenkundig hätte er es besser gefunden, man hätte die Bundeswehr aufgelöst und die NVA erhalten.

Nun war ich auch nicht mehr so nüchtern und mein Englisch nicht so gut, dass ich ihm hätte argumentativ erklären können, warum ich mir eine NVA unterm Bundesadler schwer vorstellen konnte. Aber die postume Anerkennung des Briten für die Streitkräfte der DDR, die in seiner Rede mitschwang, gefiel mir natürlich.

Eine Woche später kehrte unser mobiles Team mit einem Pickup voller Minen vom Einsatz nahe der mazedonischen Grenze zurück. Es war bereits im ganzen Kosovo unterwegs, mal im Norden in Peja, in Mitroviza oder an der albanischen Grenze, nun in jenem Dorf im Süden, in dem eine Kuh auf eine Mine getreten war.

Für das THW hatten wir gut gearbeitet und Vorlauf für die Kameraden geschaffen. Bald verfügten wir auch über freie Kapazität, die wir anderen zu Verfügung stellten. Ich bekam Order, nach Ferisey zu fahren und mit dem Stab der US-KFOR Verbindung aufzunehmen. In Ferisey erwartete mich Oberleutnant Drew, Stabschef des dortigen Pionierbataillons.

Nach der Begrüßung wechselte er ins Deutsche und sagte, wie schön. Ich schaute ihn ungläubig an. »Mein Vater ist Amerikaner, meine Mutter jedoch Deutsche«, erklärte er. Hier spräche leider niemand Deutsch, deshalb freue er sich auf unsere Konversation.

In seinem Sektor waren drei Räumfirmen tätig, doch diese hätten kein Geld mehr und darum die Arbeit eingestellt. Er konnte nicht verstehen, wie man in drei Monaten 1,5 Millionen Dollar ausgeben kann, aber es wäre nun mal so.

Wir sollten in ein Dorf nahe der mazedonischen Grenze fahren, eben in jenen Ort, aus dem meine Leute schon einmal einen Wagen voll Minen geholt hatten. Inzwischen war November. Am Tage hatten wir um die 20 Grad, in den Nächten jedoch sank die Temperatur bereits sehr stark. Die 3.000er Berge in der Nähe trugen bereits weiße Kappen. Die Häuser, auch jenes, in dem wir wohnten, besaßen keine traditionellen Öfen. Die Elektroheizungen blieben jedoch kalt. Bisher floss der Strom aus Albanien oder Mazedonien, hieß es. Doch von dort kam nichts. Die einen sagten, die UN habe die Rechnungen nicht bezahlt, die anderen, die Albaner und Mazedonier brauchten ihren Strom jetzt selbst.

Nachdem wir alle interveniert hatten, ließ uns die UN-Verwaltung wissen, dass das Kraftwerk im Pristina, welches von der NATO zerbombt worden war, sich weltweit um Ersatzteile bemühte, um es wieder in Gang zu setzen.

Auch die Bundeswehr wurde vom Kälteeinbruch überrascht. Die Soldaten hausten in Zelten. Im Sommer war das bei 56 Grad in der Sonne die Hölle. Einige Vorgesetzten hatten Klimaanlagen für die Geländewagen bestellt, um sich in den Autos abkühlen zu könne. Statt der Klimaanlagen bekamen sie vom Beschaffungsamt eine zwölfseitige Expertise, in der beschrieben wurde, um wie viel Grad die Innentemperatur gesenkt werde, wenn man das Dach weiß anstreicht. Ähnlich verhielt es sich mit den Heizungen, die die Soldaten jetzt anforderten. Man ließ sie wissen, dass insgesamt 7.000 Heizungen gebraucht würden, aber nur die Hälfte davon im Moment verfügbar sei. Sie bekämen keine. Stattdessen lieferte man der Brigade Tropenausrüstungen.

Ein Pionier machte seinem Ärger Luft, als er – politisch nicht ganz korrekt – formulierte: »Jetzt weiß ich, wie's den Landsern in Stalingrad erging. In 60 Jahren haben die Stabshengste nichts dazugelernt.«

Man konnte diesen Satz auch anders interpretieren, und da traf er aus meiner Sicht ebenfalls zu.

Die Österreicher und die Schweizer hatten in Suva Reka, dem anderen Standort, binnen vier Wochen ein Containercamp aufgebaut, von dem die Bundeswehrsoldaten nur träumen konnten. Jeder Offizier verfügte über einen Container, zwei Unteroffiziere teilten sich einen, und vier Soldaten bewohnten ein solches Quartier mit Nasszelle, Küchenraum und freiem Zugang zu Mobilfunk und Internet. Die Deutsche Telekom hatte für die Bundeswehr ebenfalls ein Netz eingerichtet. Für 300 DM bekam man ein Telefon, eine SIM-Karte und ein paar Minuten frei. Kein anderes Netz, kein anderes Handy.

Die UÇK versuchte sich als normaler Ordnungsfaktor zu präsentieren, und die Schutzmacht, die KFOR, tat dazu das Ihre. Es ging um die Suggestion von Normalität. In Rahovec wurde ein Fußballturnier organisiert. Auch wir nahmen daran teil. Wir waren inzwischen längst Teil der hiesigen Gesellschaft, was man auch daran merkte, das regelmäßig einheimische Räumarbeiter in Begleitung ihrer Kinder bei uns an der Tür klingelten. Mal brachten sie (oder die Kinder) uns selbst gebackenes kosovarisches Brot, ein andermal eine große Pfanne Kebab (Hackfleisch), mal Hühnerbeine, mal Raki sowie Grüße der Eltern. Das Brot im Kosovo wurde täglich und meist am offenen Feuer gebacken. Dazu gab man dünnflüssigen Teig in eine Pfanne von etwa 50 bis 70 cm Durchmesser, die mit einem gusseisernen Deckel bedeckt wurde. Mit dieser Oberhitze buk der Teig. Dazu musste etwa zehn bis fünfzehn Mal der Deckel erhitzt werden, und jedes Mal kam eine neue Teigschicht darüber, zwischen die man Weinblätter, saure Sahne oder Kebab mit Chili legte, wodurch das Brot seine pikante Note erhielt.

Eines Abends klingelte ein Fremder an unserer Tür. Es war ein Arbeiter der Weinfabrik, den Bekim, unser Vorarbeiter und Nachbar des Bittstellers, begleitete. Er habe beim Verlegen eines Kabels etwas gefunden, was wie eine Granate aussehe.

Mit Dolmetscher und dem mobilen Team rückten wir am nächsten Morgen in der Weinfabrik an. Am Eingang erwartete uns ein Vadim Spahieu, der früher im Betrieb Technologe und jetzt dessen Direktor war. Die Natur hatte ihm Übel mitgespielt, er glich dem Glöckner von Notre Dame. Spahieu führte uns zum Fundort und verschwand umgehend. Es sah nicht nur so aus wie eine Granate – es war auch eine. Allerdings nicht aus diesem, sondern aus dem Weltkrieg.

Nachdem wir die Granate geborgen und in der Transportkiste sicher verpackt hatten, umringten uns die Arbeiter der Weinfabrik und feierten uns wie Helden. Vadim lud uns zu einem hervorragenden 96er Merlot ein. Dann begann er über sich zu erzählen. Ich meinte erst, dass sein Bericht ironisch gemeint sei, doch ich irrte. Es entsprach seiner Überzeugung.

Er hätte sich so gern seinem Schicksal als Krüppel ergeben, begann er, aber diese Serben, diese dreimal verfluchten Serben, hätten ihn zu einem ganz normalen Leben gezwungen. Erst musste er zur Physiotherapie, dann auch noch zur Schule. Als er die Grundschule mit Bestnote abschloss, zwangen sie ihn, auch noch Abitur zu machen. Als er das mit »Sehr gut« abschloss, schickten sie ihn zur Universität. Dort musste er Lebensmitteltechnologie, mit Spezialisierung Wein- und Spirituosenproduktion, studieren. Als er das Diplom mit Auszeichnung bekommen hatte, wurde er Technologe in dieser Weinfabrik, um unter einem serbischen Direktor – einer von jenen Serben, die ihn sein ganzes Leben lang nur drangsaliert hatten – arbeiten und sein eigenes Geld verdienen. Niemand bedauerte ihn wegen seiner Behinderung, stattdessen achteten ihn alle in der Stadt. Als er sich endlich an den Serben rächen konnte, hauten die aber einfach ab und die verbliebenen albanischen Arbeiter sagten: »Vadim, du machst Direktor.«

Ein Scheißleben habe er bisher geführt, bedauerte sich der Kosovare Vadim und zerfloss in keineswegs gespieltem Selbstmitleid.

Ich trank und schwieg höflich.

Die Spannungen zwischen der UÇK und der UN-Verwaltung nahmen zu. Die UN verlangte die Auflösung der paramilitärischen Organisation. Die Führung der Befreiungsarmee des Kosovo stimmte widerwillig zu, erpresste aber eine Reihe von Zugeständnissen. Ich sah eine Verbindung zu dieser Tatsache, als ich eines Nachts von einem dunkel uniformierten Mann beobachtet wurde. Ich nahm Verbindung zu Salli auf und sprach mit ihm darüber. Er wolle sich erkundigen, sagte er. Am Abend stand er vor der Tür. »Komm mit zu Lolli«, forderte er mich auf. Beim Bier berichtete er, dass er beim Kommandanten gewesen sei. Der habe eingeräumt, dass einige Albaner sich dreist nahmen, was sie wollten. Er habe darum drei Männer abgestellt, die unser Quartier und unsere Ausrüstung rund um die Uhr bewachen würden.

Ich war mit dieser Antwort zufrieden.

Nach einer Weile fragte Salli, ob ich Sonnabend wieder nach Pristina führe und er mitkommen könne. Ich hatte nichts dagegen.

Pünktlich 6 Uhr stand er am Samstag vor meiner Tür. Die Fahrt verlief normal und ohne Zwischenfälle. Ich hatte im *Mine Action Center* (MAC) zu tun, Salli wollte ein paar Freunde treffen, wie er sagte. Nach dem Mittagessen wollten wir zurückfahren. Wir ich später mitbekam, handelte es sich bei den »paar Freunden« um ein ganzes Stadion. Dort hielt die UÇK ihren letzten Appell ab. Die

Autokorso mit albanischen Flaggen in Pristina

Stadt war voller Leben. Überall wurde gesungen, albanische Flaggen wurden geschwungen und Autos bildeten einen Korso. Es schien, als feierte die Stadt einen Fußballweltmeister.

Beim Meeting des MAC spielte das keine Rolle. Es gab andere Probleme. Jene Räumfirma, die nach dem Verbrauch ihres Budgets von 1,2 Millionen Dollar die Tätigkeit eingestellt hatte und abgereist war, war man auf die Schliche gekommen. Sie hatte monatelang täglich 26 Minen geräumt und abgerechnet, insgesamt wollte sie auf den 360 Quadratmetern rund 1.500 Minen beseitigt haben. Wie sich nunmehr herausstellte, handelte es sich stets um die gleichen 26 Minen. Sie wurden abends von den Feuerwerkern eingegraben und am nächsten Tag »beseitigt«.

Es handelte sich übrigens um das gleiche Unternehmen, das 1997 Prinzessin Diana werbewirksam durch ein Minenfeld in Angola geführt hatte. Aus Marketingsicht war das eine gute Idee. Eine Prominente engagierte sich in der Kampagne gegen Landminen und umarmte verstümmelte Kinder. Wenig später, vier Wochen vor ihrem Tod im Sommer 1997, besuchte die »König der Herzen« auch Minenopfer in Bosnien. Noch im gleichen Jahr einigten sich 126 Staaten auf eine Ächtung von Landminen. Die »Internationale Kampagne zur Ächtung von Landminen« bekam den Friedensnobelpreis. Gelder wurden bereitgestellt und Abkommen unterzeichnet und vieles andere. Als Feuerwerker allerdings sah ich die in Angola in einem vermeintlichen Minenfeld inszenierten Bilder ein wenig anders und darum sehr kritisch. Warum trug Lady Di auf einer geräumten Fläche Schutzausrüstung? Und: Wenn es, wie demonstriert, auf einer geräumten Fläche noch immer so gefährlich ist, dass man Schutzausrüstung tragen musste: Wie war es dann um die einheimische Bevölkerung bestellt?

Salli erwartete mich in der Pizzeria neben dem Sportpalast. Nach dem Essen gingen wir zum Stadion, das schon lange vor der Veranstaltung gefüllt war. Mit meinem KFOR-Pass konnte ich anstandslos passieren, und Salli nahm ich als meinen Dolmetscher mit. Der Andrang war so groß, dass sogar die Hauptakteure Schwierigkeiten hatten, pünktlich auf ihre Plätze zu gelangen. Um die Wartezeit zu überbrücken und die Massen bei Laune zu halten, wurde das Stadion mit vaterländischen Gesängen beschallt und folkloristische Darbietungen gezeigten. Mit einstündiger Verspätung ergriff ein mir unbekannter Häuptling der UÇK das Mikrofon. Schlagartig wurde es still im Stadion, nur der Wind war noch zu hören. Er sprach ein paar Worte, die ich nicht verstand und die Salli, der stumm neben mir saß und keine Miene verzog, auch nicht übersetzte. Die Arena tobte. Aus den Lautsprechern dröhnten patriotische Gesänge. Dann marschierten straff geführte und disziplinierte militärische Einheiten in das Stadion. Speziellen Einheiten der UÇK, Polizei, Sicherheitsdienst und auch eine Abteilung in schwarzen Uniformen. Diese Truppe, so hieß es allgemein, sei ein Killerkommando, es handelte sich um Kriegsverbrecher, die serbische Mitbürger ermordet hatten. Darüber schauten jedoch alle im Ausland hinweg. Wo kein Kläger, da kein Richter.

Als Hashim Thaçi, der militärische Führer der UÇK, ans Mikrofon trat, hielt es auch Salli nicht mehr auf seinem Platz. Nach zwei Stunden war das nationalistische Spektakel zu Ende, wir fuhren zurück nach Rahovec.

»Nun«, fragte ich Salli auf dem Beifahrersitz, »was wird sich jetzt ändern? Was wird besser werden für die Menschen in der Region?«

»Nichts«, antwortete Salli und tat so, als habe er den Kern der Frage nicht verstanden. »Es wird sich nichts ändern. Die Strukturen bleiben, aus der Befreiungsarmee UÇK wird jetzt die neue Ordnungskraft.«

»Mehr habt ihr also nicht gewollt, als ihr für die Unabhängigkeit gekämpft habt?«

Salli schwieg.

Wir fuhren die Nebenstrecke über Kosovo Polje und Malischevo. Das war der russische Sektor, der mehrheitlich von Serben bewohnt wurde. Im Gegensatz zu den meisten Kosovo-Albanern hatte Salli keine Berührungsängste. Die Strecke war etwas kürzer und wenig befahren. Wir kamen gut voran, bis eine zerstörte Brücke uns stoppte. Vermutlich war es die einzige im ganzen Kosovo, die bombardiert worden war, jedenfalls sah ich bislang keine andere.

Wichtige Brücken hatte man während des Krieges besonders gesichert. Als wir die Furt neben der Brücke durchquert hatten, meldete sich Salli wieder. »Was soll das heißen: ob wir alles erreicht haben, was *wir* wollten? Jeder wollte etwas anderes. Die einen wollten wie ich ein Kosovo, das autonom war wie Montenegro und zu Jugoslawien gehörte. Andere wollten einen eigenen Staat, obwohl bei genauerer Betrachtung dieser nicht überlebensfähig ist. Die Albaner wollten das Kosovo dem Staat Albanien zuschlagen ...«

Das Lager, welches die »stärkeren Freunde« besitze, werde sich am Ende durchsetzen. Dann brach es aus Salli heraus. Albanien sei immer Rückzugsgebiet der italienischen Mafia gewesen, womit er andeuten wollte, dass die meisten Albaner infiziert seien. »Was meinst du, warum sie damals die Waffenlager der Armee stürmten und nicht die Lagerhäuser im Hafen von Durres, wo es Lebensmittel gab? Eine Kalaschnikow brachte auf dem Schwarzen Markt bis 600 Dollar. Die Rendite war höher als etwa die von Lebensmitteln.«

Militärische Einheiten der vermeintlichen Befreiungsarmee UÇK beim Einmarsch ins Stadion von Pristina

Die albanischen Albaner wollten etwas vom Wohlstand im Kosovo abhaben. »Uns ging es nicht besonders gut, aber immer noch besser als ihnen. Innerhalb Jugoslawiens waren wir eine arme Region, aber niemand musste hungern, und jeder hatte so etwas wie eine Perspektive.« Das Kosovo sei nun zum Einfalltor in die EU geworden. Jeder, der erklärte, er sei Kriegsflüchtling aus dem Kosovo, wurde in den Asylländern ohne Überprüfung anerkannt. Man habe nicht hingeschaut, ob es sich um einen Albaner aus dem Kosovo oder aus Albanien handelte. Flüchtling war Flüchtling. »In wenigen Jahren beherrschen die Albaner die Rotlichtviertel und den Rauschgifthandel, nicht nur hier«, sagte er, wobei mir dies nicht als Drohung, sondern eher als Warnung erschien.

Dann kehrte sich sein Unmut gehen Europa und die Führungsmacht der NATO. Als 1997 der sogenannte zivile Ungehorsam im Kosovo zunahm und Jugoslawien den Ausnahmezustand verhängte, versuchte die EU zu schlichten und schickte den finnischen Präsident Martti Ahtisaar. Die Mission scheiterte, Ende 1998 wurden die Beobachter abgezogen, sie übergaben ihre Ausrüstung an die UÇK. »Glaubst du, dass die EU und die Amerikaner uns mit Satellitentelefonen ausgestattet haben, damit wir mit Belgrad über unsere Autonomie verhandelten? Das war alles von denen geplant, wir waren die Statisten. Die US-Truppen haben in der Nähe von Gilane zwei Berge abgetragen und drei Dörfer umgesiedelt, eine Landebahn und eine kleine eigene Stadt errichtet. Mit Kino, Baseballfeld, McDonalds und so weiter. Die haben es einfach gemacht und keinen gefragt bzw. sich die Zustimmung bei jenen abgeholt, die sie im Gegenzug unterstützen.« Salli macht eine Pause. »Ja, du hast Recht mit deiner Frage: Wofür haben wir eigentlich gekämpft? Wir waren die nützlichen Idioten für andere. Man redete uns ein, dass wir für unsere eigenen Interessen stritten, aber tatsächlich waren es die der anderen.«

Meine Erwiderung musste ich verschieben. Wir hatten den deutschen Sektor erreicht und standen vor einer Straßensperre der Bundeswehr. Üblicherweise genügten das deutsche Kennzeichen am Auto und mein KFOR-Pass. Vor uns stand ein alter Mercedes, auf dessen Dach sich Hausrat türmte. Daneben stand ein weißhaariger Mann mit dem landestypischen Fez. Ein Rekrut versuchte ihm klarzumachen, dass er sein Auto kontrollieren müsse. Jedes Mal, wenn der Bundeswehrsoldat etwas sagte, antwortete der Albaner »Jawoll, Herr Major!« und stand stramm. Wir stiegen aus und fragten, ob wir behilflich sein könnten.

Auf der Rückbank saß eine alte Frau, die mit ihren Armen zwei Kinder zu schützen versuchte. Salli erklärte dem Alten, dass er nicht ausgeraubt werden sollte, sondern dass der Soldaten nur nachschauen wollte, was er im Auto so mit sich führe, er müsse also keine Angst haben. Und das sei auch kein »Major«. Warum er so reagiere, erkundigte sich Salli.

Das wisse er noch von damals, als die Deutschen schon einmal hier waren, antwortete der verängstigte Alte.

Der Bundeswehrsoldat – man hatte ihn offensichtlich gut für diese Mission vorbereitet – erklärte, das man das schließlich nicht vergleichen könne. Die Wehrmacht habe damals das Land besetzt, sie hingegen seien als Befreier hier. Sie sicherten mit anderen Streitkräften »die Freiheit«.

Der Alte antwortete sehr höflich, dafür sei er auch dankbar, allerdings müsse der Herr Soldat verstehen, dass ein Protektorat, in dem sie jetzt lebten, noch lange keine Freiheit bedeute.

Auch wir stiegen ins Auto. Sallis Stimmung hatte sich sichtlich gebessert. Mit der Äußerung des Alten sah er sich in seiner Auffassung bestätigt. Ich wollte ihn aber nicht so leicht entkommen lassen. »Und was ist mit den angeblich Tausenden Toten und Vergewaltigungen, deretwegen die NATO eingegriffen hat?«

»Glaubst du, uns hätte jemand geholfen, wenn wir gesagt hätten, die Serben haben ein paar Bauern erschossen?«, sagte Salli. Ich verstand: Das waren »politische Zahlen«, also erfundene. »Und was ist mit den Massenvergewaltigungen?«

Er machte eine wegwerfende Bewegung. »Meinst du wirklich, die serbischen Soldaten und Polizisten hätten für unsere Mädchen und Frauen Zeit und Gelegenheit gehabt bei dem Druck, den die UÇK machte? Im Übrigen gibt es im Albanischen das Wort *Verge-*

waltigung gar nicht. Das hängt wohl auch mit dem Rollenverständnis von Mann und Frau zusammen.«

Ich verstand, was er damit ausdrücken wollte. Eine Frau ist traditionell ein rechtloses Wesen, sie hat auch keinen Willen, gegen den ein Mann handeln könnte. »Aber hier sind doch Hilfsorganisationen im Einsatz, die sich um das Wohl vergewaltigter Frauen und Mädchen kümmern«, warf ich ein. »Willst du sagen, sie lügen? Es hat also keine Vergewaltigungen gegeben?«

Das seien zwei verschiedene Dinge. Er würde nicht in Abrede stellen, dass hier Mädchen und Frauen gewaltsam von Männern genommen wurden – von Albanern, von Serben, von anderen. Während eines Krieges käme auch die Moral auf den Hund. Auf der anderen Seite. »Wenn Ausländer durchs Dorf ziehen und sich erkundigen, ob Hilfe benötigt werde, erzählt jeder, was gut ankommt. Schließlich geht es um die Existenzsicherung der Familie.«

Also seien die Vergewaltigungen Erfindungen, fragte ich erneut.

Salli schüttelte den Kopf. Es sei viel komplizierter. In der hiesigen Tradition sei es unzulässig, dass eine Frau vor der Ehe Verkehr hat. Wer nicht jungfräulich heiraten kann, weil es vorher »passiert« ist, werde von der Familie verstoßen. Das machten sich die Albaner aus dem Rotlichtmilieu zunutze. Sie vergewaltigten und machten dann der Familie des Opfers das Angebot, das Mädchen nach Italien oder Griechenland mitzunehmen, wo er ihm Arbeit geben könne. »Welche Art Arbeit das ist, kannst du dir denken.«

In Rahovec fand das Fußballturnier wie erwartet statt. Weil der Sportplatz jedoch inzwischen zur Müllkippe verkommen war, spielten wir auf dem betonierten Parkplatz vor dem Stadion. Der Begeisterung der Spieler und dem Einsatz der Torleute tat das keinen Abbruch. Mir taten schon beim Zusehen alle Knochen weh. Täglich fanden zwei Spiele statt, danach wurde gefeiert, wobei Sieger wie Verlierer dem Alkohol zusprachen, schließlich hatten beide Mannschaften genügend Blessuren erlitten, die es inwendig zu verarzten galt. Das nächste Spiel konnte erst angepfiffen wer-

Unser Team beim Fußballturnier in Rahovec. Die vier Kappenträger in der Mitte: Gerd, Kalle, der Autor und Manne (v.r.n.l.)

den, wenn die Schiedsrichter halbwegs nüchtern waren. Das erklärte auch, dass aus den ursprünglich angesetzten vier Spielen pro Tag nur eben die Hälfte täglich angepfiffen werden konnte.

So dauerte die Vorrunde statt einer Woche eben drei.

Nach der Vorrunde lag unser Team auf dem 5. Platz.

Ich hatte gedanklich das Turnier schon abgeschlossen und konzentrierte mich auf die nächsten Aufgaben. Die Situation änderte sich aber schlagartig beim Spiel um den dritten Platz. Die bis dato drittplatzierte Mannschaft lag 1:0 zurück, als ein Verteidiger einen Stürmer der Gegenmannschaft foulte. Darauf hin zog der Schiedsrichter die Rote Karte. Der Spieler fühlte sich ungerecht behandelt und gab unmissverständlich zu verstehen, dass er den Platz nicht verlassen werde. Die führende Mannschaft verlangte vom Schiedsrichter Konsequenzen. An der hitzigen Debatte auf dem Feld nahmen immer mehr Zuschauer teil, bis die Fäuste flogen.

Die Massenschlägerei, bei der es ausgeschlagene Zähne, blutige Nasen und gebrochene Finger gab, endete so spontan, wie sie begonnen hatte. Der Kapitän der mit Rot bestraften Mannschaft, deren Intervention nichts außer der handgreiflichen Auseinandersetzung gebracht hatte, erklärte den Ausstieg aus dem Turnier.

Dadurch rückte unsere Mannschaft automatisch nah vorn und trat zum Kampf um Platz 3 an. Wir verloren mit 7:9 obwohl es zeitweilig nach einem Sieg für uns aussah. Zum Glück fand das Spiel an einem Freitag statt, so dass wir drei Tage Zeit hatten, unseren Kummer zu ertränken.

Am Montag war ich zum Meeting in Ferisey bei den Amerikanern. Die dort vertretenen Firmen wurden von ehemaligen Militärs geführt. Das vereinfachte die Sache. Wir waren alle per Du, bis auf den Chef der Räumfirma aus Simbabwe. Das war ein britischer Ex-Oberst der südrhodesischen Armee, der Wert darauf legte, mit »Sir« angesprochen zu werden. Drew, Captain des Marine Corps, machte sich einen Spaß daraus, alle mit »Sir« anzusprechen und nur diesen Oberst zu duzen. Der Amerikaner erzählte mir hinter vorgehaltener Hand, diese Firma wäre die Lebensversicherung des Obersts. Schließlich hatte er als Kolonialoffizier die britische Kolonialpolitik durchgesetzt, da habe er weder da wie dort kaum Freunde. Es gehe ihm wie vielen Vietnam-Veteranen in den USA, die man einfach habe Fallen lassen … Ach, Drew, dachte ich, wenn du wüsstest, wie mit uns umgegangen wurde, als wir einen Pfarrer zum Minister hatten. Und dabei hatten wir weder Kolonialpolitik durchsetzen müssen noch Krieg gegen ein Volk in Fernost geführt. Wir hatten einfach nur einem angeblich falschen Staat gedient.

Wir gingen in Drews Büro und unterhielten uns, wie stets, auf Deutsch, als uns ein junger Mann in dieser Sprache anredete. Er wäre bei der UÇK gewesen, doch die hätte keine Verwendung mehr für ihn: Ob er hier einen Job kriegen könne?

Drew wimmelte ihn ab und schickte ihn ins Camp. Dort solle er nachfragen. Damit war die kurze Begegnung für ihn erledigt.

Auf der Karte zeigte er mir schließlich das Dorf an der mazedonischen Grenze, wo wir elf festgestellte Minenfelder beräumen sollten. Die Einwohner seien informiert und verhielten sich vorsichtig. Nur die Rinder tanzten aus der Reihe, drei von vier Tieren wären bereits Opfer der Minen geworden. Wenn wir nicht bald räumten, würden sie wohl auch noch die letzte Kuh verlieren.

Als wir am Morgen aufbrachen, war es ziemlich kalt. Die Temperatur zeigte zwei Grad über Null, es war neblig und trüb. Das Dorf lag in 1.800 Metern Höhe. Zwar tauchte die Sonne, als wir eintrafen, alles in goldenes Licht, während im Tal noch der Nebel stand, aber sehr viel wärmer war es auch nicht.

Ich teilte nach der Rücksprache mit dem Bürgermeister die Räumteams ein. Das eine begann im Unterdorf, das andere im Oberdorf zunächst nach Antipersonen-Minen zu suchen. Ein Feld am Rande des Dorfes war hauptsächlich mit PMA 2 belegt. PMA stand für Protivpesadijska Mina Antimagnetna, schon der Name verriet ihre Herkunft. Sie bestand aus einem hellgrünen oder weißen Kunststoffgehäuse in Form einer Schuhcremedose. Der Durchmesser der Mine betrug 68 mm, die Höhe 61 mm. Mittig auf der Oberseite befand sich ein eingeschraubter chemischer Zünder mit sternförmiger Druckplatte. Die Sprengladung bestand aus etwa 100 Gramm TNT.

Wir richteten unsere Räumstelle wie üblich her. Üblicherweise arbeiteten wir in Bahnen. Und sobald eine Mine gefunden wurde, stoppte die Arbeit in dieser Bahn und eine neue Bahn wurde angefangen. Sobald wieder eine Mine entdeckt wurde, fing es wieder neu an. Am Ende des Arbeitstages wurden dann alle gefundenen Minen gesprengt. Am Rande eines Dorfes konnten wir jedoch nicht so arbeiten, das nächste Haus war 50 Meter entfernt, und wenn wir, wie üblich, etwa 100 Minen gleichzeitig sprengten, würden sämtliche Scheiben im Ort zu Bruch gehen. Wir mussten uns also etwas einfallen lassen.

Nachdem wir uns über den Zustand der Minen hinlänglich informiert hatten, entschieden wir uns, sie zu entschärfen. Technisch ging das so:

Oben auf der Mine befand sich eine kleine Bohrung, darunter der Druckzünder. In dieses wurde ein kleiner Stift eingeführt, an dessen Ende ein Stern war. Nunmehr war die Mine scharf. Man musste zum Entschärfen mit Zeige- und Mittelfinger vorsichtig unter den Stern greifen, diesen mit dem Stift nach oben ziehen, um die Mine zu entschärfen. Anschließend konnte die Mine ausgegraben werden. Das klingt zwar ganz simpel, aber wer dafür nicht die Nerven hatte, dem floss der Angstschweiß von der Stirn. Nun, wir waren hinlänglich trainiert und nervenstark.

Unser zweites Team arbeitete in einem gemischten Minenfeld. Dort lagen sowohl PMA 2 als auch PROM. Die PROM – *Protupjesacka Rasprskavajuca Odskocna Mina* –, eine Antipersonen-Splittersprungmine, kannte ich bereits aus Kroatien. Wenn sie ausgelöst wurde, katapultierte eine kleine Treibladung den Minenkörper etwa einen Meter in die Höhe, dann explodierte die Hauptladung und schoss Splitter in alle Richtungen. Die Auslösung erfolgte entweder direkt über Drucksensoren oder mittels Stolperdrähte.

Mit dem Bürgermeister fuhr ich zu den Räumstellen.

Als wir die obere Stelle erreichten, fiel ich fast in Ohnmacht. Der Feuerwerker entschärfte eine Mine nach der anderen, das Team grub eine nach der anderen aus, doch vor ihnen sprang ein junger, mir unbekannter Mann herum und rief: »Hier ist eine, und hier noch eine!« Der Bürgermeister versuchte mich zu beruhigen, das sei ihr Spezialist aus dem Dorf.

Ich brüllte trotzdem: »Halt! Arbeiten einstellen!« und rief alle an den Feldrand. Dem Bürgermeister sagte ich, er solle diesen Lebensmüden zurückpfeifen, er würde alle gefährden. So gehe das nicht! Ich bestand darauf, dass sich nicht einer aus dem Ort dem Räumkommando bis auf 100 Meter näherte, auch dieser Verrückte nicht, dem es frei stünde, sich umzubringen – aber nicht, so lange wir im Dorfe seien. Sollte dieser Wunsch nicht respektiert werden, würden wir umgehend die Räumarbeiten einstellen und abfahren.

»Wir leben schon so lange mit diesen Minenfeldern«, reagierte der Bürgermeister irritiert. »Außerdem wollte er euch doch nur helfen.«

Das mag ja sein, sagte ich. Doch wir seien extra für diese Tätigkeit ausgebildet, wir hätten Erfahrung und Übung darin. Hier dürfe man keinen Fehler begehen, denn der erste falsche Handgriff kann auch der letzte gewesen sein. »Also runter vom Acker«, wiederholte ich mit Nachdruck meine Aufforderung.

Wir fuhren am Abend mit etwa 250 entschärften Minen ins Tal.

Am nächsten Morgen begrüßte mich der Bürgermeister am Ortsrand. Es sei alles zu meiner Zufriedenheit geregelt. Niemand käme uns zu nahe. Das war ein frommer Wunsch. Nach etwa einer Stunde erschienen drei Frauen auf der Räumstelle und brachten Kaffee. »Wenn wir euch schon nicht helfen können, wollen wir euch wenigstens versorgen«, erklärte der Bürgermeister, der die Frauen begleitete. Ich war sprachlos, was sollte ich auch auf soviel Freundlichkeit erwidern. Später, als wir unsere Tätigkeit auf dem Balkan beendeten, war sich unser Team einig: In diesem Dorf fanden wir die besten Bedingungen vor.

Wir räumten dort 785 Minen. Ein wahrlich stolzes Ergebnis.

Irgendwann hatte unser Dolmetscher Shivo mein Familienbild gesehen und sich in meine Tochter Sylvia verguckt. Wiederholt wollte er sich mit mir über sie unterhalten und mir seine Qualitäten schildern. Er wäre für Sylvia ein sehr guter Mann. Ich lächelte und versuchte ihm, ohne dass ich ihn verletzte, verständlich zu machen, dass in Deutschland die jungen Frauen sich ihre Männer selbst aussuchten – wenn überhaupt. Das verstand er nun erst recht nicht.

Ich hielt es für pädagogisch hilfreich, mich bei Shivos Vater Adem, auch Vater von drei Töchtern, einzuladen, um mich mit ihm – von Vater zu Vater – darüber zu unterhalten, wie man hierzulande seine Töchter »unter die Haube« bekäme. Shivo nahm ich natürlich mit. Schließlich ging es nur um ihn, was ihm aber nicht bewusst war. Adem schob eine Videokassette ein. Es handelte sich um die Hochzeitsfeier seiner Ältesten, die Aufzeichnungen dauerten eine Stunde. Wir saßen zu dritt am Tisch und tranken Raki, den wohl besten weit und breit. Ab und an steckte Adems Frau den Kopf durch die Tür und frage, ob wir noch etwas wollten. Ich bat sie, sich zu uns zu setzen, doch sie schüttelte nur den Kopf. Wir würden uns ohnehin nur über Männer-Themen unterhalten, da sei sie fehl am Platze.

Adem erzählte über Tradition, Zusammenhalt und ungeschriebene Gesetze. Die Familie sei das höchste Gut und eine Tochter keine Schande. Sie werde beizeiten auf ihre künftige Rolle als Frau und Mutter vorbereitet. Sie muss kochen, backen und den Haushalt führen können, und je besser sie das beherrsche, desto begehrter werde sie einmal sein. Zur Hochzeit bekäme sie als Mitgift den kompletten Hausstand.

Und, warf ich ein, sucht sie sich den Mann allein, oder bekommt sie einen vorgesetzt? Das schließlich war doch die Frage, weshalb wir zu Adem gegangen waren.

»Sie hält selbst nach einem Mann Ausschau«, sagte Adem. »Die Entscheidung aber, ob und wann sie diesen Mann heiratet, trifft die Familie.« Auf meinen fragenden Blick setzte Adem fort: »Auch der Mann muss schließlich bestimmte Vorraussetzungen erfüllen. Die Frau bringt den Hausstand mit, der Mann muss das Haus bauen, in dem die Familie leben wird. Kein Haus, keine Hochzeit, keine Familie.«

Erfülle der Mann dieses Kriterium, bekomme er 100 Punkte. Dann sei die Frage, ob er einen Beruf habe, in dem er so viel verdiene, dass er auch eine Familie ernähren und das Haus instandhalten könne. Dafür gebe es weitere 100 Punkte. Und die dritte Frage laute schließlich: Behandelt er die Tochter gut, ist er ihr ein guter Mann? Wenn es auch hier ein positives Urteil gebe, dann stünde einer Verbindung nichts mehr im Wege. Die Hochzeitsfeier dauere drei Tage und drei Nächte. Erst feierten die Braut mit ihren Freundinnen und der Bräutigam mit seinen Freunden für sich. Am Morgen des dritten Tages käme ein Vertrauter der Familie des Bräutigams, auf den sich beide Familien geeinigt hatten, und holte mit einem Auto die Braut ab. Der Brautvater übergebe diesem Mann seine Tochter in einem knöchellangen, mit Gold bestickten, schweren Samtmantel. Dieser Mantel oder ein ähnlicher begleite sie ihr ganzes Leben. Ihr Gesicht werde dabei von einem Schleier verhüllt. Sie trage den Brautschmuck, der schon ihre Mutter und deren Mutter geschmückt habe. Sie und ihre jüngeren Schwestern tragen das Kopftuch, sobald sie das Haus verließen. Einmal, weil es ihre Mutter auch tut und deren Mutter, zum anderen aus religiösen Gründen. »Ihr Christen tragt doch auch ein Kreuz um den Hals.«

Naja, naja, hielt ich dagegen und nahm noch einen Raki. »Nicht jeder tut dies, und die meisten Frauen tragen es allenfalls als modisches Accessoire.« Aber ich verstünde das schon. Die Muslima würden sich verschleiern, die Türkinnen trügen Kopftücher. Also, ich habe damit keine Probleme.

»Im Westen meint man, sie tragen das Kopftuch und den langen Mantel aus Zwang. Das ist falsch. Sie tun dies freiwillig«, sagte Adem energisch. »Für sie ist es ein Zeichen, mit dem sie signalisieren: Ich bin eine verheiratete Frau und für alle anderen Männer tabu. Ansehen konntet ihr mich, als ich noch zu haben war, jetzt ist es damit vorbei. Sucht euch eine andere.«

Adems Familie war konservativ und den Traditionen stark verbunden. Die Frau unseres Doktors kleidete sich europäisch, was aber toleriert wurde. In Jugoslawien existierten Moderne und Tradition nebeneinander. Diese Haltung schien geblieben.

Inzwischen war es Mitte Dezember geworden. Die Schneegrenze sank immer mehr, die Nächte wurden immer kälter. Die Stromversorgung hatte sich nicht verbessert. Die Heizstäbe unserer Elektroheizungen glühten unregelmäßig und nur von Zeit zu Zeit. In Pristina kam eine »Geberkonferenz« zusammen. Das UNMAC wollte das Geld für das kommende Jahr sichern.

Auf der Konferenz traf ich auch den Slowaken aus Kroatien wieder. Dieses Mal war er als offizieller Vertreter der UNO dabei. Ihn interessierte wenig, was der Chef des UNMAC vortrug. Er nahm mich an die Hand und ging mit mir vor die Tür, um eine Zigarette mit mir zu rauchen. Wir unterhielten uns nur über persönliche Dinge. Unvermittelt erklärte er, dass er gern mit mir tauschen würde. Er verdiene an die 10.000 Dollar in New York und seine Frau lebe gern im Big Apple. Das Appartement sei ihnen aber zu teuer gekommen, also wären sie aufs Land gezogen. Nun fahre er täglich zwei Stunden mit dem Auto und eine Stunde mit der Metro zur Arbeit und abends wieder retour. Das wäre kein Leben. Und wenn seine Frau nicht wäre, die es einfach toll findet, in Amerika zu leben und einen Mann bei der UNO zu haben, hätte er schon längst den Dienst quittiert und wieder Minen geräumt wie ich es tue.

Das war ein frommer Wunsch. Denn nach der Konferenz erhielten fast alle Räumfirmen, darunter auch meine, ihre Kündigung. Das *United Nations Mine Action Center* teilte mir ohne Angabe von Gründen mit, dass mit sofortiger Wirkung die Akkreditierung entzogen sei.

Ordnungsgemäß stellen wir unsere Arbeiten ein und übergaben die noch nicht gesprengte Munition an die KFOR. Zugleich informierte ich das Auswärtige Amt.

Ich fuhr mit der Vertreterin des AA nach Pristina. Ich werde mich wahrscheinlich aufregen und sehr laut werden, warnte ich. Sie sagte ganz gelassen: »Das erwarte ich auch von Ihnen. Sollte es ganz schlimm werden, bin ich ja zum Schlichten da.«

Das gefiel mir. Ich glaubte, eine Verbündete zu haben.

Ich regte mich auf, doch es nützte nichts. Und auch die Verbündete konnte nichts bewegen.

In den verbleibenden Tagen bereiteten wir unsere Abreise vor.

Am Tag, als es soweit war, erschienen die Teamkollegen mit Familien. Jeder drückte mir zum Abschied noch ein Geschenk in die Hand. Von einem gab es Brot, vom anderen Kebab und ein Dritter eine Flasche Raki. Wir umarmten uns und verdrückten ein paar Tränen. Auf der Hauptstraße von Rahovec hatte ich den Eindruck, als sei der ganze Ort auf den Beinen. Plötzlich stoppte ein gelber BMW neben meinem Auto. Es war Lolli, der seinen Wein – den mit 21 Prozent – durchs Fenster reichte. Kurz vor dem Ortsausgang wartete Salli. »Mit dir konnte ich reden wie mit einem Vater«, erklärte er mit Pathos. »Viel habe ich von dir gelernt und ich hoffe, wir sehen uns noch einmal wieder. Gekommen bis du als ein Fremder. Ausländer sehen wir immer sehr skeptisch. Ich verabschiede jetzt einen Freund.«

Wir lagen uns in den Armen. Dann stieg jeder in sein Auto und fuhr in verschiedene Richtungen weiter. Vor der Weinfabrik stoppte Vadim unsere kleine Kolonne. Auch er reichte jedem eine Flasche Sekt, für den Jahreswechsel, wie er sagte, und eine Flasche Cognac, »leider nur den 25-jährigen, der gute ist schon alle«. Obwohl uns zum Heulen war, zeigte sich das Wetter von seiner besten Seite. Die Sonne schien, das Thermometer zeigte 19 Grad. Als wir den Pass in Richtung Montenegro passierten, begann es allerdings zu schneien. Die Schneedecke betrug bald einen halben Meter. Und es schneite weiter. Wir passierten eine am Straßenrand stehende Kolonne. Plötzlich stoppte uns ein Polizist. Er fragte nach unserem Reiseziel. Ich sagte »Podgoriza«.

Es schneie hier schon seit fünf Tagen, die einzige Brücke sei durch eine Schnee- und Geröllawine verschüttet und frühestens nach Weihnachten wieder passierbar, antwortete er.

Ich studierte meine Karte. Es gab zwei Optionen – entweder nach Osten zur Europastraße nach Belgrad, dann nach Norden fahren und über die Hauptstraße nach Podgoriza. Das wären 30 Kilometer durch Serbien. Oder ich führe 360 km durch Albanien.

Ich telefonierte mit meinem Chef und mit der Koordinatorin vom Auswärtigen Amt. Als Antwort bekam ich zu hören: Durch Serbien ohne Visum ist gefährlich wie die Pest, durch Albanien mit der Ausrüstung und diesen Autos wie Cholera ...

Ich wendete und kehrte nach Prizren zurück. Dort wollte ich überlegen, welches das erträglichere Übel war: Pest oder Cholera.

Wir übernachteten im gleichen Hotel wie bei unserer Ankunft. Obgleich ich 200 Kilometer gefahren war, war ich nur 30 km von Rahovec entfernt. Früh um 6 Uhr wollten wir starten. Ich hatte mich für die albanische Cholera entschieden. Die Autos waren voll getankt und die Türen von innen verriegelt. Bei Kukes passierten wir die Grenze. Kein Schnee. Wir fuhren jene Schneise zwischen den Bergen, die dafür sorgte, dass das Kosovo mildes Klima hatte. Dort oben wehte immer ein leichter Wind vom Mittelmeer. Draußen waren 18 Grad, die Sonne schien.

Albanien ist ein karges Land, bestehen aus nackten Felsen und wenig Vegetation. Vor Kukes dehnte sich ein riesiger Stausee. Mit dem Wasserkraftwerk verdiente Albanien Geld. Obwohl Kukes wie eine moderne Großstadt aussah, täuschten die Fassaden nicht über die hier herrschende Armut hinweg.

Hinter Kukes endete die Asphaltstraße. Auf einer Schotterpiste fuhren wir weiter, der Verkehr war sehr gering. Nach zwei Stunden sahen wir Kukes noch immer im Rückspiegel. Die Landschaft wirkte eintönig und trostlos. Dorniges Buschwerk, ab und an mal ein Baum. Wer wollte oder sollte hier leben? Nach fünf Stunden Fahrt gabelte sich die Straße. Eine führte in Richtung Westen nach Durres an der Adria und eine nach Norden, nach Montenegro. Kurz hinter der Straßengabelung lag eine Kleinstadt. Die Polizeipräsens fiel auf. Alle Polizisten trugen Maschinenpistolen, ansonsten gab es nichts Sehenswertes.

Insgesamt waren wir nun schon sieben Stunden ohne Pause bergauf und bergab gefahren. Obwohl fast 2.000 Meter hoch, hat sich das Wetter nicht geändert. Dann ging es eine Stunde nur bergab. Die kahlen Berge wurden langsam grün. Wir erreichten den schmalen Küstenstreifen. Hier zeigte sich ein völlig anderes Bild. Alles war grün, Wiesen und Bäume. Und es gab Asphaltstraßen. An einer Kreuzung erkundigte ich mich bei einem Polizisten nach dem Weg.

Nach Montenegro? Er blickt mich an, als wollte ich zu einem anderen Stern fliegen. Ich ergänzte: nach Podgoriza.

Da wies es nach rechts und sagte: »Jugoslawien 80 Kilometer.«

Nach zehn Stunden Fahrt erreichten wir die Grenze zu Montenegro. Erstmals stiegen wir aus, um uns die Beine zu vertreten. Für jedes Auto mussten wir 100 DM als eine Art Haftpflichtversicherung entrichten. Wir fuhren weiten. Es war schon dunkel, als wir in der Nähe von Kotor die Fähre erreichten und übersetzten.

Eine Stunde später trafen wir an der kroatischen Grenze ein. Nach einer weiteren Stunde dann endlich Dubrovnik. Das Tagesziel war erreicht.

In Dubrovnik wurde Weihnachten vorbereitet. Die Palmen waren wie Weihnachtsbäume geschmückt, es waren 20 Grad. Am nächsten Morgen, in aller Frühe, ging es weiter in Richtung Split. Die Feriensaison war vorbei und die Küstenstraße wenig befahren. Das war gut. Aber auch die meisten Restaurants hatten geschlossen und das war schlecht. Am Straßenrand standen jedoch Bauern und verkauften frische Mandarinen. Den Sack für zehn DM. Wir verließen alsbald die Küstenstraße und fuhren in Richtung Zagreb. Nach vier Stunden passierten wir die Stadtgrenze bei minus zwei Grad und leichtem Schneefall. Über Slowenien und Österreich erreichten wir Deutschland noch pünktlich vor Weihnachten.

Ich war froh, wieder daheim zu sein.

Die Freude währte nicht lange. Am 2. Weihnachtsfeiertag musste ich den Arzt aufsuchen, der mich mit einer schweren Bronchitis ins Bett steckte ...

Elf Jahre später, inzwischen bei einer Hamburger Kampfmittelräumfirma tätig, begleitete ich eine Tiefbaukolonne. Sprach mich ein Arbeiter auf mein Basecap an. »SFOR Bosnia« stand darauf.

»Warst du in Bosnien?«

»Nein, aber in Kroatien und im Kosovo.«

In der Frühstückspause kam er mit zwei Tassen Kaffee, setzte sich auf einen Palettenstapel, klopfte mit der Hand auf die Palette und sagte: »Komm her, lass uns reden.«

Mit dem Finger zeichnete ich im Staub die Umrisse von Jugoslawien. »Hier ist Osijek, da Vukovar, dort Prizren, da ist Pristina, dort sind Vinkovci und Dakovo, Slavonski Brod und Sarajevo.«

Das war für ihn der Beweis. »Du warst wirklich da. Ein Tourist kennt diese Orte nicht. Weißt du, ich war Soldat in Sarajevo. Ich war dort im Krieg, als es am Schlimmsten war. Durch einen Tunnel konnten wir fliehen und überleben. Erst bin ich nach Italien, dann in die Schweiz und über Österreich nach Deutschland. Nach drei Jahren bin ich mal wieder zurück, aber das war nicht mehr das Land, für das ich fast gestorben bin, also bin ich wieder weg. Was ist heute in Bosnien los? Kaum einer hat Arbeit, nur Polizei und Behörden, das Geld aus dem Öl- und Gasgeschäft verdienen andere. Kannst du mir sagen: warum? Mir ging es gut in Jugoslawien. Ich hatte Arbeit, eine Wohnung und ein Auto.«

Hatte Jugoslawien eine Chance nach dem Untergang der Sowjetunion und des ganzen Ostblocks? Ich glaube nicht. Der Westen sah seine Chance zur völligen Umgestaltung des Kontinents gekommen, auch den Balkan wollte er sich ganz unterwerfen. Und dabei halfen ihm die verschiedenen Nationalisten im Vielvölkerstaat, die darauf hofften, mit Schützenhilfe von NATO und EU, und in diesem Fall war dies sogar wörtlich gemeint, ihr Süppchen zu kochen. Kein Staat, der aus Jugoslawien hervorgegangen ist, wird aus eigener Kraft existieren können. Das gibt die eigene Ökonomie nicht her. Und vom Tourismus allein kann nicht einmal Kroatien leben. Sie alle werden, nachdem sie befreit und befriedet wurden, am Tropf der EU hängen.

Slowenien hoffte an die Jahre anknüpfen zu können, als es Österreich-Ungarn gehörte. Kroatien setzte – wie die Nationalisten in Bosnien-Herzegowina, die, vom damaligen BRD-Außenminister Genscher zu »ethnischen Klärungen« aufgefordert, womit der Bürgerkrieg ausbrach – auf Deutschland.

EU-Staaten wie Deutschland, Großbritannien, Italien und Frankreich können endlich ihre Interessen auf dem Balkan durchsetzen, die sie seit dem Anfang des 20. Jahrhunderts verfolgten. Während des Zweiten Weltkrieges und erst recht nicht danach gelang es keinem von ihnen, auf dem Balkan Fuß zu fassen.

Wenn man sich die KFOR-Zonen im Kosovo genau ansieht, dann stimmen sie in etwa mit den Interessengebieten aus der Zeit vor dem Ersten Weltkrieg überein.

Teile und herrsche. So macht man Politik seit Jahrhunderten. Auch auf dem Balkan. Gewonnen hat einzig die NATO. Sie hat jetzt einen freien Landweg zu den südlichen Mitgliedsstaaten

Griechenland und Türkei, kann ihre Präsenz am Mittelmeer ausbauen, sehr schnell die Aus- und Einfahrt zum Schwarzen Meer blockieren und verstärkten Druck auf den Nahen und Mittleren Osten ausüben. Ihr Einfluss hat sich vergrößert, und die vielen neuen Staaten mit ihren Armeen müssen auf den neuesten Stand gebracht werden. Milliardengeschäfte für die Rüstungsindustrie.

Der Krieg war die beste Gelegenheit, die Waffenarsenale von Altlasten zu entsorgen und Platz für neuere, teuere Hightech-Waffen zu schaffen. Der gesamt Krieg soll etwa 23 Milliarden Dollar gekostet haben. Das klingt nicht viel. Bezahlt hat ihn der Steuerzahler der mit den USA verbündeten Staaten.

Profitiert hat auch die organisierte Kriminalität.

Aber es gibt weitaus mehr Verlierer. Die Wahrheit war das erste Opfer des Krieges. Versuchten Presse, Funk und Fernsehen während des Vietnamkrieges noch aufklärend tätig zu sein, so übernahmen sie jetzt die Rolle der aktiven Vorbereitung. Tagtäglich schwadronierten Politik und Medien von der »humanitären Katastrophe«, die es zu beenden galt. Man verstieg sich zu Vergleichen mit Auschwitz, schwätzte von Zangenangriffen und Genozid. Das Volk wurde medial sturmreif geschossen.

Der massive Bombeneinsatz wurde mit dem Erfolg von 300 vernichteten gepanzerten Fahrzeugen begründet. Für einen abgeschossenen Panzer hat man 300.000 Cluster gebraucht. Das waren 300.000 Streubomben auf eine Fläche von 10.000 Quadratkilometer, also 30 auf einen Quadratkilometer. Unter den Bedingungen der deutschen Vorschriften würde dieses Gebiet für jegliche Nutzung gesperrt werden. Auf Truppenübungsplätzen kann man teilweise eine geringere Konzentration an Blindgängern finden und diese sind dennoch für eine zivile Nutzung gesperrt.

Dort aber sollten die Menschen weiter leben.

Aber der Sieger wird nie *vor* ein Kriegsgericht gestellt, er richtet es aus. In Nürnberg war das gerechtfertigt, da sprach die internationale Gemeinschaft auch mit einer Stimme. Heute jedoch spricht nur der Stärkere. Und setzt sich durch. Etwa in Den Haag.

Kapitel 2

Kampfmittelbergung in Laos 2000

Das Logo ist eine stilisierte Bombe auf weißem Grund, rot umrandet von einer Schrift, die ich vermutlich niemals lernen werde, denn ihre Buchstaben ähneln gekochten Spaghetti, die an einer Leine aufgehängt wurden. Ausgesprochen heißt der Schriftzug »Kipku la böb«, was wie Schwedisch klingt, aber Laotisch ist und »Staatliche Bombenbergung« heißt. Die Volksrepublik Laos hat mich eingeladen hat, weil sie von meinem Wissen und meinen Erfahrungen zu profitieren wünscht. Das tropische Land in Fernost ist reichlich doppelt so groß wie es die DDR war, zählt aber nur etwas mehr als sechs Millionen Einwohner. Es liegt zwischen Vietnam im Osten und Thailand im Westen, im Norden grenzt es an China und Myanmar. Bis in die Mitte des 20. Jahrhunderts gehörte es zu Französisch-Indochina, zwischenzeitlich war es von den japanischen Faschisten besetzt, 1954 erklärte Frankreich auf einer Indochinakonferenz seinen Rückzug aus der Region, womit Laos endlich seine vollständige Souveränität erlangte. Obgleich sich Laos im Krieg der Amerikaner gegen das vietnamesische Volk für neutral erklärte, wurde es dennoch von den US-Streitkräften mit Krieg überzogen. Als Begründung diente die Tatsache, dass der Ho-Chi-Minh-Pfad – der wichtigste Versorgungsweg der Volksbefreiungsarmee in Südvietnam – streckenweise über laotisches Territorium führte. Das war natürlich vorgeschoben und kann kaum erklären, warum bei Flächenbombardements mehr Sprengkörper abgeworfen wurden als in jedem anderen Land. Man rechnet etwa, dass pro Laote zweieinhalb Tonnen Sprengsätze herniedergingen. Bis heute verweigern die USA dennoch jede Reparationsleistung. 2012 wurden erstmals durch Washington neun Millionen Dollar für die Kampfmittelberäumung ausgegeben.

Das Agrarland – 80 Prozent der Laoten sind in der Landwirtschaft tätig – gehört zu den 48 ärmsten der Erde, die als *Least Developed Countries* oder Vierte Welt bezeichnet werden. Die meisten Staaten in dieser Gruppe, die die laotische Regierung bis 2020 zu verlassen hofft, befinden sich in Afrika, in Asien neun.

Am 1. Februar 2000 sollte mein Einsatz in Laos starten. Mein Chef in Königs Wusterhausen von der Gesellschaft zur Erfassung und Bereinigung von Altlasten mbH (GERBERA) prophezeite mir eine angenehme Zeit. »Ganz wenig Papier, keine Behörden, keine Bürokratie. Du wirst sehen, wie befriedigend das sein wird. Aber hüte dich vor dem Laossyndrom.« Ich hatte keine Ahnung, was damit gemeint war, fragte auch nicht nach. Wird irgendeine tropische Krankheit sein, dachte ich. Doch da ich gegen alles geimpft worden war, maß ich dem Hinweis allenfalls rhetorische Bedeutung bei.

Ich flog von Berlin-Tegel nach Frankfurt am Main. Von dort sollte mich eine Maschine der Thai Airways nach Bangkok bringen, und von Thailand würde ich nach Vientiane weiterreisen.

Entweder war ich in Frankfurt an eine nicht sonderlich kluge Frau getroffen oder sie wollte mich foppen. Sie schaute auf das Ticket und buchstabierte: »Vientiane? Wo liegt das denn?«

»In Laos.«

»Ach so, Lagos in Nigeria.«

»Nein, nicht Afrika, ich will nach Asien, und zwar nach Laos.« Ich sprach doch nicht so undeutlich wie jene 53-jährige Sächsin, die in Stuttgart ein Ticket nach Porto in Portugal buchte, aber eines nach Bourdeaux in Frankreich bekam. Sie verlor ihre Klage. Das Stuttgarter Amtsgericht befand: »Versteht der Empfänger eine undeutlich gesprochene Erklärung falsch, so geht dies grundsätzlich zulasten des Erklärenden.«

Ich wiederholte laut und deutlich, dass ich nach Vientiane in Laos wolle, das läge im Goldenen Dreieck. Da funkelte es leicht in ihren Augen, denn das dort Schlafmohn angebaut wurde, war ihr offenkundig bekannt – wenngleich schon lange der Goldene Halbmond mit Zentrum Afghanistan den Rang des Goldenen Dreiecks als Rauschgiftproduzent Nr. 1 abgejagt hatte.

Ich bestieg die Boeing 747. In meiner Fallschirmsprungausbildung bei der NVA war ich mal mit einer Antonow geflogen, einem Riesentransporter der sowjetischen Streitkräfte, der kam mir schon gewaltig vor. Doch dieser Jumbo stellte alles in den Schatten, was ich je gesehen hatte. Drinnen schien er groß wie in einer Turnhalle.

Unter den Passagieren war alles vertreten, was man in solchen Fliegern antrifft: Geschäftsreisende, Familien, Touristen, eine bunte Mischung. Neben mir hatte sich ein junges Pärchen angeschnallt. Er stammte aus Singapore, sie aus Taiwan. Beide haben vor kurzem geheiratet und wollen nun zu ihren Familien. Mit Nikotinpflaster und Schlaftabletten haben sich beide auf den langen Flug vorbereitet. Unterhaltung für Augen und Ohren, Getränke kostenlos und in ausreichendem Maße, der Blick aus dem Fenster unbezahlbar. Der Kegelclub testete das Singh Anh, das ist thailändische Bier, und stimmte sich auf den Urlaub ein. Das Pärchen schien schon bald genervt, weder Nikotinpflaster noch Schlaftabletten wirkten. Ich genoss den Ausblick bei einem Whiskey. Obwohl es erst 16 Uhr MEZ, wurde es draußen dunkel. An Schlafen war trotzdem nicht zu denken. Die Stewardessen eilten auf und ab und erfüllten jeden Wunsch der Reisenden. Nach mehreren Stunden überflogen wir eine hell erleuchtete Stadt. Laut Flugkarte, die auf den Monitoren zu sehen war, handelte es sich um Kalkutta. Das Pärchen rutschte immer nervöser hin und her. Auch ein zweites Pflaster und eine zweite Tablette zeigten keine Wirkung.

Am Horizont wetterleuchtete es. Der Flugkapitän meldete sich zu Wort. Wir seien über dem Golf von Bengalen, es könnten Turbolenzen auftreten, wir würden aber das Gewitter umfliegen. Das Pärchen wurde schläfrig. Da wir aber schon bald in Bangkok landen würden, wurde nun das Frühstück serviert.

Dann setzte die Maschine butterweich auf. Die Kabinentemperatur betrug angenehme 23 Grad, Berlin hatte ich bei minus 5 Grad verlassen. Als ich jedoch auf die Gangway trat, schien es mir, als würde mir jemand einen feuchtwarmen Lappen ins Gesicht schlagen. Es sollen 33 Grad sein, und die gefühlte Luftfeuchtigkeit lag wohl über hundert Prozent.

Das Flughafengebäude ist Nichtraucherzone, allerdings standen im Abstand von einigen Metern verglaste Räume, in die sich die Raucher quetschten. Ich betrat ein solches Kabuff und konnte mir eine Zigarette sparen: Die Luft war derart nikotingeschwängert, dass einige Atemzüge genügten, um den Tagesbedarf zu decken.

In zwei Stunden ging mein Flug weiter. Von Gate 3, wo ich angekommen war, bis zu Gate 57 brauchte ich etwa eine halbe Stunde zu Fuß. Nach 90 Minuten Flug landete ich endlich in Vientiane. Kein Vergleich mit Bangkok, überschaubar wie der einstige Zentralflughafen Berlin-Schönefeld. Am Einreiseschalter bildete sich eine Warteschlange. Geduldig harrten alle aus.

In der Empfangshalle begrüßte mich Siggi, unser Projektleiter, mit Dolmetscherin. Gemeinsam fuhren wir in die Stadt. Das war keine brodelnde Metropole, sondern eine größere Kleinstadt mit vielen niedrigen Häusern aus der französischen Kolonialzeit. Nirgendwo reckten sich Wolkenkratzer in die Höhe. In den Straßen herrschte erkennbar Leben, buntes Treiben vor und in den vielen Geschäften, Bars und Restaurants. Die Hitze – es geht auf 40 Grad zu – ließ die Luft über dem Asphalt flirren. Träge wälzte sich der Mekong braun dahin, die Lebensader in Südostasien. Jetzt, in der Trockenzeit, sei er auf weniger als die Hälfte der normalen Breite geschrumpft, sagte mir mein Begleiter. An einigen Stellen sei der Mekong so flach, das man ihn trockenen Fußes überqueren und nach Thailand gelangen könnte. Zoll und die Grenzer hätten zur Freude der vielen kleinen Schmuggler das Nachsehen, ihre Boote könnten nicht fahren.

Im Zentrum spannte sich auf einem zentralen Platz eine Art Triumphbogen, dahinter tauchte eine goldene Pagode auf, die das Wahrzeichen von Vientiane ist. Der Besuch wurde auf einen späteren Zeitpunkt verschoben. Der Programm-Manager möchte erst einige Formalitäten erledigen. Obgleich der Zeitunterschied nur sechs Stunden betrug wurde ich immer schläfriger, woran nicht zuletzt die feuchtwarme Hitze Schuld trug.

Nach etwa 20 Minuten erreichten wir das Hotel außerhalb des Stadtzentrums, es handelte sich um eine nicht sehr große, aber

Rechts im Hintergrund: die goldene Pagode, das Wahrzeichen von Vientiane, der Hauptstadt von Laos

gepflegte und gemütliche Hotelanlage im französischen Stil. Nach dreißig Minuten und Hemdenwechsel brachen wir zu den Vorstellungsterminen auf. Die UN leitete das Gesamtprogramm, ich musste dort registriert werden. Ebenso im Ministerium für Arbeit und Soziales, dem die Räumteams unterstellt waren.

Nach eine knappen Stunde waren die Visiten erledigt und mein Hemd nass. Die Hitze trieb den Schweiß aus allen Poren. Der Programm-Manager verabschiedete sich und überließ mich der Dolmetscherin, die mich in ein kleines Restaurant mit einem schattigen Garten führte. Dort gebe es die beste Nudelsuppe in der Stadt, erklärte sie mir, und bestellt Nudelsuppe und Bier Lao. In der Speisekarte konnte ich so wenig lesen wie auch andere Hinweise. Als Ortsunkundiger und der hiesigen Sprache nicht Mächtiger war man ohne Hilfe erledigt.

»Mach dir nichts draus«, tröstete mich die Dolmetscherin. »Wenn du lange genug hier bist, wird sich das ändern. Die Sprache ist relativ einfach, weil es so gut wie keine Grammatik gibt. Die Worte werden lediglich aneinandergereiht, und wenn ein Satz mit *Bo* endet, ist es eine Frage.« Unvermittelt schloss sie an: »Kannst du gut singen?«

Ich verneinte.

Das sei schlecht, meinte sie lachend. »Unsere Sprache kennt für ein Wort bis zu sieben verschiedene Bedeutungen, die allein durch die Tonlage und Modulation definiert werden.«

Bevor ich mir darüber Gedanken machen konnte, kamen Suppe und Bier. Die Flasche war ungewöhnlich groß, was, wie ich erfuhr, an den Maßeinheiten lag. Der Inhalt wurde nicht in Millilitern, sondern in flüssigen Unzen angegeben. Diese hier hatte umgerechnet 648 ml. Die Brauerei, aus der das Bier kam, war eine von drei staatlichen Betrieben und wurde in den 70er Jahren von der DDR errichtet; wie es hieß, habe Radeberg die Federführung gehabt.

Auf jedem Tisch stand eine Palette Gewürze, Zucker, Glutamat, Hummerpaste, Chillipulver, Chillipaste, Sojasoße und noch einiges andere. Alles nur für die Nudelsuppe.

Ich hörte: Für die Nudelsuppe würden alle Zutaten roh in eine Schüssel gegeben und mit kochendem Wasser aufgefüllt. Dann ließe man es zehn Minuten ziehen. Den Geschmack bestimme der Gast mit den Gewürzen selbst. Es könne also durchaus sein, erklärte die Dolmetscherin, dass zehn Gäste an einem Tisch säßen, zehnmal die gleiche Nudelsuppe bekämen und am Ende doch zehn verschiedene Suppen essen würden. Das leuchtete mit ein. Aber wieso könne man da vorher sagen, dass es hier die beste Nudelsuppe in der Stadt gäbe?

Nach dem Essen winkten wir uns ein Tuc-tuc, eines dieser kleinen, preiswerten universellen Fahrzeuge. Bequem war das Taxi nicht, besonders schnell auch nicht, aber es war besser als laufen. Wir fuhren zur Goldenen Pagode. Sie galt als ein Heiligtum der Buddhisten. Obwohl Laos ein Vielvölkerstaat mit 56 Nationalitäten und genauso vielen Religionen und Glaubensrichtungen war, beteten nahezu 90 Prozent der Bevölkerung zu Buddha.

Die schlichte Schönheit der Pagode überwältigte mich. Wenn ich erst in der Provinz sei, würde ich in jedem Dorf ein Kloster, Wath genannt, mit Mönchen treffen. »Die Mönche haben in unserem Land eine ganz besondere Position, sie werden von allen geehrt und geachtet. Sie sammeln und hüten das Wissen aus Tausenden von Jahren, kennen die Natur, sind Lehrer, Gelehrte und Ärzte. Wenn dich mal ein schwarzer Skorpion stechen sollte: die Mönche wissen, welche Pflanzen gegen das Gift helfen.«

Mein Kopf dröhnte von den Eindrücken, ich versuchte alle Informationen und Hinweise zu speichern. Plötzlich verschwand die Sonne. Der Tag ging ohne Dämmerung in die Nacht über. Auch wenn die Temperatur leicht sank, war es noch immer um die 30 Grad warm.

Wir müssten noch essen gehen, sagte die Dolmetscherin, »und zwar richtig laotisch«. Und versah diese Einladung mit dem merkwürdigen Zusatz: »Je eher du dich daran gewöhnst, desto besser.«

Es gab Fisch aus dem Mekong, Rindfleisch, Klebereis, Chillipaste und Suppe. Suppe werde zu jedem Mahl gereicht. Meist handele es sich um klare Brühe. Meine Begleiterin zeigte mir, wie man den Reis mit den Fingern zu einer Wurst formte, darauf ein Stück Fleisch oder Fisch legte, alles in die Chillipaste tauchte und dann hineinbiss. Ich probierte alles. Auf die Chillipaste hätte ich jedoch besser verzichten sollen. In Kroatien würzte Jovanka die Bohnensuppe mit Peperoni, dass ergab eine Schärfe im Hintergrund, die einem die Tränen in die Augen trieb. Adems Frau würzte das Kebab mit türkischer Peperoni, die waren schärfer als die ungarischen. Verglichen mit der Chillipaste aber handelte es sich um harmlose Gewürze. Ein unbekanntes, eigenartiges Gefühl von Taubheit machte sich auf Zunge und Gaumen breit, Tränen schossen aus den Augen. Für Sekunden weigerten sich meine Lungen zu atmen, mein Körper stieß den restlichen Schweiß aus, den ich im Laufe des Tages noch nicht verloren hatte.

»Du wirst dich schon daran gewöhnen«, tröstete sie. »Bloß jetzt nichts trinken. Nimm einfach trockenen Reis.«

Ich wollte widersprechen, aber meine Zunge schien den ganzen Mund auszufüllen und wollte sich nicht bewegen. Also nahm ich Reis und stopfte ihn in mich hinein. Nach etwa 20 Minuten kehrten meine Sinne wieder zurück.

Die Dolmetscherin klärte mich auf. In allen tropischen und warmen Ländern esse man sehr scharf. Der Körper würde dadurch zur Transpiration angeregt, dass kühle ihn ab. »Die meisten Touristen trinken sehr viel. Das ist aber so, als gieße man Wasser auf eine heiße Herdplatte.« Natürlich müsse man den Flüssigkeitsverlust ausgleichen. Aber man solle am Abend trinken, dann könne der Körper die Flüssigkeit auch aufnehmen und halten. »Was meinst du wohl, warum wir immer Brühe zum Essen nehmen? Sie gibt dem Körper die notwendige Flüssigkeit. Ich denke in einer Woche hast du dich daran gewöhnt und weißt, wie man hier lebt.«

»Überlebt«, antwortete ich kurz.

Im Hotelzimmer stellte ich die Klimaanlage auf 17 Grad. Meine Dokumente waren noch nicht fertig und der Weiterflug nach Luang Prabang mit *Lao Aviation* sollte erst in zwei Tagen erfolgen. Ich sollte die Zeit zur Akklimatisation nutzen und Vientiane besichtigen. Die Dolmetscherin hatte ein Auto gebucht, was in Laos als normal galt. Wir fuhren zum Skulpturenpark außerhalb von Vientiane. Die Straße gehörte allen, auch den Rindern, Schweinen, Hühnern, Hunden und Wasserbüffeln. Da außerhalb der Stadt nur wenige motorisierte Fahrzeuge verkehrten, achtete niemand auf sie. Jeder, Mensch oder Tier, lief wie er wollte. Und wer Moped fuhr, transportierte damit selbst meterlange Bambusstangen – allerdings quer zur Fahrtrichtung.

Alle wirkten gelassen, es fiel kein lautes Wort, nicht einer, der kein freundliches Lächeln im Gesicht trug.

Im Skulpturenpark waren ausschließlich religiöse Figuren zu besichtigen. Sie huldigten verschiedenen Göttern oder stellten diese dar, das ganze Spektrum der im Lande existierenden Glaubensrichtungen war zu sehen. Buddha und Shiwa und diverse Hindu-Gottheiten in trauter Eintracht. Auch ihre »Jünger« pflegten Toleranz im Umgang miteinander, wie ich sah, und ich fragte mich, warum dies nicht auch auf dem Balkan und anderswo zwischen Christen und Moslems und Juden ging. Warum ging man sich dort angeblich aus religiöser Verblendung an die Gurgel, warum hasste man sich so? Ich verstand dies hier noch weitaus weniger.

Im Skulpturenpark von Vientiane werden diverse Gottheiten in toleranter Eintracht geehrt

Der Besuch im Park und meine Beobachtungen brachten mich als Atheisten dazu, mich etwas mit den Religionen und deren »Nutzanwendung« zu beschäftigen. Der Christ hat seine zehn Gebote, die ihn durchs Leben bringen, und je nach Befolgen kommt er nach dem Tod in den Himmel oder in die Hölle. Die Hoffnung auf ein besseres Jenseits begleitet ihn ein Leben lang, mithin: Der Ausgang ist unsicher. Der Buddhist hingegen geht mit Sicherheit davon aus, dass erst nach dem Tod das wahre Leben anbricht. Das irdische Dasein ist nur temporärer Natur, gleichsam ein Durchgang, weshalb er Not, Elend und Schmerzen hienieden leichter erträgt und erduldet. Der Tod ist kein Grund zur Trauer, sondern bedeutet Erlösung. Bedingung ist natürlich, dass er im

Erdenleben Gutes tut und niemandem Schaden zufügt. Und: Eine »schlechte« Tat muss durch eine gute Tat ausgeglichen werden. Eine bestimmte Richtung glaubte an die Wiedergeburt in anderer Gestalt, weshalb deren Anhänger streng vegetarisch lebten, um der Gefahr zu entgehen, einen Verwandten in Gestalt eines Huhns oder einer Ziege zu verzehren.

Auf diese Weise begriff ich, warum die Menschen gelassen miteinander umgingen. Die Gereiztheit und Aggressivität, wie ich sie daheim insbesondere im Straßenverkehr erlebte, waren ihnen fremd. Sie blieben stets freundlich, nachsichtig und verständnisvoll. Eine wirklich fremde, aber keineswegs unsympathische Welt.

Am Abend bekam ich meine Papiere ausgehändigt. Als Ausländer, der als Gast und im Auftrag der Regierung bestimmte Aufgaben wahrnahm, erhielt ich einen Sonderausweis, der mir das Betreten gesperrter Gebiete und den Umgang mit Sprengstoff gestattete. Zumindest sagte man mir das, denn lesen konnte ich die Schrift so wenig wie ich sie deuten konnte.

Am nächsten Tag flog ich mit einer Wy 12, einem chinesischen Nachbau der sowjetischen AN 24, nach Luang. Die Motoren dröhnten, es war laut und eng in der Maschine, deren Gestühl für

Majestätisch wälzt sich der Mekong dahin

kleine Asiaten und nicht für massige Europäer ausgelegt war. Doch nach siebzig Minuten gingen wir nieder. Ich wurde von Bernd abgeholt, den ich ablösen sollte. Der ehemalige Regimentskommandeur in Burg war bereits seit zwei Jahren in Laos und wollte daheim »mal nach dem Rechten schauen«. Bernd brachte mich zunächst zur Unterkunft, ein Häuschen in der Nachbarschaft von Laoten. Danach zeigte er mir seinen Lieblingsplatz, um mit mir ein Begrüßungsbier zu trinken. Es handelte sich um eine Art Restaurantschiff auf dem Mekong, von dem wir einen wunderbaren Sonnenuntergang genossen. Ruhig und majestätisch strömte das Wasser dahin. Der Fluss passierte sechs Länder, ehe er sich nach fast viereinhalbtausend Kilometern ins Südchinesische Meer ergoss.

Am nächsten Tag, es war ein Wochenende, zeigte mir Bhun, der Büroleiter von UXO Lao, die Stadt. UXO Lao ist das 1996 von der laotischen Regierung ins Leben gerufene nationale Programm zur Entschärfung der Blindgänger. Verantwortlich ist das Ministerium für Arbeit und Soziales, doch an der Realisierung sind mehrere internationale Organisationen beteiligt. Laos wurde zwischen 1964 und 1973 von den USA bombardiert, mit etwa einer halben Million Angriffe gilt Laos als das am stärksten bombardierte Land der Erde. Von den etwa 270 Millionen Streubomben waren nach Schätzungen etwa lediglich zwei Drittel detoniert, etwa 80 Millionen lagen als Blindgänger auf den Reisfeldern und im Urwald. Sie richteten noch immer großen Schaden an Menschen und Tieren an, obgleich doch der Krieg seit Jahrzehnten vorüber war. Die Angriffe der US Force auf neun Provinzen des Landes galten angeblich dem Ho-Chi-Minh-Pfad, über den die Befreiungsarmee im Süden Vietnams versorgt wurde. Tatsächlich wurde der Vietnam-Krieg ausgeweitet, um das Hinterland der nationalen Befreiungsbewegungen in Indochina zu vernichten.

UXO Lao unterhielt in der Hauptstadt Vientiane ein *National Office*, in den Provinzen arbeiteten Büros, die die Tätigkeit in den Distrikten vor Ort koordinierten. Bhun, Schwiegersohn des Ministers, spazierte mit mir durch Luang Prabang. Er hatte in der DDR in Weimar studiert, sein Deutsch war exzellent. Die Provinzhauptstadt im bergigen Norden des Landes lag in etwa 300 Metern Höhe und war einmal Königsstadt. Inzwischen war es ein Handelszentrum für Reis, Kautschuk und Teakholz, es gab viele Handwerksbetriebe, in denen Holz und Textilien verarbeitet wurden. Über 40.000 Menschen lebten in der Stadt an der asphaltierten Nationalstraße 13, die die Hauptstadt mit der chinesischen Grenze verband. Bhun besuchte mit mir zunächst einen kleinen Markt und zeigte mir die wichtigsten Stände, an denen ich während der Dauer meines Aufenthalts kaufen könnte: Das ist Frau Sowieso, die hat das beste Obst. Und dort bietet Frau Sowieso das frischeste Fleisch. Frau Sowieso daneben besorgt dir alles, was du brauchst.

Danach schlenderten wir zum großen Markt. Dort wurden, neben Lebensmitteln, vor allem Bekleidung, Elektronik, Küchenzubehör, CDs, Uhren und Schmuck angeboten. Bhun stellte uns den Goldschmied vor, wo Geld zu den besten Konditionen getauscht würde. Nirgendwo sonst im Lande gebe es für Dollar soviel Kip wie hier. Kip war die nationale Währung, doch der thailändische Baht und der US-Dollar wurden nahezu gleichberechtigt als Zahlungsmittel akzeptiert. Der Grund war auch in der Stückelung zu sehen: Die größte Banknote lautete auf 5.000 Kip. Für 8.500 Kip bekam man einen US-Dollar. Das erklärte auch, weshalb außerhalb der Landesgrenzen nirgendwo Kip angenommen und getauscht wurden, und warum die Währung des Nachbarlandes Thailand so eng mit der laotischen Binnenwährung verknüpft war. Ein Großteil des Außenhandels wurde mit Thailand realisiert.

Bernd nutzte die Begegnung, um beim Goldschmied eine Kette seiner Frau reparieren zu lassen, der Verschluss war defekt. Der Laote musterte die Kette, brummte etwas in seinen Bart, schob die Kette zurück und drehte uns demonstrativ den Rücken zu. Bhun übersetzte. Er sei Goldschmied, nicht Schlosser, habe er gesagt. Gold beginne bei ihm ab 800, das sei 333er Gold, also Blech. Er betrachte die Anfrage als Beleidigung. Aha, die Freundlichkeit hatte also auch hier eine Grenze.

Am Montagmorgen suchte ich mit Bhun den Provinzkoordinator von UXO Lao auf. Lung Pauo, auf Deutsch Onkel Frosch, empfing mich zum Antrittsbesuch. Er machte seinem Name Ehre: Für hiesige Verhältnisse war er erstaunlich korpulent. Etwa anderthalb Stunden unterhielten wir uns über meine Berufserfahrungen und ihre Traditionen, über die Arbeitsorganisation und darüber, was mich erwarten würde. Ich würde im Distrikt Nam Bak arbeiten, der lag etwa 80 Kilometer nördlich von Luang. Das hieße, jeden Morgen 4 Uhr aufstehen und etwa 90 Minuten Auto fahren und abends die ganze Strecke retour. Morgen schon sei mein erster Arbeitstag, sagte Onkel Frosch zum Abschied und wünschte mir Erfolg.

Im Haus, in das ich einzog, lebten Bernd und Jörg mit seiner laotischen Frau, der Tochter des Hausbesitzers. Jörg war ein erfahrener Feuerwerker, der zuvor in Angola gearbeitet hatte. Seine Frau in Deutschland ertrug die Trennung nur schwer, auch belastete sie die Sorge um das Schicksal ihres Mannes, weshalb sie es vorzog, sich scheiden zu lassen.

In der Früh brachen wir in völliger Dunkelheit zu dritt mit zwei Fahrzeugen auf. Das Thermometer zeigte 28 Grad, gottlob besaß der Toyota Hilux eine Klimaanlage. Die Straße führte zunächst am Nam Ou, einem Nebenfluss des Mekong, entlang. Obgleich es Nacht war, waren viele Tiere auf dem Asphalt unterwegs, der Fahrer unseres Pickups musste höllisch aufpassen. Ich versuchte mir so viele Orientierungspunkte wie möglich einzuprägen, denn ich würde bald die Strecke täglich allein fahren müssen.

Nam Bak glich eher einem Dorf denn einer Stadt, der Ort bestand zu 95 Prozent aus Holzhäusern und Bambushütten. Diese lagen malerisch zwischen Bergen gebettet, ein Fluss teilte die Siedlung in zwei Hälften. Die einzige feste Straße war jene, auf der wir gekommen waren. Sie führte weiter nach Norden bis Dien Bien Phu in Vietnam. Dort hatte im Frühjahr 1954 die entscheidende Schlacht des vietnamesischen Unabhängigkeitskampfes stattgefunden, dieser Sieg beendete die französische Kolonialherrschaft in Indochina. Die Entfernung von hier zum wichtigsten Schlachtfeld General Giaps betrug sechzig, siebzig Kilometer Luftlinie. Nahm man die Straße durchs Gebirge, wuchs die Distanz auf über 500.

Inzwischen war es taghell, die Temperaturen lagen bereits jenseits der 30. Die Kinder befanden sich auf dem Schulweg, die Bauern auf dem Weg zum Markt. Die Suppenküchen waren bereits geöffnet und dicht umlagert. Sobald sie ihre Waren verkauft hatten, kehrten die Bauern zurück in ihre Dörfer, bepackt mit Produkten, die man dort brauchte. Der einzige Stand, der immer geöffnet hatte, war der eines Chinesen, der allerhand Trödel anbot. Unser Headquarter lag am Stadtrand an der Straße in Richtung Norden. Es war Lager, Kantine, Büro und Werkstatt. Notfalls hätte ich hier auch schlafen können, aber ohne Klimaanlage war dies kaum vorstellbar. Im Hause wohnte Kampanh mit seiner Frau. Er hatte in Magdeburg Ingenieurpädagogik studiert und lebte mit seiner Frau in Vientiane. Irgendwann ließ die Liebe nach und eine neue verschlug ihn hierher in die Provinz. Seine zweite Frau Panmalie war zwanzig Jahre jünger als er und die gute Seele des Hauses. Panmalie arbeitete als Köchin, Krankenschwester, Masseuse und als Seelsorgerin. Für Räumarbeiter, die von Heimweh und schlechten Stimmungen befallen wurden, fand sie stets ein aufmunterndes Wort, wie ich bald feststellen konnte.

In diesem Haus trafen wir uns fortan am Morgen zur Einsatzbesprechung, danach brachen die Männer und Frauen zum Räumen auf. Das Team-Camp lag auf einem Hügel am Ortsrand, unter den dort untergebrachten Helfern waren auch zwei Ehepaare.

Obgleich UXO Loa eine zivile Einrichtung war, war es die Struktur keineswegs, der Einsatz war straff militärisch organisiert, was aber bei dieser Arbeit durchaus sinnvoll war. Zu jedem Team gehörten auch ein Lkw, ein Arzt und eine Krankenschwester sowie zwei Personen, die die eingehenden Meldungen überprüften und entschieden, wie damit umzugehen war. Sie informierten im Bedarfsfall die übergeordnete Leitung. Die beiden waren mit Krad ausgestattet und sehr mobil. Einer dieser beiden Männer hieß Bhunam und hatte im Indochina-Krieg als Partisan gekämpft. Als er mir sagte, er sei bereits 58 Jahre alt, lachte Kampanh, der Dolmetscher. Das habe er schon vor zehn Jahren, als man hier angefangen habe zu räumen, erklärt.

Zu jedem Team gehörte eine sogenannte CA-Gruppe, das war die Propagandaabteilung. Die Männer zogen mit Technik in die entlegenen Dörfer und traten in Schulen und auf den Plätzen auf. Mit Bildern, Gesängen und Filmen klärten sie die Dorfbevölkerung über die Gefahren von Blindgängern auf und wie man sich verhalten sollte, wenn etwas entdeckt worden war. Der Trupp war oft wochenlang unterwegs. Einmal habe ich ihn begleitet. Wir wateten durch Flüsse, stiegen auf Berge, teilten uns Reis und Wasser, schliefen im Schlafplatz im Dschungel, sammelten uns gegenseitig die Blutegel ab, zogen uns die Dornen aus den Schuhsohlen und ermunterten uns, wenn wir am Ende unserer Kräfte waren. Und gemeinsam erlebten wir das befriedigende Hochgefühl, wenn uns die Menschen begrüßten, uns gespannt zuhörten und dankbar wieder verabschiedeten.

Auf den Räumfeldern arbeiteten unsere Teams ruhig und ohne Hektik. Das lief alles sehr professionell und im 45 Minuten-Takt. Eine Hälfte war aktiv, die andere ruhte unterdessen, denn bei dieser feucht-schwülen Hitze um die 40 Grad ließ schon bald die Konzentration nach. 12 Uhr rief der Schlag gegen die stählerne Bom-

Im Headquarter: das laotische Räum-Team beim Morgenappell

benhülle zum Mittagessen. Eine Bambusmatte wurde ausgebreitet, jeder stellte in die Mitte, was er mitgebracht hatte, nahm Platz und aß von allem.

Am Abend meines ersten Tages stand ich unter der Dusche und merkte erst jetzt, wie das Tagwerk mich geschlaucht hatte. In der Nacht hörte ich nicht einmal mehr die Geckos, so tief und fest schlief ich.

Nach einer Woche fand ich mich langsam zur Routine. Wie alle anderen richtete ich mich nach dem Lauf der Sonne. Morgens, wenn es noch kühl war, arbeiteten wir intensiv, in der größten Hitze pausierten wir, und abends, wenn die Temperaturen erträglicher waren, nutzten wir die Freizeit zur Regeneration.

Bei einer Besprechung am Morgen wurden wir informiert, dass auf dem Berg Po Viang 160 Granaten vom Kaliber 10,5 cm lägen, die deshalb geräumt werden müssten, weil die Bauern aus den umliegenden Dörfern die dort angeblich besten Bambussprossen in der ganzen Gegend ernteten. Wir nahmen den Berg in unseren Plan auf. Er sei auch gut zu erreichen, hieß es. Eine halbe Stunde mit dem Auto, dann vielleicht noch einmal fünf Stunden zu Fuß. Ich, da ich neu sei, würde eine Stunde mehr benötigen. Für das Einsammeln der Blindgänger und deren Sprengung veranschlagten wir einen Tag, so dass wir erst am folgenden Tag würden zurückkehren können.

Sonsai, der zweite Dolmetscher, zeigte mir unterdessen Luang. Er hatte in der DDR studiert, war vergleichsweise groß und korpulent und stets gut gelaunt. (Sonsai sollte später bei einem Verkehrsunfall, bei dem auch Manne starb, sein Leben verlieren.)

Zuerst ging es zu unserer Tankstelle, die höchstens 250 Meter von unserem Headquarter entfernt lag. Unter einem Bambusdach standen mehrere 200 Liter-Fässer, aus denen mit einer Handpumpe die Fahrzeuge betankt wurden. Eine Handvoll Steine war das Zählwerk. Wenn zehn Liter geflossen waren, wurde ein Stein nach rechts geschoben. Hin und wieder stellte sich ein raucher Bauer oder eine Bäuerin daneben und schaute aus unmittelbarer Nähe zu. Mir richteten sich die Haare auf.

Wir schlenderten vorbei an Suppenküchen und kleinen Gaststätten und landeten schließlich auf dem Markt. Dort gab es alles, was man zum täglichen Leben benötigte. Wir setzten uns und bestellten Kaffee. Ein Glas von der Größe einer 0,3er Biertulpe wurde zur Hälfte mit gesüßter Kondensmilch gefüllt, darüber wurde eine schwarze, zähflüssige Masse geschüttet, die mit etwas heißem Wasser verdünnt wurde. Nach etwa zehn Minuten intensiven Rührens stand eine hellbraune, kräftig nach Kaffee duftende Flüssigkeit vor uns. Das Getränk schmeckte nach Kaffee mit einem Hauch Kakao.

Sonsai nutzte die Gelegenheit, um mich auf den ersten Einsatz vorzubereiten. Ich solle unbedingt einen Tropenhut mit breiter Krempe tragen, der mich vor Spinnen und Schlangen schütze, die von den Bäumen fielen. »Hier gibt es die Schwarze Witwe, die auch Menschen gefährlich werden können, und die Bambusviper. Deren Biss überlebt jedoch keiner. Benutze auch den Nackenschutz: eine Litschi auf dem Rücken oder der Blütenstaub von bestimmten Pflanzen können dich in den Wahnsinn treiben.« Und morgens solle ich, bevor ich in die Schuhe schlüpfe, diese wie alle anderen Sachen ausschütteln. Dort könnten Skorpione und Tausendfüssler untergekrochen sein. Und auch auf die Moskitos sollte ich achten.

»Besonders gefährlich jedoch sind die Bambusbüsche. Wenn das Holz gesplittert ist, ist es scharf wie Rasierklingen.« Nicht grundlos habe man diese Waffe im Kampf gegen die Amerikaner eingesetzt, und zwar sehr erfolgreich, wenn ich verstünde, was er damit sage. Ferner riet mir der kleine Sonsai, keine Angst vorm Tiger zu haben. »Er sieht und beobachtet dich, ohne dass du es merkst. Er fürchtet sich nämlich vor dir mehr, als du glaubst, und weiß auch, dass du vor ihm Angst hast.« In Asien, das hatte ich schon begriffen, ist alles viel kleiner – nur das Ungeziefer und die gefährlichen Tiere waren erheblich größer.

Dann packte ich meinen Rucksack. Zehn Liter Wasser in Flaschen, acht Baguettes, fünf Dosen Fisch, ein T-Shirt zum Wechseln und, ganz wichtig, ein Schlafsack. Wir brachen mit zehn Mann auf.

Im Dorf, das wir nach einer halbstündigen Autofahrt erreichten, erwarteten uns bereits zehn Träger. Sie sollten den Sprengstoff, mit dem wir die 160 Granaten vor Ort vernichten wollten, tragen. Wir selbst hatten unsere Ausrüstung und Verpflegung auf dem Rücken. Einer brachte 30 Kilogramm Reis mit, ein anderer ein halbes Hundert Baguettes, ein Dritter schleppte einen Fünfliter-Kanister Motorenöl. Ich fragte Kampanh, wozu das gebraucht würde. Er lachte nur. »Da ist unser Schnaps drin. Aber keine Sorge, es entspricht alles deutschen Hygienevorschriften.«

Die erste Stunde Fußmarsch war erträglich, die Wegstrecke war flach und wurde nur gelegentlich von kleinen Bächen unterbrochen. In der zweiten Stunde stieg das Gelände leicht an, aber es bereitete keine Mühe. Ich unterließ es jedoch, über Bäche zu springen und von Stein zu Stein zu hüpfen. Dann stieg der Weg steil an. So sehr ich mich auch mühte, ich verlor den Anschluss und fiel zurück. Kampanh blieb an meiner Seite.

Nach der Hälfte der Strecke war eine Rast geplant. Als wir am Rastplatz eintrafen – ein Unterstand von Reisbauern – brachen die anderen schon wieder auf. Meine Kleidung, Schweiß durchtränkt, war schwer geworden. Mein Herz raste wie verrückt. Entgegen aller Grundsätze griff ich in meinen Rucksack, goss zwei Liter Wasser in mich hinein und ließ mich in die Hütte fallen.

Besorgt wurde ich gemustert. Ob ich umkehren oder hier bleiben wolle, erkundigte man sich. Ob man mich tragen solle? Das wäre ja noch schöner, entgegnete ich, bisher habe mich kein Berg geschafft, dieser gewiss auch nicht.

Die anderen zogen weiter, zwei blieben zurück. Sie übernahmen mein Gepäck, einer reichte mir einen Stock. Schon bald erreichten wir den Dschungel. Die feuchte Luft nahm mir den Atem, die Dunkelheit die Sicht. Es war, als schlüge man mir fortgesetzt mit einem nassen Lappen ins Gesicht. Der Schweiß lief mir den Rücken herunter, die Kleidung klebte am Körper. Und die Steigung nahm fortgesetzt zu. Ich schleppte mich weiter und sprach mir Mut zu: Bisher hat dich noch keiner geschafft, weder dein alter Regimentskommandeur, noch die besoffenen EKs in deiner Panzerkompanie, schon gar nicht die »Wende«, erst recht nicht diese grüne Hölle und der Berg. Zu allem Überfluss begann einer der Begleiter auch noch an zu singen. Wenn der jetzt noch tanzt, bringe ich ihn um, schwor ich mir, sobald ich wieder bei Kräften bin.

Alle zwanzig Schritte musste ich innehalten und verschnaufen. Meine Begleiter liefen unterdessen behende durch den Busch, pflückten hier eine Frucht, dort ein Blatt, blicken nach oben ins Laubwerk und waren am Kauen. Einer reichte mir ein Fläschchen. Kampanh sagte, das könne ich trinken, das sei »rosarote Kampfkuh«. Das klang wie Redbull, aber schmeckte nach nichts. Ich vermute: Selbst wenn es sich um Katzenpisse gehandelt hätte, hätte ich nicht mehr gezögert.

Inzwischen kamen uns bereits die Träger entgegen. Sie hatten auf dem Gipfelpunkt den Sprengstoff abgelegt, ihr Geld bekommen und darum gute Laune. Einer nach dem anderen klopfte mir ermutigend auf die Schultern. – es konnte also nicht mehr weit sein. Nach fünf Stunden und 58 Minuten – ich schwöre es: Ich blieb unter den mir prophezeiten sechs Stunden – erreichte auch ich den Rastplatz. Dort brannte schon ein Feuer, darüber hing ein Teekessel. Eine der Krankenschwestern kümmerte sich um das Feuer, sonst war niemand zu sehen. Kampanh sprach kurz mit ihr. Sie zeigte auf die Hängematte, das wäre jetzt mein Platz, übersetzte er. Danach füllte sie eine Tasse mit Laolao, dem selbstgebrannten Reisschnaps, goss einen Schluck Tee hinzu und verschwand ebenfalls im dichten Dschungel. Ich wälzte mich in der Hängematte. Von überall drangen Stimmen und Geräusche an mein Ohr, doch ich war fertig und fürchtete mich nicht. Selbst dazu fehlte die Kraft.

Nach und nach tauchten die Männer aus dem Dschungel auf. Ihre Augen fragten: Na, geht's schon wieder? Nach einer halben Stunde standen die Dächer, der Boden darunter war gepolstert, dort würden wir die Nacht verbringen.

Bhunam war der einzige, der keinen prallen Rucksack bei sich hatte. Er hatte nur einen Reissack dabei und ein Buschmesser, mehr brauche er nicht, den Rest fände er im Dschungel, sagte er. Und er sorgte tatsächlich in der Folgezeit dafür, dass die Tafel stets gut gedeckt war: mit Eichhörnchen, Marder, Stachelschwein, Spatzen und Reis, natürlich.

Nach der halbstündigen Mittagsruhe schwärmte alles aus, um die Granaten einzusammeln. Nach zwei Stunden türmte sich ein Stapel von 237 Granaten. Und damit hatten wir plötzlich ein zusätzliches Problem. Wir hatten lediglich Sprengstoff für 160 Granaten. Hinzu kam: Jede zweite war eine Phosphorgranate, die einen doppelt so dicken Stahlmantel aufwies. Üblicherweise brauchte man pro Granate 1,2 Kilogramm TNT, also allein zur Vernichtung der 117 Phosphorgranaten benötigten wir etwa 140 Kilo Sprengstoff. Was also tun?

Bernd schlug vor, die Granaten senkrecht in eine Grube zu stellen und so zu mischen, dass neben jede Spreng- eine Phosphorgranate zu stehen kam. Vielleicht war die dadurch entstehende Sprengkraft so groß, dass die Phosphorgranaten mit zerlegt wurden und ausbrannten.

Inzwischen war es dunkel geworden, wir streckten uns zur Ruhe. Es waren noch immer so um die 30 Grad, und wenn ich etwas völlig Überflüssiges mitgeschleppt hatte, dann war es der Schlafsack. Die Mädchen fürchteten die Geister der Toten und machten kein Auge zu, bis sich Bhunam neben sie legte, um sie vor den bösen Geistern zu schützen.

Ich fiel in einen totenähnlichen Schlaf, wurde aber unsanft wachgerüttelt. Kampanh fragte: »Kalle, hast du eine Taschenlampe?«

Was er damit wolle, erkundigte ich mich verärgert.

»Hier sind Ratten. Gib mir deine Lampe, bitte. Ich fang auch eine für dich.«

Plötzlich war ich hellwach. Ratten? Hier?

Ich gab ihm die Lampe. »Verscheuch sie, und lass mich in Ruhe.« Dann drehte ich mich wieder auf die Seite.

Am Morgen weckte mich Grillgeruch. Man habe mich nicht wecken wollen, sagten die Männer, die genüsslich irgendwelche Knochen benagten. Ich müsse mich erholen.

Ich bat Kampanh zu übersetzen: »Wenn ich nach Laos gekommen wäre, um mich zu erholen, dann hätte ich eine Touristenreise gebucht. Ich sei hier um zu arbeiten. Also bitte keine übertriebene Rücksichtnahme!«

Die Detonation erschütterte den Berg

Bhunam antwortete: »Jaja, das machen wir ab morgen, wenn wir wieder in Nam Bak sind und Bier trinken. Jetzt setze dich hin und iss.« Ich hockte mich dazu und bekam von Kampanh eine gegrillte Ratte serviert. Allein der Anblick verursachte Brechreiz, was er mir wohl ansah.

»Das kannst du ruhig essen, die hat nicht von Müll gelebt. Stadtratten rühren wir auch nicht an.«

Ich lehnte dennoch dankend ab und legte zur Freude aller die Ratte in die Mitte der Tafel zurück.

Wir brauchten fast drei Stunden, um die Sprengung vorzubereiten. Dann erschütterte eine gewaltige Explosion den Berg. Splitter surrten durch die Luft wie ein Schwarm Maikäfer. Kampanh, der neben mir in der Deckung lag, flüsterte: »Hörst du, wie die bösen Geister den Berg verlassen?«

Danach zog weißer, beißender Qualm durch den Dschungel. Der großen Explosion folgte eine Vielzahl kleinerer Detonationen. Es ist ein sicheres Zeichen dafür, dass einige Phosphorgranaten zwar nicht zerstört, aber aufgeplatzt waren, der Phosphor abbrannte und dabei die Zerlegerladungen entzündete. Das hielt etwa drei Stunden an. Danach trauten wir uns nachzuschauen. Der Phosphor brannte noch immer. Die Sprengung hatte keine Granaten aus der Grube in den Dschungel geschleudert, das war das Wichtigste. Nun mussten wir nur noch warten, bis der Phosphor völlig abgebrannt war. Das dauerte weitere acht Stunden, wir mussten also noch eine Nacht hier oben bleiben. Wir waren jedoch nur für einen Tag eingerichtet, der gekochte Reis und das Wasser waren aufgebraucht.

Bhunam zog los und kehrte alsbald mit armdicken Bambusstangen aus dem Dschungel wieder. In einen Teil der Stangen wurde Wasser und Reis, in den anderen nur Wasser gefüllt und über dem offenen Feuer zum Kochen gebracht. Ich stand dieser Technik skeptisch gegenüber, aber tatsächlich: nach 20 Minuten kochte das Wasser. An Abend saßen wir lange am Lagerfeuer. Bhunam suchte sich für die Nacht einen bequemen Schlafplatz in gehöriger Entfernung von mir. Die Mädchen hätten ihm gesagt, ich hätte die Nacht so geschnarcht, dass sie nie das Gefühl gehabt hätten, allein auf dem Berg zu sein.

Obgleich ich bereits einige Tage im Land war, wurde Bernd verabschiedet und ich feierlich begrüßt, und zwar mit einer Zeremonie. In Laos findet zu jedem Ereignis eine Zeremonie statt: bei Beginn oder am Ende eines Projektes, zum Willkommen oder zum Abschied, zur Geburt oder zum Tod, versöhnen sich zwei Nachbarn nach einem Streit oder wird ein Haus gebaut … Die Zeremonie folgt festen Regeln. Die erste lautet, dass man im Kloster, im Wath, einen Mönch befragt, ob der ins Auge gefasste Termin auf einen »guten« oder auf einen »schlechten« Tag fällt. Ist es ein »schlechter« Tag, muss die Zeremonie unbedingt verschoben werden, sonst steht alles unter einem unglücklichen Stern.

Unsere Zeremonie fand, natürlich, an einem »guten« Tag statt. Sie erfolgte in einem Raum, der ganz mit Bambusmatten ausgelegt war. In der Mitte stand ein kleiner Tisch mit Opfergaben und einem Blumengebinde in einer goldenen Schale, um den wir uns

Mit einer Zeremonie wird von Bernd (rechts) Abschied genommen und der Neue (linker Bildrand) begrüßt

gruppierten. Bhun saß hinter mir und flüstert mir die Übersetzungen ins Ohr. Der Schamane erschien, machte eine Verbeugung und begann zu singen. Seine Stimmlage war nicht die eines alten Mannes, sondern eines jugendlichen Chorknaben, was mich ein wenig erheiterte. Heute sei ein guter Tag, um die 44 Geister des Körpers und der Seele ins Gleichgewicht zu bringen, übersetzte Bhun den Singsang. »So viele Geister leben in mir?«, flüsterte ich zurück. Bhun glaubte auch nicht an Geister, aber reagierte bierernst. »Wenn du mit dem Schamanen einen ordentlichen Preis aushandelst, wird er sie alle beschwören. Normal sind nur 37 Geister.« Sieh an, auf dem okkulten Sektor geht es zu wie auf dem Markt. Wer mehr zahlt, bekommt auch mehr.

Nach dem Gesang des Alten überbrachten die Anwesenden den Hauptpersonen ihre guten Wünsche. Diese wurden uns als weiße Baumwollfäden um die Handgelenke gebunden und danach ins Ohr geflüstert. Wenn man mit den Geistern im Reinen war, etwa nach drei Tagen, fielen die Fädchen von allein ab, erklärte mir Bhun. Zwischendurch gab es hin und wieder Laolao. Sofern man keine Hand frei hatte, weil jemand Fäden anlegte, bekam man den selbstgebrannten Reisschnaps eingeflößt. Nach dem Ende der Zeremonie trafen wir uns vor dem Haus zum Essen. Es wurde alles

Morgendunst über dem Nam Ou, einem Nebenfluss des Mekong

gereicht, was Garten und Markt boten: Fleisch, Fisch, Reis. Die Hauptpersonen erhielten natürlich wie stets das Beste: Fischköpfe und Innereien. Die anderen mussten sich mit den minderwertigen Teilen wie Keule oder Filet zufrieden geben.

An einem Tag fuhren wir auf dem Nam Ou, einem Nebenfluss des Mekong, nach Ban Hoi Hoi. Nebel lag über dem Wasser, es war mit 19 Grad für hiesige Verhältnisse ganz schön kalt. Ich trug meinen dicken Marinepullover. Das Boot, 15 Meter lang und zwei Meter breit, tuckerte, von einem 150 PS starken Motor getrieben, stromauf. Das Wasser war stellenweise bis zu 500 Meter breit und 36 Meter tief. Nur hin und wieder schüttelten uns Stromschnellen durch. Nach einer knappen Stunde erreichten wir Ban Hoi Hoi, ein typisches laotisches Dorf mit Bambushütten auf Pfählen. Dieses Dorf war vor einiger Zeit vom jenseitigen auf das diesseitige Ufer umgezogen. Der Ort sollte ein eigenes Kloster erhalten. Das dafür vorgesehene Gelände wurde gerodet, dabei fand man Munition, weshalb der Distrikt informiert worden war. Und der schickte uns.

Während das Team in dem Areal nach Blindgängern suchte und diese identifizierte, streifte Kampanh durchs Dorf, um »Autoritäten« zu suchen. Die in Laos lebenden Ethnien wurden nur durch

Im Dorf Ban Hoi Hoi, das ein Kloster errichten will

eine gemeinsame Sprache verbunden, die keine Grammatik kannte und Begriffe nur nach Tonlage unterschied. Ein Wort konnte bis zu sieben verschiedene Bedeutungen haben. Kampanh redete mit diesen Personen nur belangloses Zeug, um die »Sprache« zu synchronisieren.

Nach einer Weile tauchte er mit dem Bürgermeister auf. Beide setzten sich zu mir. Der Bürgermeister berichtete über sein Dorf, in welchem rund 300 Menschen in genau 35 Häusern lebten. Der jüngste Dorfbewohner war zwei Monate alt, der älteste 97 Jahre. Das vermuteten sie allerdings nur. Denn die Aufzeichnungen, in denen die Geburtsdaten vermerkt wurden, waren im Krieg vernichtet worden.

Weil der Ort zu klein für einen Arzt war, holten sie sich die Mönche. Dem Dorf ging es vergleichsweise gut, im Jahr hätten sie 160 Millionen Kip erwirtschaftet, pro Einwohner also rund 70 Dollar. Und wirklich alle, vom Kind bis zum Greis. Die Kinder verscheuchten nach dem Unterricht das Ungeziefer von den Reisfeldern oder fingen Ratten, die Alten verkauften, was deren Kinder wiederum in der Landwirtschaft produzierten. So hatte jeder seine Aufgaben und trug seinen Teil zum Lebensunterhalt bei.

Das informative Gespräch mit dem Bürgermeister endete abrupt. Das Räumteam hatte eine BLU 26 gefunden. Die Waffe war in den 60er Jahren entwickelt worden und sollte mit den 670 Minibomben, die aus der Mutterbombe verstreut wurden, angeblich verwunden statt zu töten. Die tennisballgroßen Geschosse enthielten etwa 75 Gramm Sprengstoff. Nach dem Abwurf begannen sie zu rotieren, die Fliehkraft drückte im Zünder kleine Gewichte nach außen, wodurch die Zündernadel freigegeben wurde, beim Aufschlag detonierte die Minibombe und verschoss die in die Ummantelung eingebetteten rund 500 Stahlkugel von zwei bis drei Millimeter bis zu hundert Meter weit. Später wurden die Stahlkugeln durch Plastikgeschosse ersetzt, die man beim Röntgen von Verletzten nicht feststellen konnte. Allein das unterstrich das Perfide dieser Waffe, die erst 2008 in Oslo international geächtet wurde. Die USA traten bis heute diesem Vertrag nicht bei. Und kein Land, ich sagte es bereits, war so mit Clusterbomben »verseucht« wie Laos. In 15 der 17 Provinzen liegen Millionen und Abermillionen Blindgänger. Mit dem Tempo, mit dem die internationale Gemeinschaft beim Räumen half, sind selbst in hundert Jahren noch nicht alle Blindgänger beseitigt und bedrohen die Menschen an Leib und Leben.

Üblicherweise legten wir über eine solche Bombe einen Autoreifen, packten eine Sprengladung dazu und deckten alles mit einem Sandsack ab. Dann wurde gezündet. Für solche Zwecke führten wir immer einige alte Karkassen auf unserem Pickup mit, doch diesmal waren wir mir dem Boot gekommen, und wie sich zeigte, gab es im ganzen Dorf nicht einen einzigen Reifen, den wir hätten verwenden können. Wir wollten es schließlich mit alten, sandgefüllten Reissäcken versuchen. Wie sich jedoch zeigte, gab es sehr viele Bomben, so dass auch die drei Säcke je Bombe nicht gereicht hätten. Darum markierten wir vorerst lediglich die Fundstellen.

Dann rief jedoch der helle Klang eines Bombenkörper, gegen den mit einen Eisenstab geschlagen wurde, zum Mittagsessen. Der Bürgermeister führte uns zum Platz vor der Schule, wo bereits auf Bambusmatten eingedeckt wurde. Jeder aus dem Dorf brachte etwas mit. Der Bürgermeister hielt eine Rede. Wir seien von UXO Lao geschickt, das sei eine Regierungsorganisation, folglich wären wir so etwas wie die Vertreter der Regierung und würden darum auch so von ihnen behandelt. Jeder habe etwas gespendet, und am Morgen seien einige Männer losgezogen und hätten eine Bergziege gefangen. Bergziehen, so klärte mich Kampahn auf, gelten als magische Tiere. Sie kletterten auf die steilsten Berge, sprangen über die breitesten Schluchten, und wenn sie sich verletzten, leckten sie ihre Wunde, die deshalb rasch heilten, weil sie die gesündesten und besten Kräuter fraßen.

Ich musste den Ehrenplatz neben dem Bürgermeister einnehmen und bekam, daran hatte ich mich schon gewöhnt, die üblichen Delikatessen. Mich ekelte die wabblige Lunge, die rohe Leber und der gekochte Uterus. Ich wollte unsere Gastgeber nicht beleidigen und biss tapfer in das Gekröse. Vor mir standen Schüsseln mit Gemüse. Das glich dem Unkraut, das ich im Garten jätete. In einer Schüssel lag das Kraut von Mohrüben. Ich fragte Kampanh, wozu das alles gut sei. „»Das ist für die Verdauung, es reinigt das Blut.«

»Und das?« Ich wies auf das Rübenkraut. »Das ist nur für den Geschmack.«

»Und was ist mit dem Kaktus hier?«

»Der ist nur Dekoration.«

Gut zu wissen, sonst hätte ich ihn mir auch noch runtergewürgt.

Zum Essen gab es wie stets eine Suppe. Diese sah sehr gut aus, war kräftig und hatte einen vorzüglichen Geschmack. Darin schwammen weiße Ringe mit einer grünen Füllung.

Ich erkundigte mich bei Kampanh.

»Das ist der Dünndarm der Bergziege.«

»Aha, und was ist das Grüne darin?«

»Ich weiß auch nicht, was die Bergziege zuletzt gefressen hat.«

Ich wechselte zu Reis mit Chilisauce.

Nach dem Essen heiß es, ich solle mir ein Haus aussuchen, wo ich zu ruhen wünschte. Das sei nicht nötig, sagte ich zu Kampanh, ich würde mich mit meiner Matte in den Schatten eines Baumes legen. Ausgeschlossen, antwortete er, dann seien sie beleidigt. Ich müsse entweder ins Haus des Bürgermeisters, des Polizisten, des Lehrers, des Parteisekretärs oder das der Frauenunion gehen. Sie seien quasi von Amtswegen zu dieser Geste verpflichtet.

Ich fragte Kampanh, wozu er mir riete.

Der Bürgermeister, antwortete er, wolle nur mit mir trinken, da käme ich kaum zum Schlafen. Bei der Frauenunion verhielte es sich ähnlich, die Chefin ist geschieden ...

Ich verstand und entschied mich für das Haus des Polizisten.

Nach der Pause zogen unser Arzt und die Krankenschwester von Haus zu Haus und schauten nach dem Rechten. Sie klebten hier ein Pflaster, zogen dort einen Zahn und verteilten etwas gegen Durchfall. Die dankbaren Patienten überhäuften sie mit Geschenken. Von dem einen bekamen sie eine Flasche Laolao, von dem anderen eine Melone, der Dritte zahlte mit einer lebenden Bambusratte, das waren Kaninchen mit ganz kurzen Ohren. Als wir am Ende des dritten Tages Ban Hoi Hoi verließen, verstauten wir drei Säcke mit Kräutern, fünf kleine Käfige mit Bambusratten, zwei Kartons mit Pilzen sowie fünfzig Frösche und zwei Schlangen.

Im Headquarter erreichte uns die Meldung, dass in einem Dorf – eine Autostunde und zwei Stunden Fußmarsch von hier – sich ein Unfall ereignet hatte. Ein Siebenjähriger war beim Sammeln von Bambusspitzen von einer »Geisterbombi« getötet worden. Obgleich es weder Funk- noch Telefonverbindungen gab, hatte uns die Nachricht erreicht. Lediglich die Polizei, die Post und Behörden verfügten über CODAN-Anschlüsse, das waren Kurzwellenfunkgeräte, die in Australien entwickelt worden waren und inzwischen weltweit dort zum Einsatz kamen, wo keine fernmeldetechnische Infrastruktur existierte.

Aber auch ohne Technik war binnen 24 Stunden die Nachricht zu uns gedrungen, dass man dort eine Fadenmine gefunden hatte, die die Laoten »Geisterbombi« nannten. Die BLU 42 war eine Clusterbombe wie die BLU 26. Doch die von der Mutterbombe verteilten Minibomben detonierten nicht beim Aufschlag, sondern schleuderten acht Meter lange Nylonfäden heraus. Die fungierten als Zünddrähte. Wie diese funktionierten, wusste allein der Hersteller, denn niemand hatte bisher den Versuch überlebt, eine solche Bombe zu entschärfen und den Mechanismus zu entschlüsseln. Bekannt war, dass bei der Berührung eines Drahtes im Innern der Waffe ein chemischer Prozess in Gang gesetzt wurde, der eine elektrische Spannung erzeugte. Nach etwa zehn Minuten war die Mine scharf. Die Hersteller behaupteten zur Beruhigung der Öffentlichkeit, die Mine würde sich selber zerlegen, wenn die Spannung unter 0,5 Volt sinke, spätestens aber nach 21 Tagen. Das war eine Lüge. Noch nach Jahrzehnten töteten sie Menschen.

Mit einem kleinen Team machten wir uns auf den Weg, Bhunam vorne weg. Die Stimmung im Dorf war gedrückt, obgleich man in Laos mit Tod und Trauer anders umgeht als in Europa. Wir gingen zum Haus der betroffenen Familie. Auf einer Bambusmatte lag das scheinbar völlig unversehrte Kind wie schlafend. In der Stirn jedoch hatte er ein kleines Loch, nicht größer als ein Stecknadelkopf. Was hatte dieses Kind getan, dass es sterben musste? Er hatte sich um die Verpflegung der Familie gesorgt und niemanden bedroht. War er ein Feind des Großen Amerika, das ihn getötet hatte – lange nach einem Krieg, von dem dieser Junge nichts wusste. Ich konnte mich nicht beherrschen und ließ meinen Tränen freien Lauf, in solchen Momenten wurde man zwangsweise zum überzeugten Pazifisten.

Nach zehn Stunden konzentrierter Arbeit hatten wir acht Minen gefunden und gesprengt und verließen das Dorf.

Eine Woche erfuhren wir vom Bürgermeister eines Dorfes am Nam Ou, dass sie im Fluss eine 750-Pfund-Bombe haben. Während der Regenzeit hätten sie damit keine Probleme, aber jetzt, während der Trockenzeit, läge sie knapp unter der Wasseroberfläche, dass sie die Böden der Fischerboote aufreiße. Das wäre ärgerlich, denn das Dorf lebe vom Fischfang.

Bhunam reiste als Vorkommando voraus, das Team erreichte nach zweistündiger Bootsfahrt das Dorf. Inzwischen hatte Bhunam veranlasst, dass die Behörden den Schiffsverkehr stoppten, und drei Boote gechartert.

Während die laotischen Kollegen Essen und Unterkunft organisierten, sah ich mich im Dorf ein wenig um. Viele Hinterlassenschaften des Krieges hatten eine zivile Verwendung gefunden. Aus den abgeworfenen Zusatztanks der Bomber hatten sie kleine Fischerboote gebaut. In den Kartuschen von 10,5-Zentimeter-Granaten standen Pfähle, auf denen die Hütten ruhten. So verhinderte man, das Ungeziefer ins Haus kam. Der Dorfschmied benutzte die Hülle einer 155 mm-Granate als Amboss, und einer hatte aus den Blechen, die vermutlich für die Befestigung eines Behelfsflugplatzes gedacht waren, einen Hühnerstall gebaut. Not machte erfinderisch.

Dann wollten wir zur Bombe übersetzen, doch der Bootsführer schüttelte den Kopf, als er mich sah. Es entspann sich ein heftiges Wortgefecht zwischen Kampanh und ihm, in das sich auch der Bürgermeister einmischte. Am Ende jedoch trollte sich der Bootsführer.

»Der ist doof«, sagte Kampanh über seinen Landsmann. »Er will dich nicht fahren, du wärst zu schwer für das kleine Boot. Der Bürgermeister habe ihm gesagt, er hätte vor Jahren einen Krokodilfisch, das ist ein Mekong-Wels, damit gefangen und befördert, der war einsachtzig lang und wog bestimmt zweieinhalb Zentner, da würde das Boot wohl auch die Langnase tragen. Doch der wollte einfach nicht. Wir müssen also zu Fuß gehen. Die Bombe liegt nur etwa ein Kilometer entfernt ...«

Inzwischen wusste ich, wie lang ein laotischer Kilometer sein konnte. Doch was blieb uns anderes übrig?

Allerdings waren wir bereits nach zehn Minuten vor Ort, meine Leute sprangen ins Wasser und fanden auch alsbald die Bombe.

Wie sich zeigte, lag in fünfzehn Metern Entfernung noch eine zweite im Flussbett. Das war ein Problem.

Sprengten wir nur eine Bombe, konnte die zweite verschüttet werden. Jagten wir beide gleichzeitig in die Luft, explodieren etwa 400 Kilogramm Sprengstoff. Die Schockwelle im Boden konnte den Flusslauf verändern, Erdrutsche auslösen oder ähnliches. Ich beriet mich mit Bhunam, nachdem ich die Lage, Größe und Strömungsgeschwindigkeit des Flusses bestimmt hatte. Die beiden

Bomben lagen in drei Meter Tiefe, die eine im Winkel von 30 Grad auf einem Felsen, die andere flach auf lockerem Geröll.

Der Bürgermeister meldete sich zu Wort. Er bat darum, eine der Bomben etwas näher zum Dorf zu bringen.

Ob er seine Mitmenschen umbringen wolle, fragte ich Kampanh. Der schüttelte den Kopf. Das Wasser sei dort tiefer und es gäbe mehr Fische. Ich verstand ihn, aber musste ablehnen. Das sei einfach zu gefährlich, sagte ich.

Wir mussten Zünd- und Sprengschnur über die Wasseroberfläche bringen, damit die starke Strömung sie nicht beschädigte, und legten die Ladungen so an, dass die Strömung sie gegen die Bomben drückte. Ich berechnete die Zündschnur auf 15 Minuten, stellte Sicherungsposten auf, gab das Signal, zündete und ging in Deckung. Die Dorfbewohner hockten unter den Pfahlhäusern, während die Männer vor den Häusern saßen.

Alle erwarteten eine gewaltige Explosion, aber nach 14 Minuten und 56 Sekunden stiegen zwei Wasserfontänen fast fünfzig Meter in die Höhe. Der riesige Felsbrocken zwischen beiden Bomben wurde etwa 20 Meter hoch geschleudert und landete gut 100 Meter am jenseitigen Ufer.

Fischesammeln nach der Sprengung des Blindgängers

Die Dorfbewohner stürzten zu ihren Booten. Ich sagte Kampanh, sie sollten warten, bis wir die Sicherheit geprüft hätten, aber bekam zur Antwort: »Die Bomben interessieren nicht, jetzt müssen die toten Fische eingesammelt werden!«

Alle sammelten Fische ein, nur der Dorfschmied nicht. Der fuhr zu der Stelle, an der die Bomben gelegen hatten, tauchte nach den großen Bombensplitter und warf sie ins Boot. Nachdem alle Fische geborgen waren, wurden diese ins Haus des Bürgermeisters gebracht, der sie sortierte und verteilte. Jeder bekam, entsprechend der Familiengröße, die gleiche Menge Fisch.

Der Bürgermeister erklärte mir, als wir aufbrechen wollten – es war bereits gegen 17 Uhr –, dass es die Gastfreundschaft gebiete, uns zu bewirten und zu beherbergen, zumal in der kleinen Bucht dort drüben noch eine Bombe liege.

Das war neu.

Man erwarte uns gegen 19 Uhr vorm Haus des Apothekers, sagte der Bürgermeister, und überließ uns unserem Schicksal. Ich schlenderte mit Kampanh durch den Ort und beobachtete eine Frau, als diese Ameisen in eine kleine Schüssel fegte.

Das seien Sauerameisen, sagte Kampanh, die brauche man für den Fischsalat, den es nachher gewiss zu essen gebe.

Bhunam saß vor einem Haus und trank Tee. Er winkte uns heran.

Wir redeten über dies und das, dann kam er auf die Geschichte. Laos war einst ein Königreich, das von drei Brüdern regiert wurde. Daher zeige das königliche Wappen auch einen Elefanten mit drei Köpfen. Irgendwann teilten die Brüder ihr Reich. Einer bekam Thailand, der andere Kambodscha und der dritte blieb in Laos. Deshalb seien auch 99 Prozent aller Thais und 99 Prozent aller Kambodschaner laotischer Herkunft.

Nach der Kolonialzeit sei Laos eine konstitutionelle Monarchie geworden, mit einem Parlament, einer Regierung und einem Ministerpräsidenten. Man sei stolz auf die Neutralität von Laos und verstünde sich als gefestigter Staat im Herzen Indochinas. Selbst während des Vietnam-Krieges blieb Laos neutral: Den Amerikanern gestattete es, von Thailand aus über sein Territorium nach

Vietnam zu fliegen, und den Vietnamesen erlaubte es, einen Teil des Ho-Chi-Minh-Pfades über Laos zu führen. Als Vientiane dem Druck Washingtons widerstand und nicht den Versorgungsweg der südvietnamesischen Befreiungskräfte sperrte, begannen die Amerikaner, einen Keil in das Land zu treiben. Sie folgten der Politik des Teile-und-Herrsche, wie sie bereits die alten Römer praktizierten. Beginnend bei den beiden Prinzen Souphanouvong und dessen Halbbruder Souvanna Phouma (1901-1984). Der westlich orientierte Souvanna Phouma holte US-Militärberater und die CIA ins Land. Diese (und die USA) vermochten es, die Hmong – ein Bergvolk, das in Laos, Vietnam, Burma, Thailand und Kambodscha lebte und vorwiegend von der Opiumproduktion lebte – für sich zu gewinnen. Man versprach ihnen Zuwendung und Wohlstand, wenn sie sich im Kampf gegen den Kommunismus engagierten. So formierte sich eine 40.000-Mann-Armee, die von den Amerikanern ausgerüstet und ausgebildet wurde. Offiziell nannte sie sich Königlich Laotische Armee. Die Folge waren ein Bürgerkrieg und die Errichtung eines Stützpunktes nebst Flugplatz zwischen Vientiane und Luang Prabang.

Der andere Prinz, Souphanouvong (1909-1995), hingegen schloss sich der 1950 gebildeten militärischen Befreiungsbewegung Pathet Lao an. Daraus wurde 1965 die Laotische Volksbefreiungsarmee. Souphanouvong, mit dem Beinamen »roter Prinz« – was nicht nur der Sympathie für Ho Chi Minh geschuldet war –, avancierte zum politischen Führer der Pathetlao-Bewegung. Als 1975, nach dem Ende des Vietnamkrieges, auch in Laos die fortschrittliche Bewegung siegte und aus dem Königreich die Demokratische Republik Laos wurde, wählte man Souphanouvong zum Präsidenten des Landes, was er bis zu seiner Erkrankung 1986 blieb.

Die 70er Jahre waren, bis zum Ende des Bürgerkrieges 1974, eine nationale Katastrophe, meinte Bhunam. Die von Souvanna Phouma geführte Regierung herrschte über ein Land, das durch die Bombardements der USA immer mehr verwüstet wurde, und tatsächlich unter der Kontrolle von Militärs stand, die – wie der Verteidigungsminister Ouane Rattikone – sich am Drogenhandel bereicherten. Erst nach dem Sieg der Pathet Lao normalisierte sich die Lage insofern, als nicht mehr geschossen und gemordet wurde. Mit den Folgen aber haben die Laoten noch immer zu kämpfen.

Jetzt begann ich zu begreifen, was der Grund für die auffällige Zurückhaltung meiner Partner in Bezug auf die Hmong war. Für sie war das Bergvolk Schuld an der Verwüstung des Landes. Bei einem Bombenangriff decke eine sogenannte Fliegende Festung der Amerikaner, die B 52, einen Streifen von etwa einem Kilometer Breite mit einer Länge von drei Kilometern ab, und am Tag registrierte man bis zu 50 Angriffe. So wurden allein an einem Tag also rund 150 Quadratkilometer zerstört, und auf Dauer die gesamte Landschaft verwüstet und verändert. Die Bevölkerung wurde während des Krieges um die Hälfte dezimiert. Am Ende gab es nurmehr drei Millionen Laoten.

Die Heuchelei des Westens, die später anhob, als man von den »Opfern des Kommunismus« sprach, um von den eigenen Verbrechern abzulenken, ist widerlich. Ich mag keine arithmetischen Vergleiche bei Toten, das verbietet die Ethik. Gleichwohl sollten wir festhalten: Laos Bevölkerung wurde im Krieg der Amerikaner um 50 Prozent dezimiert. Wie viele Menschen hätten unter der Knute der Kommunisten in der Sowjetunion sterben müssen, um auf einen analogen Prozentsatz zu kommen. Die Relation der Opfer verdeutlicht die Absolutheit der Lüge.

Inzwischen war es März geworden. Wie überall auf der Nordhalbkugel wurden die Felder bestellt. Da jedoch in Laos die Landwirtschaft traditionell extensiv betrieben wurde, war der erste Schritt Gewinnung von Anbauflächen durch Brandrodung. Tag und Nacht loderten die Flammen im Unterholz, die hohen alten Urwaldbäume blieben jedoch unversehrt, worauf die Bauern sehr achteten. Das waren nämlich die sogenannten Geisterbäume. Auf ihnen wohnten die Geister des Waldes, die bald über die Ernte wachten.

Bei einer solchen Rodung hatte ein Bauer 46 Apfelsinenbomben gefunden. Das war Submunition wie die BLU 26 oder BLU 42, und wurde deshalb so genannt, weil die Sprengkörper Größe, Form und Farbe einer Orange hatten. Wir stellten nach der Mitteilung unsere Ausrüstung zusammen und starteten am nächsten Morgen. Nach 90 Minuten Autofahrt auf der Hauptstraße Richtung Süden bogen wir auf einen ausgewaschenen Hohlweg ein. Nach weiteren anderthalb Stunden erreichten wir den Fluss mit einer Furt, an dessen gegenüberliegendem Ufer das Dorf lag. Wir wurden bereits erwartet, der Bürgermeister begrüßte uns vom anderen Ufer und lotste uns mit Handbewegungen durchs Wasser. Die Siedlung selbst erreichten wir jedoch erst nach einer Stunde.

Der Bauer, der die Blindgänger fand, gehörte zu den Ärmsten im Dorf, was wohl auch damit zusammenhängt, dass er seine ganze Familie verlor. Er lebte mit der Enkelin, der einzigen überlebenden Verwandten, zusammen. Kampanh sprach mit ihm und ließ sich den Weg beschreiben. Dann brachen wir auf. Nach einem dreistündigen Fußmarsch erreichten wir das Feld. Unsere Suche brachte keine weiteren Munitionsfunde, wir bereiteten also die Sprengung der 46 »Apfelsinen« vor. Und zwar dort, wo sie liegen. Denn wir wussten nicht, ob das Feuer, welches sie freigelegt hatte, nicht auch die Zündmechanik verändert hatte. Nur nicht anfassen und bewegen, sagten wir uns.

Nachdem die Detonationswolken sich verzogen hatten, prüften wir, ob auch alle Munitionskörper zerstört worden waren. Dabei stellten wir überrascht fest, dass die Druckwelle weitere 23 freigelegt hatte. Also noch einmal das Ganze von vorn.

Der Bauer war überglücklich und weinte, als ihm Kampanh mitteilte, dass er nun unbesorgt sein Feld bestellen könne. Er wollte sich dankbar zeigen und gab jedem von uns eine Handvoll Reis. Dabei entschuldigte er sich, weil er nichts anderes habe. Ich war hin- und hergerissen, denn eine Handvoll Reis bedeutete für den Alten und seine Enkelin einen Tag Leben. Verweigerte ich jedoch die Annahme, beleidigte ich ihn.

Während mich die moralischen Skrupel beschäftigen, reichte uns die Enkelin Tee. Es ist eine Frau von Mitte 30. Vermutlich handelte es sich um den wertvollsten Reis und Tee, den ich jemals zu mir nahm. Ich war ziemlich geschlaucht, der Fußweg zum Feld – insgesamt an die fünf Stunden – kostete Kraft. Der alte Mann ging diesen Weg nahezu täglich, und mindestens viermal im Jahr trug er dabei mit der Enkelin einen anderthalb Zentner schweren Sack mit Reis. Das Wasser, das sie tranken, holten sie sich aus dem Fluss, den wir passiert hatten. Mit dem Auto hatten wir für die Strecke eine Stunde benötigt.

Was für ein Leben!

Als wir den heimatlichen Stützpunkt erreichten, erwartete mich Bhunam mit der Nachricht, dass in einem anderen Dorf eine FRAG 260 gefunden wurde. Wir sollten die Splitterbombe so schnell wie möglich entschärfen und abholen.

Der Bombenkörper der FRAG besteht aus aufgewickeltem Vierkantstahl, 10 mal 10 Millimeter jedes Teil stark, das einen zylindrischen Bombenkörper bildet. Bei der Explosion werden Tausende von Splitter in die Gegend geschossen.

Kampanh berichtete mir, dass diese Meldung schon einmal vor drei Monaten eingegangen sei, doch als das Team dort eintraf, war die Bombe auf rätselhafte Weise verschwunden. Nun sei sie aber wieder da und der Chef des Distrikts habe befohlen, dass der Dorfpolizist so lange auf der Bombe sitzen bleiben solle, bis wir sie vernichtet hätten.

»In jedem Dorf gibt es Patrioten und Verräter. Die Patrioten befolgen alle Anweisungen der Regierung, die Verräter machen ihre eigenen Geschäfte«, erklärte Kampanh. Zu den Geschäften gehörte, dass sie Sprengstoff aus Blindgängern gewannen, diesen mit Holzkohle mischten und auf dem Markt als Pulver für Vogelflinten verkauften. »Als die Bombe entdeckt wurde, haben die Patrioten den Fund an den Distrikt gemeldet. Die Verräter haben sie dann irgendwann geklaut. Nun ist sie wieder da.«

Ich erkundigte mich, wo das Dorf läge.

»Eine Stunde mit dem Auto, acht Stunden mit dem Boot und noch zwei Stunden zu Fuß durch den Dschungel.«

Entsprechend lange dauerte auch die Vorbereitung der Mission. Nach zwei Tagen brachen wir auf. Am Ufer eines Nebenflusses des

Zunächst passierten wir eine malerische Berglandschaft

Nam Ou trafen wir nach einstündiger Autofahrt auf zwei Boote. Obgleich ich seit Beginn meines Aufenthaltes in Laos zwölf Kilo abgenommen hatte, musterte mich der Bootsführer kritisch. »Der dicke Ausländer zuerst und in die Mitte, dann drei Laoten in den vorderen Teil und zwei nach hinten.«

Als wir unsere Plätze eingenommen hatten, prüfte er die Lage seines Bootes. Nein, so gehe es nicht, befand er und forderte, dass vier Laoten vorn und nur einer hinten sitzen sollte. Ich hockte auf einem fünf mal fünf Zentimeter starkem Kantholz in der Mitte des Bootes. Nach 15 Minuten starben meine Füße ab, ich setzte mich auf den Boden. Zunächst fuhren wir durch eine bergige Dschungel-Landschaft. Es folgten Trockenreisfelder und nach drei Stunden das erste Dorf. Ich konnte nicht mehr sitzen und bat, für eine Stunde anzulegen, damit wir uns die Beine vertreten konnten. Wie üblich wurde erst gegessen, danach schwärmten alle aus, um etwas für die Rückfahrt zu bestellen.

Es begann bereits zu dämmern, als wir unser erstes Ziel erreichten. Das Dorf lag vor einer Biegung, dahinter eine Felsbarriere, die den Fluss unpassierbar machte. Die Dorfgemeinschaft erzeugte dort mittels einer kleinen Turbine Strom. Nachdem wir Quartier gemacht hatten, kam ein alter Mann auf mich zu. Ich wäre doch ein Ausländer und hätte doch bestimmt Geld. Sein Elefant wäre gestorben, ich könnte die Stoßzähne erwerben, sie wären auch nicht so teuer. Ich musste ihn enttäuschen. Die Einfuhr von Elfenbein in die EU sei verboten, sagte ich, damit machte ich mich strafbar. Zu den Konsequenzen gehörte, dass ich auch nie wieder nach Laos kommen und meine Arbeit machen könne.

Kopfschüttelnd ging er davon. Er verstand das nicht. Der Elefant war doch sein Eigentum, damit konnte er doch machen, was er wollte.

Als wir am nächsten Morgen aufbrachen, zeigte das Thermometer bereits 38 Grad. Wir wateten als erstes durch eine Furt, das Wasser reichte mir bis zur Hüfte. Dann ging es auf einem Pfad den Fluss entlang.

Im Dorf wurden wir bereits vom Bürgermeister erwartet, der Buschfunk – diese Bezeichnung traf hier wirklich zu – hatte also funktioniert und unser Eintreffen angekündigt. Der Dorfpolizist saß wirklich seit einer Woche auf der Bombe und ließ sich dort versorgen.

Am Bugzünder war das Flügelrad abgebrochen, wie ich feststellte, jedoch der Sicherungsstift nicht ausgeschraubt. Der Heckzünder sah aus wie neu. Das deutete darauf hin, dass die 260 Pfund schwere Bombe aus einer zu geringen Höhe abgeworfen worden war. Sie war somit transportfähig, wir konnten sie also zur Sprengung aus dem Dorf bringen. Aus Bambusstangen und Lianen bauten wir eine Trage und schleppten die Bombe in den Dschungel, wo wir sie sprengten. Der Dorfschmied folgte mir unmittelbar danach zum Sprengort und sammelte die Splitter ein.

Nach drei Tagen waren wir wieder in Nam Bak zurück. Bhunam erwartete mich mit einem neuen Auftrag. »Wenn du nach Luang fährst, halte doch mal an dem Dorf Sowieso an. Die haben ein paar BLU 62 gefunden. Ist auch nur 500 Meter vom Dorf weg.« Einige aus dem Team kamen aus Luang. Das war also möglich. Wir füllten unsere Ausrüstung auf, packten Sprengstoff ein und fuhren los. Nach einer Stunde erreichten wir den Ort. Der Dorfpolizist erwartete uns und führte uns mit forschem Schritt. Die angeblichen 500 Meter wurden immer länger. Nach etwa drei Stunden Fußmarsch standen wir auf einer Lichtung, von der man einen Blick auf das Dorf hatte, es waren wirklich nur 500 Meter – allerdings Luftlinie.

Der Polizist zeigte uns die Fundstelle. Vor mir lag ein Sechser-Rohrbündel, bestückt mit je sechs Apfelsinenbomben. Es handelte sich offensichtlich um einen Notabwurf. Die Sprengkörper waren also noch relativ sicher. Ich hätte sie einzeln aus dem Rohr nehmen und dann zusammen in einer Grube sprengen können. Doch ich zog es vor, an jedes Rohr vorn und hinten je 800 Gramm Sprengstoff anzubringen. Durch die gleichzeitige Zündung löste ich eine Art Kettenreaktion aus, die Cluster zerlegten sich dadurch selbst.

Die Wochenenden verbrachte ich oft mit Bhun, seiner Frau Viang und ihrem Kind. Er hatte immer eine Idee, wohin man mit dem Auto fahren könnte. Er will mir auch die schönen Seiten des Landes zeigen. An einem Sonntag reisten wir an einen Wasserfall.

Der Fluss, der immer Schwebstoffe mit sich führte, hatte im Laufe der Jahre die Bäume am Berg derart bedeckt, dass sie wie Riesenregenschirme wirkten. Viele Menschen waren gekommen. Es war ein Volksfest mit vielen Ständen, an denen alles Mögliche angeboten wurde. Bhun stoppte an einem Stand, an dem es Papayasalat gab, ein hierzulande sehr beliebter Imbiss. Streifen grüner Papaya wurden im Verhältnis 1:1 mit Chili in einem Mörser zerstampft und anschließend gegessen. Ich probierte und konnte schon nach etwa einer Stunde ohne Schwierigkeiten wieder sprechen.

An einem anderen Stand gab es Laowein. Ungeschälter Reis wurde gekocht, in ein Tongefäss gefüllt, mit Ton versiegelt und für sechs Wochen an einem sonnigen Ort vergraben. Danach wurde er mit Wasser verdünnt und mit langen, aus Bambus gefertigten Halmen getrunken.

Ein anderes Mal überredete mich Bhun, die Buddhagrotte am jenseitigen Ufer des Mekong zu besuchen. Die Höhle galt als Wallfahrtsort. Im Laufe der Jahrhunderte brachten unzählige Gläubige Tausende von Buddhastatuen hierher.

Inzwischen hatte auch mich das Laossyndrom befallen, jenes angenehme Gefühl, unaufdringlich umsorgt zu werden. Da war Kampanhs Frau Panmalie, die jeden Tag irgendetwas Besonderes zum Frühstück brachte, bevor wir losfuhren, und Viang, die Frau von Bhun, die mich am Wochenende überredete zu kochen mit der Begründung, sie wolle von mir etwas lernen, aber eigentlich auf diese Weise dafür sorgte, dass ich etwas zu mir nahm.

Chan, unser dritter Dolmetscher, lud mich in seine Familie ein, Viang zeigte sich zufrieden, dass es für mich keine Stunde Leerlauf gab. Ich merkte von all diesen Absprachen jedoch nichts, aber es gefiel mir.

Chans Schwester lebte in der Stadt und führte einen kleinen Shop an der Hauptstraße. Eines Tages tranken wir dort unser Bier und aßen gegrillte Wildbienen, die wie Erdnüsse schmeckten, und beobachteten Touristen. Es waren mehr als sonst. Der Grund: Piemai, das Neujahrsfest, steht an. Es wechselte nicht der Kalender, sondern die Trockenzeit endete und die Regenzeit brach an.

Ein Amerikaner sprach mich an. Ich sei bestimmt kein Tourist, sagte er, ich säße hier vertraut mit Laoten. Nein, antwortete ich, ich sei kein Tourist, ich räumte den Dreck weg, den seine Landsleute zurückgelassen hätten, und lud ihn ein, Platz zu nehmen.

Sein Vater wäre in jenem Krieg dabei gewesen, nicht freiwillig, sondern als Wehrpflichtiger. Man habe erklärt, er sei bei einem Verkehrsunfall in Bangkok ums Leben gekommen, aber die Leiche sei nicht überführt worden. So sei er jetzt auf der Suche nach dem Grab seines Vaters.

Das war für mich neu. Seit dem Korea-Krieg blieb kein GI unversorgt, und verlor er sein Leben, wurde der Leichnam umgehend in die Vereinigten Staaten zurückgeführt. Auf diese Weise hoffte man die Moral der Truppe zu festigen, kein Soldat sollte fürchten, fern der Heimat im Dschungel zu verwesen.

Ob er das Märchen vom Verkehrsunfall glaube, fragte ich.

Seine Mutter anfangs schon, sagte der Ami, er nicht. Vor zehn Jahren hätte ihnen einen Kriegskamerad erzählt, dass sein Vater in Laos gestorben sei, worauf sie sich an die Army gewandt hätten. Die

Regierungsstellen bestritten jedoch, dass die USA Krieg in Laos geführt hätten, folglich wären dort auch keine Amerikaner gefallen.

Diese Lüge hatte auch noch eine materielle Seite. »Wenn dein Vater im Krieg fällt, sorgt die Army für die Hinterbliebenen, auch Veteranen bekämen eine Krankenversicherung und eine angemessene Rente. Mein Vater war nicht im Krieg, also gab es auch keine Versorgung. Und bei einem angeblich selbstverschuldeten Verkehrsunfall im Ausland gibt es keinen Cent.« Und nun also sei er auf der Suche nach den Gebeinen seines Vaters – wie so viele andere Amerikaner auch. Sie wollten einerseits den Beweis antreten, dass die USA Krieg gegen Laos geführt hatten, und andererseits die Gräber ihrer Angehörigen finden. Vielleicht könne ich ihm helfen, denn es gebe Territorien im Lande, die von Touristen wie ihm nicht betreten werden dürften.

Dieses Gespräch machte mich sehr nachdenklich. Bisher hatte ich alles nur aus der Sicht der tatsächlichen Kriegsopfer, nie aber aus der Sicht der Täter beurteilt. Aber letztlich waren auch die Soldaten auf der anderen Seite Kriegsopfer: Opfer einer verbrecherischen Politik der US-Administration, oder noch abstrakter formuliert: imperialistischer, auf Profitmacherei ausgerichteter Politik.

Farbenprächtiger Umzug am Fest des Wassers (Piemai)

Den Festumzug führt die Schönheitskönigin an

Das Piemai unmittelbar bevorstand, merkte man auch daran, dass das Bier in den Geschäften knapp wurde. Geschäftstüchtige Laoten kauften Mengen von Bier, die Flasche für 8.000 Kip, etwa ein Dollar, um sie zum Fest für 12.000 Kip an den Mann zu bringen. Alle warteten auf Piemai, auf eine Woche relative Ruhe. Die Stadt stellte den Festplatz zur Verfügung und jedes Dorf, jede Nationalität der Provinz präsentierte sich, UXO Lao natürlich auch. An unserem Stand herrschte besonderes Gedränge. Das CA-Team zeigte Filme, bot Musik und Videos. In Laos besaßen viele Haushalte einen Fernseher, aber das hiesige Fernsehen sendete nur zwei Stunden am Tag, die restliche Zeit wurde von thailändischen Sendern gefüllt. In den meisten Bergdörfern war kein Fernsehempfang möglich, erstens gab es noch kein Satellitenfernsehen, zweitens keinen Strom. Deshalb standen viele Menschen vor unserem Stand und starrten gebannt auf die bunten, bewegten Bilder in dieser schwarzen Kiste.

Piemai war das Fest des Wassers. Jeder, der einem etwas Gutes wünschte, bespritzte einen mit Wasser, egal, wo man sich gerade aufhielt. Höhepunkt der Feierlichkeiten war der große Festumzug durch die Stadt. Angeführt wurde er von einer auf einem Elefanten reitenden Schönheitskönigin. Chan alberte: »Siehst du, die Schöne trägt das Biest.«

Nach der Festwoche bekamen wir einen weiteren Distrikt zugewiesen. Dazu gab es die obligatorische Zeremonie mit feurigen Reden, Kultur und dem Setzen eines Baumes.

Im Distrikt Mhung Ngoi trafen eine Straße aus dem Osten und eine aus dem Norden zusammen und kreuzten sodann den Nam Ou. Der Verkehrskontenpunkt hatte gewisse Bedeutung für die Provinz.

Im Distrikt befand sich eine Vielzahl Höhlen. Etliche diente der Pathetlao als Waffenlager und Stützpunkt, von der viele Operationen ausgingen. Schließlich wurden die Verstecke entdeckt und bombardiert. Der Berg wurde instabil, riesige Felsbrocken blockierten den Eingang einer dieser Höhlen. Über die Zahl der Opfer gab es nur Mutmaßungen, manche sagten 50, andere 300, genau wusste es niemand. Wir fanden in der Höhle keine menschlichen Überreste, dafür aber eine Unmenge Waffen und Munition.

Bhunam erwartete mich. In einem Nachbardorf hätte ein Bauer in einem Teakholzgarten Munition gefunden, wir müssten in den nächsten Tagen einmal dorthin. Als wir dort eintrafen, erwartete uns der Bauer bereits. Zwischen den einzelnen Bäumen befanden sich kleine grasbewachsene Hügel, auf der die Blindgänger lagen. Der Bauer berichtete, bevor wir uns an die Arbeit machten. Früher verdiente er seinen Unterhalt mit dem Holzhandel. Einmal im Monat ging er in den Dschungel, fällte einen Baum, pflanzte einen neuen und verarbeitete den Stamm zu Brettern, die er an einen Großhändler verkaufte. Eines Tages sagte ihm der Großhändler, er werde die Bretter nicht mehr los. Es gebe neue internationale Bestimmungen, er sprach von Artenschutz und so etwas. Dadurch wurde der Dschungel, der ihm bis dahin die Existenz sicherte, nutzlos. Also brannte er einen Teil nieder, legte Reisfelder und eine Teakholzplantage an, damit er eines Tages Holz für ein neues Haus haben würde. Das war in Laos so üblich: Die erste Bleibe war aus Bambusmatten, die spätere aus Holz.

Aus dem Bericht des Bauern wurde mir die Zwiespältigkeit der Politik der Industriestaaten bewusst. Um den Regenwald und bedrohte Tierarten zu schützen, erließ man Einfuhrverbote und hielt sich darauf etwas zugute: schließlich hatte man etwas für den Umweltschutz und das globale Klima getan. Im Konkreten jedoch zerstörte man die Existenzbedingungen von Menschen, die seit Jahrhunderten lebten und produzierten, ohne dass die Umwelt darunter gelitten hatte. Nicht der Bauer im laotischen Dschungel gefährdete das Weltklima, sondern der unkontrollierte, maßlose Hunger der Großkonzerne auf Profite.
Aus Deutschland erreichte mich die Nachricht des baldigen Endes meines Einsatzes in Laos. Spätestens im Juni sollte ich für SODI ins Nachbarland Vietnam wechseln. Der 1990 in Berlin gegründete Solidaritätsdienst international e. V. arbeitete als parteipolitisch unabhängige, gemeinnützige Organisation und unterstützte Projekte der Entwicklungszusammenarbeit in Afrika, Asien, Lateinamerika und Osteuropa.

Zeitgleich erhielt ich auch ein Hilfeersuchen einer zweiten deutschen NGO, die Potsdam Kommunikation e. V., die ebenfalls UXO Survey und die Minenräumung im Rahmen eines Ansiedlungsprojektes in der Provinz Hue in Vietnam unterstützte. Der Leiter in Quang Tri sollte in die Nachbarprovinz wechseln, weshalb dieser Posten vakant wurde, den ich übernehmen sollte. Diese Information sollte aber noch intern bleiben, bis die offizielle Weisung käme. Bekanntlich verbreiten sich inoffizielle Informationen rascher als offizielle. Etwa drei Tage nach Eingang dieser Nachrichten kam Kampanh zu mir.

»Unsere Mädchen weinen alle wie Hundeschloss.«

Ich verstand nicht, was er meinte. Dann kam ich auf den Trichter. Kampanh pflegte immer wörtlich zu übersetzen, aber in Asien ist die Wortfolge umgekehrt. So wurde aus Spiegel-Ei ein Eispiegel und aus Bombensplitter Splitterbombe.

»Du meinst, sie weinen wie die Schlosshunde?«

»Sagte ich doch.«

»Und warum?«

»Weil du nach Vietnam gehst.«

»Dass ist doch kein Problem. Das ist doch nur wenige Kilometer weg.«

»Wir haben aber Angst.«

»Wovor?«

»In diesem Krieg gab es viele Tote. Deren Geister irren dort umher.«

Darauf konnte ich nichts mehr sagen. Gleichwohl war ich über solche Anteilnahme gerührt. Als ich vor sechs Monaten kam, war ich »Falange«, ein Ausländer. Inzwischen war ich »Po Die«, der gute Vater.

Die Verabschiedung erfolgte mit einer großen Zeremonie.

Der Schamane widmete jedem Geist in meinem Körper, im Himmel auf und unter der Erde mindestens fünf Minuten. Jeder aus dem Team wünschte mir nur das Beste, band traditionsgemäß einen weißen Baumwollfaden um mein Handgelenk, hängte mir einen Reiskuchen um den Hals oder gab mir einen Laolao. Nach drei Stunden war der offizielle Teil beendet. Wir gingen über zum gemütlichen Teil. Die Mädchen hatten alles besorgt, was Wald, Wiese und Garten zu bieten hatten: vom angebrüteten Entenei bis zum sehr wertvollen Mekongwels. Ich hatte mit Kampanh alles besorgt, was die Getränkeindustrie zu bieten hatte: vom Reiswein über Laolao bis zum Bier vom Fass.

Da saß ich nun mitten in meinem Team, wir waren in diesem halben Jahr zu einer Familie geworden. Wir hatten im Dschungel auf uns aufgepasst, waghalsige Klettertouren unternommen, Essen und Wasser geteilt, uns gegenseitig die Blutegel abgesammelt und Ratten gejagt, wenn es sein musste. Wir hatten gemeinsam Hochzeiten gefeiert und neue Erdenbürger begrüßt.

Nach etwa zwölf Stunden endete der Verabschiedungsmarathon. Am nächsten Tag fuhr ich nach Luang mit dem Jungen aus dem Team, die dort wohnten. Es war Sonntag, aber nur dem Kalender nach. In den Dörfern entlang der Wegstrecke herrschte das übliche geschäftige Treiben. Links von der Straße floss ruhig der Nam Ou, inzwischen auf das Dreifache angeschwollen. Am Zusammenfluss mit dem Parfüm-Fluss, der auch nach Hue führte, riskierte ich einen Blick in den kleinen Hafen und fragte mich beim Anblick der Boote, wie ich darin acht Stunden hatte verbringen können?

Kurze Zeit später passieren wir jenes Dorf, in dem wir Bomben im Wasser gesprengt hatten, ich sah am Straßenrand den Polizisten stehen, der nach einer Stunde Fußmarsch erklärt hatte: »Nur noch 500 Meter.«

Bei Kilometer 17 passierten wir den Ausgangspunkt zur Buddhagrotte ...

Alles wirkte sehr vertraut, dass Wehmut in mir aufkam.

In Vientiane hatte ich noch zwei Tage, um mich endgültig von Laos zu verabschieden. In Deutschland feierte man Pfingsten.

Am Morgen gegen 3 Uhr brachen wir auf. Es war dunkel und Vientiane nahezu menschenleer. Einige Wasserbüffel und Schweine trotteten missmutig zum Straßenrand, wenn die Hupe ertönte. Etwa zwölf Stunden Fahrt lagen vor uns. Vorbei an schlafenden Dörfern, über sonnige Ebenen und durch schattige Urwälder, auf gut ausgebauten Straßen, über marode Brücken und Schlaglöcher, in denen unser Pickup fast vollständig versank.

Da ich nicht selber fahren musste, hatte ich Muße, über meine Zeit in Laos nachzudenken. Ich war nie im Königspalast gewesen, sah weder die Ebene der Tonkrüge noch die Pathetlao-Höhlen im Norden des Landes, besuchte kein Wath oder die Goldene Pagode, wohin die Touristen geführt wurden. Aber ich hatte viel Bedeutenderes gespürt und erlebt: die Seele des Landes. Ich hatte Menschen getroffen und kennengelernt, die den wahren Reichtum des Landes verkörperten. Hatte ihr Lachen vernommen, ihre Heiterkeit erlebt, diese kindliche Unbefangenheit, mit der sie täglich ihr schweres Leben meisterten nach der Devise: Das Leben ist zu schön und zu kurz, um die Zeit mit der Lösung von Problemen zu vergeuden. Nie zuvor hatte ich sanftmütigere Menschen kennen und lieben gelernt. Auch später sollten mir keine begegnen, die sich in dieser Hinsicht übertrafen.

Ich war von ganzem Herzen dankbar, dass mir solche Begegnungen vergönnt waren. Ich war in eine uns Europäern fremde

Welt eingetaucht und wohl auch deren Teil geworden: Ich war vom Laossyndrom infiziert. Im Kosovo hatte ich die Folgen eines Krieges erlebt. Hier herrschte noch immer Krieg, obwohl er offiziell Mitte der 70er Jahre zu Ende gegangen war. Ich sollte Monate brauchen, um alles zu verarbeiten: die Massen an Munition und die Barbarei jenes Krieges wie auch die Herzlichkeit und die Lebensfreude der Menschen. Laos lehrte mich, dass man auch mit Bescheidenheit glücklich sein kann. Westliche Volkswirtschaften orientierten ausschließlich auf Wachstum. Das war das Maß aller Dinge.

In Laos gingen die Menschen in den Dschungel und sammelten Bambusspitzen. Selbst wenn der Tisch üppig gedeckt oder der Hunger groß war: Keiner nahm mehr als ein Drittel der Spitzen, denn jeder wusste: Mehr schadet der Pflanze, und im nächsten Jahr wollte man auch wieder Bambusspitzen ernten. Diese Menschen brauchten kein Artenschutzabkommen, keine Roten Listen und Verbote – sie lebten seit Jahrtausenden im Einklang mit der Natur.

Man brauche auch keine Sozialförderungsprogramme und dergleichen: Die Gemeinschaft im Bergdorf garantierte allen das Überleben, ohne dass auch nur einer seine Individualität aufgeben musste, wohl wissend jedoch, dass zu viel Individualismus zum Egoismus führte, der die Gemeinschaft zerstörte. Alle Probleme, die mich in Deutschland plagten, erschienen hier klein und nichtig.

Nun lag und liegt mir jede Verklärung fern: So wie diese Bergbauern könnten wir in Europa nicht leben, und auch in Laos würde es so nicht bleiben wie es ist. Die Moderne zog auch hier ein, und sei es auch nur dadurch, dass immer mehr Touristen kommen würden, sich etwa die ehemalige Residenzstadt Luang mit ihren märchenhaft anmutenden Bauten anzuschauen, oder die anderen Schätze der Weltkultur.

Je mehr Menschen kommen würden, desto mehr Gästehäuser entstünden, in denen man derzeit noch für einen Dollar, maximal für fünf übernachten konnte. Man wird Hotels bauen, Geschäfte, den Markt erweitern, über den ich gern schlenderte und wo Dinge angeboten wurden, die kein Laote brauchte. Beispielsweise Käse. Bei den Asiaten verliert sich mit dem Alter jenes Enzym, welches die

Milch aufspaltete, und das Enzym fehlt gänzlich, welches den Alkohol abbaute. Auf jenem Markt gab es Käse für Menschen wie mich, die Laoten nannten das Milchprodukt »lachende Kuh«.

Das alles lag nun hinter mir und würde sich stetig verändern.

Vor der Grenze tauschen wir ein paar Dollar und die letzten Kip in vietnamesische Dong. Für einen Dollar, etwa 8.000 Kip, gab es 15.000 Dong. Wie viel man für das Geld bekommen würde, sollte ich schon bald erfahren.

Gegen 14 Uhr erreichten wir die Grenze. Die Formalitäten auf laotischer Seite waren rasch erledigt. Reisepass und meine Lao-ID vorgelegt, die Stempel krachten aufs Papier, ein freundliches Lächeln zum Abschied und «Besuchen Sie uns bald wieder».

Auf der anderen Seite hieß es zunächst anstellen. Ich reihte mich also ein in die Schar der Lkw-Fahrer und Rucksacktouristen, die alle ein Formular haben wollten, um einreisen zu dürfen. Die wenigen Grenzer und Zöllner, kein halbes Dutzend Uniformierte, schienen hoffnungslos überfordert, zumindest waren sie mit allem Möglichen beschäftigt und daran gehindert, das halbe Hundert Einreisende zu versorgen. Sonsai, mein Dolmetscher, hatte als Kind zehn Jahre in Vietnam gelebt, er war Sohn des laotischen Botschafters, und kannte die Gepflogenheiten an der Grenze. Er versuchte den Grenzern klarzumachen, dass wir bereits die Zollerklärung ausfüllen könnten, solange wir auf die Abfertigung warteten und nicht erst beginnen sollten, wenn wir vorn am Schalter stünden. Das entsprach nicht ganz den Vorschriften, aber man könnte mal eine Ausnahme machen ...

In Asien wird eine Bitte weder mit einem klaren Ja oder Nein beantwortet. Das wird bei einer Tasse Tee und mit einer Zigarette *entschieden*. Nach sieben Tassen Tee und fünf gemeinsam gerauchten Zigaretten wurden wir uns einig, das ein kleiner Regelverstoß die unverbrüchliche Freundschaft zwischen dem laotischen und dem vietnamesischen Volk nicht würde erschüttern können: Wir bekamen unsere Formulare ausgehändigt.

Der Raum verfügte zwar über eine Klimaanlage, aber durch das ständige Kommen und Gehen war es im Wartesaal nur unwesentlich kühler als draußen. Ich schätzte, es waren 36 Grad. Und zwangsläufig wurden wir Zeugen der Dramen, die sich vor dem Schalter abspielten: Einer hatte seinen Pass im Auto vergessen und kehrte nach etwa einer Viertelstunde wieder. In der Zwischenzeit ruhte die Abfertigung. In der Reihe nebenan stritt ein Tourist, der nicht elf, sondern nur zehn Dollar für ein Papier zahlen wollte.

Nach etwa einer Dreiviertelstunde war ich endlich an der Reihe. Eine Frau im Rang eines Majors musterte mit strengem Blick erst meine Papiere und dann mich. Beim Blick auf den Monitor des Computers veränderte sich ihr Gesichtsausdruck. »Sie haben kein Touristenvisum für Vietnam«, herrschte sie mich an. »Was ist der Grund Ihrer Reise? Wohin wollen Sie?«

»Ich komme zum Minenräumen und werde mich in Dong Ha aufhalten«, antwortete ich wahrheitsgemäß.

Hatte ich da wirklich den Anflug eines freundlichen Lächelns über ihr Gesicht huschen sehen?

Die anderen Grenzer warfen mir neugierige Blicke zu.

Dann donnerte der Stempel in meinen Pass.

Offenkundig hatte man den Zöllnern einen Wink gegeben. Der eine brach die Kontrolle eines Lkw ab, kam zu unserem Pickup, warf einen kurzen Blick auf die Ladefläche und stempelte die Zollpapiere. Geschafft!

Kapitel 3

In Vietnam von 2000 bis 2006

»Wann bis du geboren?« So lautete die erste Frage, die mir beim offiziellen Meeting in der Provinz Quang Tri am 17. Breitengrad gestellt wurde. »1953«, lautete meine Antwort.

»Dann bist du eine Schlange!«

Diese Antwort berührte mich, denn in Europa galten Schlangen als falsch und heimtückisch. In der biblischen Mythologie war sie der Anlass, dass Adam und Eva aus dem Paradies vertrieben wurden. »Da sprach Gott der HERR zu der Schlange: Weil du solches getan hast, seiest du verflucht vor allem Vieh und vor allen Tieren auf dem Felde. Auf deinem Bauche sollst du gehen und Erde essen dein Leben lang«, hieß es im 1. Buch Moses.

In Asien jedoch hatte die Schlange einen besseren Ruf. »Bei uns ist die Schlange ein ganz besonderes Tier«, wurde mir erklärt. »Sie überwindet alle Hindernisse, ihre Beuteangriffe sind überlegt und absolut erfolgreich. Wenn ihr das Risiko jedoch zu hoch ist, zieht sie sich zurück und wartet auf eine bessere Gelegenheit.«

Mit dieser Bewertung gefiel mir natürlich sehr, dass ich eine Schlange sein sollte. Und dann bekam ich noch einen Kursus in asiatischer Tierlehre und mit wem ich es in meinem Team zu tun bekäme. »Ratten leben in Gemeinschaften, sie sind schlau, flink und zäh. Du wirst die Ratten in deinem Team also belasten können. Affen machen alles nach. Sie werden also sehr viel von dir lernen. Drachen verteidigen ihr Revier und ihre Jungen. Sie werden also aufpassen, dass dir nichts passiert.«

Damit war alles gesagt, was mich in der nächsten Zeit erwartete und wie unsere Zusammenarbeit aussehen würde.

Der Mann, der mich auf diese Weise in Dong Ha mit den hier geltenden Regeln vertraut machen sollte, trug den Ehrennamen

»Tiger der Nationalstraße 9«. Später, als wir uns etwas besser kannten, erinnerte er sich lebhaft der X. Weltfestspiele 1973 in Berlin, an denen er als Vorsitzender der Jugendorganisation der Südvietnamesischen Befreiungsfront teilnahm.

Man hatte mir vorher gesagt, dass es für die Vietnamesen unerheblich sei, ob einer aus Ost- oder aus Westdeutschland käme. Das war ein Irrtum. Natürlich wurde man nicht explizit darauf angesprochen. Doch ich merkte es an den Reflexen. Wenn ich etwas brauchte, hieß es: »Das besorgen wir.«

»Ihr sollt es nicht *besorgen*«, antwortete ich, »sondern mir sagen, wo ich es *bekomme*«.

Darauf hieß es: »Als wir in der DDR waren, gab es auch immer Leute, die sich um uns gekümmert haben, die uns halfen, die für uns eine Familie waren. Wir können uns nicht bei allen bedanken, aber jetzt bist du da, und wir können dir alles zurückgeben.«

Was wusste ich von Vietnam?

Damals, als sich die Vietnamesen der Amerikaner erwehrten, waren wir solidarisch und immer im Bilde. Doch später? Es waren viele in der DDR zur Ausbildung und kehrten wieder zurück. Aber gab es bei ihnen auch so etwas wie eine »Wende«? Waren die Menschen noch immer so, wie ich sie aus der DDR in Erinnerung habe? Fleißig, bescheiden, freundlich und immer lächelnd? Wie leben die Menschen jetzt, Jahrzehnte nach dem Krieg? Verstand sich Vietnam noch als sozialistisch?

Fragen über Fragen, auf die ich hoffentlich bald eine Antwort bekommen würde.

Wir verließen die Berge und fuhren auf der Nationalstraße 8 in Richtung Ha Thin. Das war eine Provinzhauptstadt südlich von Hanoi. In Ha Thin sollten wir auf die Nationalstraße 1 biegen. Von dort waren es noch 250 Kilometer bis Dong Ha. Da die N 1 gut ausgebaut war, sollten wir es in sechs Stunden schaffen, d. h. wir würden 21 Uhr unser Ziel erreichen.

Die Landschaft änderte sich merklich. Der Urwald erschien nicht mehr so unberührt. Keine Teakholzgärten, statt dessen viele Eukalyptusbäume. Wir erreichten das erste Dorf. Wo waren die

Baumbushütten, wo die Fahrräder? Wir sahen massive einstöckige, aus Stein oder Ziegeln errichtete Häuser, und die Fahrräder hatten einen Motor und trugen klangvolle Namen wie Honda, Suzuki oder Yamaha. Auch die Hosenanzüge waren nicht mehr schwarz, sondern bunt in leuchtenden Farben. Nur die Strohhüte waren geblieben. Mein Bild von Vietnam entsprach nicht mehr der Realität anno 2010.

Ein Dorf weiter war die Erdnussernte in vollem Gange. In Laos sah man nie mehr als zehn Personen auf einem Feld, hier schien das ganze Dorf auf den Beinen. Hunderte ernteten Erdnüsse. Ausgediente US-Militärfahrzeuge der Marke Dodge transportierten die Ernte. Wir zuckelten im Schritttempo einem solchen Fahrzeug mit einem etwa drei Meter hohen Erdnussberg auf der Ladefläche hinterher. Das war ein »Five No Truck«, Fünfmal-Nein-Wagen wurde mir später erklärt – kein TÜV, keine Bremsen, kein Licht, keine richtigen Reifen und der Fahrer ohne Führerschein. So brauchten wir für die 70 Kilometer bis Ha Thin die doppelte Zeit. Dann erreichten wir die große Kreuzung. Nach Hanoi im Norden waren es 250, nach Saigon im Süden 1.450 Kilometer. Wir bogen auf die Nationalstraße 1 in Richtung Süden. Es war die einzige Straße von Nord nach Süd und entsprechend stark befahren. Zudem wurde sie

Erdnuss-Ernte in Vietnam, ein hochbeladener Dodge

rekonstruiert, Baustelle reihte sich an Baustelle. Wir trösteten uns damit, dass die Straßen in Laos auch nicht besser gewesen seien. Allerdings gab es einen erheblichen Unterschied: Hier ging es nicht so ruhig zu. Fahrzeuge aller Marken und Baujahre hupten sich voran, dazwischen knatterten eine Unmenge Mopeds. Auch die waren hoch beladen und ihre Geschwindigkeit völlig unangepasst. Staub wirbelte auf.

Nach zehn Kilometern Schotterpiste erreichten wir eine zwölf Meter breite asphaltierte Straße. Das Vergnügen war nur von kurzer Dauer, dann begann wieder der Schotter. Am Rand standen Baumaschinen, Bagger, Lkw, Rüttler und Raupen. Überlandbusse und völlig überladene Lkw überholen uns. Je weiter wir nach Süden kamen, desto dünner wurde die Besiedelung. Die Anzahl der Mopeds nahm aber zu, dazu kamen Fahrräder, auf denen Kinder und Jugendliche strampelten, die offenbar aus der Schule kamen. Die unteren Klassen trugen blau-weiße Schulkleidung, die Mädchen der oberen Klassen den klassischen weißen Ao Dai. Die Nationaltracht bestand aus einem knie- oder knöchellangen, auf beiden Seiten bis über die Hüfte hochgeschlitzten Seidenkleid, unter dem lange, meist weitgeschnittene weiße Seidenhosen getragen wurden. Obwohl sie den ganzen Tag zusammen in der Schule waren, fuhren sie hier in Sechser-Reihen nebeneinander und redeten und redeten. Sie achteten auf keinen Straßenverkehr, der ein einziges Chaos war. Verkehrsschilder schien hier niemand zu beachten oder zu kennen. Ebenso Blink- und Stopplichter. Wichtigstes Signalelement war die Hupe.

Meist gewannen die großen Überlandbusse und schweren Lkw. Abbiegen, hupen, überholen, hupen, rückwärtsfahren, hupen, eine Nebenstraße passieren, hupen. Egal, wer aus einer Nebenstraße kam: Wurde nicht auf der Hauptstraße gehupt, fuhr er ohne anzuhalten weiter.

Wir fuhren an Reisfeldern vorüber. Die Architektur der Häuser war ungewöhnlich. Schmal zur Straße, hoch und sehr tief nach hinten. Ein Haus stand neben dem anderen, keine Lücke war dazwischen. Im Erdgeschoss befand sich meist ein einziger großer Raum, der von allen genutzt wurde. Es war Wohnzimmer, Mopedgarage, bisweilen Laden, Suppenküche oder Gaststätte. Später erklärte mir jemand, die Häuser seien deshalb so schmal, damit viele Familien einen Zugang zur Strasse hatten und ihre Geschäfte machen können. In Deutschland baute man im Mittelalter eben so – allerdings weil die Steuern nach der Breite des Hauses bemessen wurden.

In der hereinbrechenden Dunkelheit sahen wir Kellnerinnen, die die Busse durch heftiges Winken zu einer Pause bewegen wollten. An einem Straßenabschnitt zählte ich 23 Raststätten. Während die Reisenden beim Essen saßen, versuchen fliegende Händler den einen oder anderen Schnickschnack an den Mann zu bringen.

Parallel zur Nationalstraße 1 verlief die einzige Eisenbahnlinie. Sie war eingleisig, breiter als eine Kleinbahn, aber kleiner als die Normalspur. Drei verschiedene Arten von Zügen fuhren dort. Der grüne Personenzug brauchte 72 Stunden von Hanoi bis Saigon. Der grün-weiße D-Zug schaffte die Strecke in 48 Stunden, der blau-weiße Express in 36. Selten kreuzte die Bahn die Straße, aber wenn, dann versorgten fliegende Händler die Reisenden.

21 Uhr und noch 100 Kilometer bis Dong Ha. Wir beschlossen, uns ein Hotel zu suchen und zu übernachten. An der Hauptstraße stand eins neben dem anderen. Wo die bloß ausreichend Gäste herkriegten?

Wir stoppten vorm letzten Hotel in der Straße. Während Sonsai einen guten Preis aushandelte, sortierte ich meine Knochen und Eingeweide. Doch Sonsai kam mit hängenden Ohren zurück. »Die sind zu teuer. Wir gehen nach nebenan.«

Plötzlich sagte der Inhaber, der Sonsai verfolgt hatte, in perfektem Deutsch: »Na gut, ich gebe euch den Preis.«

Wir gaben an der Rezeption unsere Pässe ab. Wenig später kam die Frau des Inhabers und erkundigte sich auf Deutsch: »Wo wohnst du in Schwerin?«

»Woher kennst du Schwerin?«, fragte ich ein wenig verwirrt.

»Ich habe fast 15 Jahre im Lederwarenwerk gearbeitet, wohnte in der Dunckerstraße. Mein Mann war in Wismar auf der Werft. Von den Hoteliers hier an der Straße waren die meisten in der DDR.«

Ich war platt. Ich wohnte in der Dunckerstraße. Sechs Monate war ich nun schon in Asien, 10.000 Kilometer von daheim, und die erste Vietnamesin, die ich traf, war mal meine Nachbarin!

Der Hausherr bat uns zu Tisch. Es gab Reis und frisch gebratenen Tintenfisch. Bisher kannte ich nur tiefgefrorene Ringe aus dem Supermarkt. Die schmeckten aber im Vergleich zu diesen hier wie gekochte Schuhsohlen. Beim Bier redeten wir über Schwerin.

Am nächsten Morgen brachen wir früh auf, nachdem wir ein Wiedersehen verabredet hatten.

Die Temperatur war hoch wie in Laos, aber zudem sehr feucht. Die Schwüle machte mir zu schaffen. Zur Rechten im Westen wuchsen die Berge in die Höhe, zur Linken rollten die Wellen des Südchinesischen Meeres an den Strand. Dazwischen lag ein flacher, dünn besiedelter Landstrich.

Nach einigen Stunden machten wir an einer der vielen Suppenküchen Rast und aßen Nudelsuppe. Die Häuser am Straßenrand wurden kleiner und bestanden meist nur aus einem Raum. Dazwi-

Suppenküche am Straßenrand

Denkmal am 17. Breitengrad und dem Ben-Hai-Fluss

schen Reisfelder bis zum Horizont. Dann passierten wir eine moderne Brücke über den Ben-Hai-Fluss. In unmittelbarer Nähe stand die alte stählerne Hien-Luong-Brücke. Das also war der berühmtberüchtigte 17. Breitengrad, von 1956 bis 1975 Grenze zwischen Nord- und Südvietnam. Die Landschaft war eben wie ein Brett. Reisfelder, keine oder nur vereinzelte Bäume. Hier war die entmilitarisierte Zone. Die Einwohner wurden von den Amerikanern vertrieben und die Dörfer eingeebnet. Die Wälder starben mit Agent Orange.

Wir näherten uns der Ortschaft Gio Linh, der Distrikthauptstadt. In der Nähe verlief die sogenannte McNamara-Line, ein zweieinhalb Kilometer gestaffeltes Minenfeld. Damit sollte ein Eindringen nordvietnamesischer Truppen verhindert werden.

Von den ehemaligen Anwohnern kehrten nur sehr wenig zurück. Die ganze Provinz war noch immer mit Munition verseucht. Jedes Flugzeug, jeder Bomber, der aus dem Norden oder Süden kam, warf hier Ballast ab. Mit einer entsicherten Bombe auf der Basis zu landen war aus Sicherheitsgründen strengstens untersagt. Insgesamt wurden 150 Millionen Tonnen Bomben über Vietnam abgeworfen, dreimal so viel wie im Zweiten Weltkrieg über ganz Europa.

Nach einer weiteren Stunde lag das Panorama von Dong Ha vor uns, die Provinzhauptstadt der Provinz Quang Tri und meine Heimat für die nächsten Monate. In einem Touristenführer las ich: »Dong Ha ist eine kleine, schmutzige, unbedeutende Provinzstadt.«

Klein? Das stimmte: Für vietnamesische Verhältnisse war eine Stadt mit 65.000 Einwohnern wirklich klein. Schmutzig? Naja, die ganze Stadt war eine Baustelle, Gehsteige fehlten und die Nebenstraßen waren nicht befestigt. Unbedeutend? Vielleicht für Pauschaltouristen, die die Besonderheiten nicht entdeckten.

In Dong Ha kreuzten sich die Nationalstraßen 1 und 9, das war ein wichtiger Verkehrsknotenpunkt zwischen Laos und Vietnam.

Das Büro unserer Organisation befand sich am Stadtrand in einem Gästehaus der Provinzregierung, das kleine Camp mit sieben Massivhäusern an einem Stausee. Im Gästehaus logierten der größte Teil der ausländischen Hilfsorganisationen und -firmen. Neben Büro und Küche haben wir noch zwei Räume mit Dusche. Da die Übergabe erst in der kommenden Woche erfolgen sollte, musste ich bis dahin in ein Hotel ziehen.

Das lag an der Nationalstraße 9. Das Zimmer hatte eine Klimaanlage, Dusche, Telefon, Kühlschrank mit Getränken und – einen Fernseher. Der stand auch in den anderen offenkundig belegten Zimmern. In Belgien und Holland fand gerade die Fußball-EM

Dong Ha, Provinzhauptstadt und Verkehrsknotenpunkt

statt, die Spiele wurden live übertragen. Jedes Tor wurde nebenan laut bejubelt. Ich bekam kein Auge zu. Um 4.30 Uhr erwachte der Verkehr, Lkw donnerten vorüber, dass die Schränke wackelten.

Ich meldete mich nach dem Frühstück in der Provinzverwaltung in der Nähe des Stadtzentrums an einer Allee. In der obersten Etage war die Ausländerabteilung untergebracht, sie betreute die in der Provinz arbeitenden Ausländer. Gleichzeitig fungierte sie als Koordinierungs- und Verbindungsstelle zu den örtlichen Organen und Institutionen. Der Leiter, ein Mann mittleren Alters, sehr höflich und förmlich, war ganz Autoritätsperson. Neben ihm saß einer seiner Stellvertreter, ein für vietnamesische Verhältnisse etwas korpulenter Mann, ebenfalls mittleren Alters, mit verschmitzten Augen. Er sei mein Hauptansprechpartner, erfuhr ich. Man informierte mich über die Lage in der Provinz und über das Projekt. Die Provinz Quang Tri war die nördlichste in Südvietnam und auch die am härtesten umkämpfte. Vor dem Krieg existierten in der damaligen Grenzregion etwa 1.100 größere und kleinere Ortschaften, danach nur noch drei. Der übrigen waren entvölkert, in Wehrdörfer oder Stützpunkte verwandelt worden.

Mein Antrittsbesuch endete nach etwa 30 Minuten und mit einer kurzen Visite beim Chef der Provinzverwaltung, dem »Tiger der Nationalstraße 9«. Er stand bereits seit vielen Jahren an der Spitze der Provinz und bat zum Tee. Seine erste Frage zielte auf meine beruflichen Erfahrungen, dann erkundigte er sich: Ost oder West? Als alles gesagt war, schwelgte er in seinen DDR-Erinnerungen. Ich werde, sagte er dann, ja hoffentlich einige Zeit hierbleiben. Es gebe etliche militärische Orte in der Umgebung, die mich als ehemaligen NVA-Offizier gewiss interessieren würden.

»In der DDR gab es ein gutes Buch, das hieß *Die Straße zur Hölle*. Darin ging es um die Nationalstraße 9«, sagte ich.

»Ja, die Straße war die Hölle. Die Franzosen nannten sie *Straße der Verdammten*. Heute ist sie die Straße der Hoffnung: Sie verbindet Laos mit dem Meer. In einigen Jahren soll sie so ausgebaut werden, dass man ungehindert vom Golf von Thailand bis zum Südchinesischen Meer fahren kann.«

Nach 20 Minuten verabschiedeten wir uns.

Im Anschluss fuhr ich zur aktuellen Räumfläche bei Ai Tu, einer Distriktstadt südlich von Dong Ha. Die Fläche des ehemaligen Logistiklagers der Amerikaner war schon beräumt worden, nun arbeitete das Team auf dem kleinen Airfield. Es war einmal der Hubschrauber- und Versorgungsstützpunkt des US-Kommandos von Quang Tri. Ein einzelner Wachturm erinnerte noch an den einstigen Stützpunkt. Das Gelände und die Landebahn waren von Bombentrichtern übersät, die Betontrümmer waren von den Anwohnern abgetragen, zu Splitt zerkleinert und in neuen Betonsteinen für den Hausbau verarbeitet worden. Das Team, mit dem ich künftig zusammenarbeiten werde, war eine Pioniereinheit der vietnamesischen Armee, die von einem Major befehligt wurde. Sein Stellvertreter, ein Hauptmann, wies mich in die Arbeiten auf der Fläche ein, berichtete über Ergebnisse und zeigt mir 60 markierte Kugelbomben. In Laos hatten wir mal an einem Tag 36 Stück gefunden, das war Rekord. Hier hatten sie 60 Stück nur an einem Vormittag entdeckt!

Wir fuhren zurück ins Büro. Am Nachmittag beschäftigte ich mich mit den Unterlagen und Papieren. Das Projekt, für das ich nun arbeiten würde, hatte das Ziel, einige Ortschaften wieder aufzubauen und die vertriebenen Familien und deren Nachkommen wieder anzusiedeln.

Das war für mich etwas völlig Neues. Es war ein anderer Ansatz. An anderen früheren Kriegsschauplätzen in der Welt wurden Lebensmittel und Hilfsgüter für die Opfer geschickt. Sie wurden dankbar angenommen und halfen den Notleidenden eine gewisse Zeit, doch das blieb ohne Nachhaltigkeit. Im Grunde blieben es Almosen, mit denen die Butter- und Fleischberge abgetragen, überlagerte Medikamente entsorgt oder andere Problemfälle gelöst wurden. Auf dem Höhepunkt der BSE-Krise in Westeuropa wurden – möglicherweise infizierte – Rinderherden geschlachtet und das Fleisch in Notstandsgebiete verbracht.

Mitarbeiter von Hilfsorganisationen in Krisengebieten merkten von all diesem Geschacher nichts. Sie sahen die hungernden Kinder, das verdurstende Vieh und die notleidenden Menschen. Sie wollten helfen und waren glücklich, wenn sie dies konnten: mit Lebensmitteln, mit Medikamenten, mit Nährstoffen. Die Vorstände mancher Hilfsorganisationen, die die Spenden einsammelten, nutzten diesen Idealismus aus. Die Faustregel traf zu: Je größer die Organisation, desto mehr Personal und mehr Geld für die Verwaltung – aber umso weniger für die wirkliche Hilfe. Nationale Steuergesetze und Finanzbestimmungen taten ein Übriges, dass immer weniger »unten« ankam.

In Kroatien war unser Projekt Teil eines UNO-Programms. Im Kosovo trug es ein Verein, Potsdam Kommunikation e. V. Wir wollten Bedingungen schaffen, dass Flüchtlinge in ihre Dörfer zurückkehren konnten. Der gleiche Verein arbeitete in Laos zusammen mit UXO Lao. Hier nun, in Vietnam, wurden die Flächen geräumt und danach die Dörfer wieder aufgebaut. Eins war 1998 fertiggestellt worden, das zweite soll jetzt in Angriff genommen werden. Das war ein anderes Herangehen.

Der Projektträger beim zweiten Dorf war SODI. Mit Hilfe von Spendengeldern, Fördergeldern von Ministerien und anderen Vereinen wurden Häuser errichtet. Die Vergabe der Mittel erfolgte als Kredit, die Rückzahlung erfolgte in einen Fonds der Dorfgemeinschaft, aus dem weitere Kredite vergeben werden sollten, um Rinder oder Saatgut zu erwerben. Damit besaß die Dorfgemeinschaft eine Art Stammkapital, das Ausgangspunkt und Grundlage für die weitere Entwicklung war. Verantwortlich für die weitere Verwendung war nicht SODI, sondern die Dorfgemeinschaft selbst. Die Bewohner hatten es also selbst in der Hand, wie sie ihre Zukunft gestalteten.

Unsere Räumteams schufen allenfalls die Voraussetzungen. Sobald sichere Flächen übergeben wurden, erfolgten die nächsten Schritte.

In Laos erfolgte die Kampfmittelräumung von staatlicher Seite in der Verantwortung eines Ministeriums. Dafür wurden Zivilisten ausgebildet, in Vietnam war das Aufgabe der Armee. In Laos sprengte ich die Munition, hier musste ich lediglich mein Wissen als Feuerwerker weitergeben. Ich musste nicht mehr selbst mit Sprengstoff hantieren. Aber ich hatte die Verantwortung für die Finanzen, die Papiere, für die Verbindung zu den örtlichen Organen und, und, und …

SODI war am 1. Oktober 1990 gegründet worden, es trat das Erbe des Solidaritätskomitees der DDR an. Dieses sollte wie die ganze DDR abgewickelt werden. Karitative Vereine aus dem Westen meinten, sie hätten Anspruch auf die dort vorhandenen finanziellen Mittel. Das waren Spendengelder in Größenordnung, wie keiner von ihnen seit seiner Gründung je eingenommen hatte. Und man legitimierte den Anspruch auf dieses Geld, weil es doch angeblich von einer Diktatur eingetrieben worden war. Diese Moralisten im Westen interessierte es herzlich wenig, woher dieses Geld kam und wofür es bestimmt war. Sie wollten es nur haben. Die Treuhandanstalt wie auch andere Institutionen waren ihnen zu Diensten. Im August 1991 blockierten Treuhandanstalt und die »Unabhängige Kommission zur Überprüfung des Vermögens von Parteien und Organisationen der DDR« Spendengelder von SODI und damit die Auslandsprojekte des Vereins, nachdem Entwicklungshilfeminister Carl-Dieter Spranger (CSU) in einem Interview mit der *Bild*-Zeitung die Beschlagnahmung der Spendengelder von SODI gefordert hatte. Allerdings setzten sich die Mitarbeiter von SODI erfolgreich zur Wehr, die Projekte im Ausland wurden mit dem Idealismus vieler Helfer und neuer Spenden fortgesetzt. Im März 1992 schlossen Treuhand und SODI einen gerichtlichen Vergleich, der die zweckdienliche Verwendung von Solidaritätsspenden der einstigen DDR-Bürger ermöglichte. SODI stellte 33 Millionen DM für eine noch zu gründende Stiftung zur Verfügung, die im März als Nord-Süd-Brücke zur Förderung der entwicklungspolitischen Arbeit ins Leben trat. Das war und ist eine Nichtregierungsorganisation, im Englischen als Kürzel NGO bezeichnet.

Die SODI-Leute hatten einen schier aussichtslosen Kampf, ohne Lobby und ohne offizielle Unterstützung, erfolgreich mit Herzblut und Leidenschaft im Namen der internationalen Solidarität durchgestanden. Diese Umstände motivierten auch mich, für diese NGO aktiv zu werden. Nach meinen Erfahrungen auf dem Balkan hatte ich in Laos und Vietnam zum ersten Mal das Gefühl, nicht Teil einer Wiederaufbauindustrie zu sein. Hier ging es um Solidarität, wie ich sie verstand, so wie ich sie kannte und nicht so, wie sie von westlichen Politikern und Medien dargestellt wurde, wenn es um die Begründung höherer Belastungen ging.

Nach vier Tagen intensiver Arbeit war die Übergabe abgeschlossen. Wolfram, ein ehemaliger DDR-Diplomat in Afrika, hatte das Projekt einige Zeit geleitet, jetzt verlangte die Familie in der Heimat nach ihm. Herbert, der zweite Mann vor Ort – wegen seines dunklen Teints »der Inder« geheißen – blieb. Der ehemalige NVA-Pionier mit dem inzwischen grauen Bart und Haarschopf hatte bereits in Angola und Mocambique Minen und Blindgänger geräumt.

Der einzige internationale Flugplatz in unserer Nähe befand sich in Da Nang, etwa 125 Kilometer von uns. Wir planten dafür zwei Tage. Am Vorabend der Abreise erfolgte die offizielle Verabschiedung. Aus Laos war ich es gewohnt, das solche Feierlichkeiten bis zum frühen Morgen dauerten. Doch hier war es anders. Nach einem kurzen offiziellen Teil in der Provinzregierung (PPC) erfolgte

Im Zentrum der ehemaligen Kaiserstadt Hue: der Kulturpalast

das Abschieds- und Begrüßungsessen. Nach zwei Stunden war alles beendet. Am nächsten Morgen brachen wir pünktlich 6.30 Uhr auf.

Da in Dong Ha noch die notwendige Infrastruktur fehlt, musste eine Bank in Hue, das wir nach anderthalb Stunden erreichten, gefunden werden, an der Dollar und DM gekauft werden konnten. Die ehemalige Außenhandelsbank war zu jenem Zeitpunkt die einzige, die mit Fremdwährungen handelte. Vorbei an der Zitadelle fuhren wir ins Zentrum der alten Kaiserstadt.

Nach Hue kamen wir schneller vorwärts, obgleich viele Mopeds unterwegs waren. Auf diesen wurde alles transportiert. Woanders dachte man über die Einführung superlanger Trucks nach, hier passte alles auf ein Moped. Da wurden 200 Eier zum Markt transportiert, ein Handwerker hatte seine Schweißausrüstung inklusive der beiden großen Gasflaschen dabei, während ein Dritter seine Frau mit dem Neugeborenen aus dem Krankenhaus abholte.

Nach einer Stunde passierten wir den ersten Gebirgspass. Vor uns lagen eine Lagune und die Halbinsel Lang Co. Um die Lagune herum führte die Eisenbahnlinie. Wir machten ebenfalls Rast und verzehrten gegrillten Fisch, natürlich mit Stäbchen. Die Sonne brannte unbarmherzig. Ein Thermometer zeigte 40 Grad, obwohl leichter Wind von See kam.

Dann ging es in Serpentinen hinauf zum Wolkenpass.

Vorher aber versperrte eine Schranke an einem Bahnübergang den Weg. Wir warteten, aber nicht alle taten es. Durch den Spalt der Schranken zwängten sich die Mopeds. Aber auch Überland- und Kleinbusse drängeln nach vorn, um eine günstige Ausgangsposition für die Weiterfahrt nach dem Öffnen der Schranken zu haben. Schon bald war die Straße blockiert, diesseits und jenseits des Gleises herrschte heilloses Durcheinander. Mit einer Geschwindigkeit von 30 km/h schnaufte der Zug zum Wolkenpass hinauf. Kaum dass die Hälfte des Zuges passiert hatte, öffnete sich die Schranke und ein Ruck ging durch das Chaos auf der Straße. Zu meiner großen Überraschung entwirrte sich alles, ohne dass ein Fahrzeug dabei Schaden nahm.

Blick vom Wolkenpass auf die malerische Bucht von Da Nang

Vor uns lag eine schmale Straße. Rechts ragten Felsen steil einige hundert Meter nach oben, links ging es einige hundert Meter steil nach unten. Das erinnerte an die Europastraße zum Kosovo. Vor mir quälte sich ein völlig überladener L 60 aus DDR-Tagen in Schrittgeschwindigkeit den Berg hinauf. Zum Überholen war kein Platz. Hinter mir ertönte eine Hupe, stark wie ein Nebelhorn. Ein Überlandbus überholte trotz Gegenverkehr, aber der schien sich auszukennen. Kurz vor dem Kamm hielten wir.

Wir waren ungefähr fünfhundert Meter hoch, der Wolkenpass, sonst meist in Wolken gehüllt, erlaubte heute einen freien Blick weit ins Land bis hinaus in die Bucht von Da Nang. Während des Krieges verliefen hier Nachschub- und Verbindungswege, der Pass besaß strategische Bedeutung. Zudem verlief (und verläuft) am Kamm die Wetterscheide, sie trennte das subtropische Klima im Norden vom tropischen Klima im Süden.

Wir fuhren nach kurzem Halt vorbei an den Touristenbussen, die hier auf einem großen Platz parkten, umschwirrt von vielen fliegenden Händlern, und rollten auf Da Nang zu.

Da Nang besaß in der Vergangenheit wegen seines natürlichen Hafens große Bedeutung, die sich im Laufe der Zeit jedoch verlor.

Erst im 20. Jahrhundert, während des Krieges der Amerikaner, nahm das Interesse an der Fischer- und Hafenstadt wieder zu. Die USA bauten sie zum Flotten- und Luftwaffenstützpunkt aus, weshalb der Ort zu einem der am meisten umkämpften wurde. Nach dem Krieg wurde, nicht zuletzt mit Hilfe ausländischen Kapitals, Da Nang zur Boomtown. Die Einwohnerzahl vervierfachte sich binnen kurzer Zeit auf 1,6 Millionen.

Wir quartierten uns in einem der vielen Hotels ein und fuhren am nächsten Morgen zum Flugplatz. Der internationale Airport war kaum größer als der von Rostock-Laage. Ich setzte Wolfram ab, verabschiedete mich und kehrte zurück nach Don Ha. In der Folgezeit sollte ich wiederholt diesen Airport aufsuchen, um Sendungen von dort abzuholen. Bei solchen Gelegenheiten schaute ich mir Da Nang an. Von Mal zu Mal erlebte ich Veränderung, kaum eine Stadt in Vietnam wuchs derart rasant. Bei jener ersten Visite fuhr ich über eine einspurige Straße. Ein knappes halbes Jahr später war diese zu einer vierspurigen Piste ausgebaut. Bei meinem ersten Besuch sprach der Manager unseres Hotels von 950.000 Einwohnern, im Jahr darauf bereits von 1,2 Millionen.

Das rasante Wachstum brachte jedoch sichtlich Probleme, etwa bei der Kanalisation. Die anfänglich offen liegenden Abwassergräben wurden nach und nach unter die Erde verlegt, und weil dieses an der Straße erfolgte, mussten die Anrainer weichen, die Häuserzeilen wurden sieben Meter versetzt. Dabei erweiterte man die Straße auf sechs Spuren. Mit der Bevölkerung wuchsen die Infrastruktur und die Industrie. Neben den traditionellen Werkstätten siedelten sich Betriebe an. So baute ein namhafter Schweizer Schuhhersteller eine Produktionsstätte mit 8.000 Beschäftigten auf. Die Investoren fanden alles, was man brauchte: motiviertes Personal, einen internationalen Flugplatz und einen Hochseehafen und gute politische Rahmenbedingungen. Es bestätigte sich wieder einmal per Augenschein: Das Kapitel geht dorthin, wo es die günstigsten Verwertungsbedingungen und die höchsten Gewinne erwartet. Kapital handelt weder national noch patriotisch oder ideologisch. Hier in Da Nang konnte an sieben Tagen in drei Schichten produziert werden und damit die Maschinen rund um die Uhr laufen. Auf der anderen Seite: Die Löhne waren zwar lange nicht so hoch wie in den Heimatländern der Investoren, aber sie lagen dennoch über dem vietnamesischen Landesdurchschnitt. Und die Unternehmen führten Steuern ab und zahlten in die Krankenkasse ein. So profitierten denn alle Seiten. Das würde zwar nicht immer so sein, auch hier würden sich irgendwann soziale Konflikte ergeben, doch aktuell war es gut.

Als ich in Da Nang, aus Laos kommend, erstmals landete, war Thai Airways die einzige ausländische Airline, die Da Nang anflog, und zwar dreimal in der Woche. Nach zwei Jahre hatten fünf weitere Fluggesellschaften ein Büro in Da Nang eingerichtet. Nachts flogen nun bereits fünf bis sieben Frachtmaschinen die Tagesproduktion hiesiger Unternehmen in alle Teile der Welt.

Der Wohlstand der Stadt gründete aber auch auf Spenden. So hatte der Hollywood-Regisseur Oliver Stone 1993 »Zwischen Himmel und Hölle« produziert. Der dritte Teil seiner Vietnam-Trilogie, ebenfalls ein Antikriegs-Film, fußte auf zwei Erinnerungsbüchern (»Geboren in Vietnam. Die Geschichte einer mutigen Frau« und »Geboren in Vietnam – leben in den USA«). Die Autorin Phung Le Ly Hayslip, geboren als Phùng Thi Le Ly 1949 in einem Dorf südlich von Da Nang als siebtes Kind einer Bauernfamilie, unterstützte die Volksbefreiungsbewegung, geriet mit 14 in südvietnamesische Gefangenschaft, wurde dort gefoltert, mit 15 entlassen und darum von der Volksbefreiungsbewegung als Spionin zum Tode verurteilt. Der Soldat, der sie hinrichten sollte, vergewaltigte sie jedoch, dabei konnte sie fliehen. In Saigon arbeitete Phung als Haushälterin bei einer reichen vietnamesischen Familie. Der Hausherr schwängerte die 16-Jährige, daraufhin ging sie wieder nach Da Nang und schlug sich als Drogenkurier und Prostituierte durch, schließlich bekam sie einen Job im amerikanischen Militärlazarett. Dort lernte sie einen Mann kennen, der sie heiratete und mit nach Kalifornien nahm. Der Mann starb 1973, mit 24 war Phung Le Ly Hayslip Witwe. Ihr zweiter, 1974 geehelichter Mann war ein Alkoholiker, der 1982 starb. Er hinterließ ihr ein bescheidenes Vermögen, das sie mit

Immobilien- und Aktiengeschäften vermehrte. 1986 veröffentlichte Phung Le Ly Hayslip den ersten Band ihrer Autografie, 1993 folgte der zweite. Das Honorar (einschließlich der gut dotierten Filmrechte für Hollywood) steckte sie in zwei Stiftungen (»East Meets West Foundation«, 1988, und »Global Village Foundation«, 1998), und daraus flossen jedes Jahr etwa eine Million Dollar für Hilfsprojekte nach Da Nang.

Nicht jede Region verfügte über vergleichbare Sponsoren, doch auch Hanoi, Haiphong und Ho-Chi-Minh-Stadt, das vormalige Saigon, prosperierten ähnlich. An der 156 Kilometer langen Autobahn zwischen Hanoi und Haiphong entstand ein Grossbetrieb neben dem anderen, mancher beschäftigte bis zu 10.000 Menschen. Produziert wurde nahezu alles: vom Computer über Turnschuhe namhafter deutscher und amerikanischer Marken, mechanische Uhrwerke von Nobelmarken bis zu Modeartikeln nahezu aller teuren Labels.

Nur Dong Ha bzw. die Provinz Quang Tri hatten von diesem wirtschaftlichen Aufschwung wenig bis nichts. Das Territorium war munitionsverseucht, das Entlaubungsgift Agent Orange hatte Spuren hinterlassen. Die Belastung pro Kopf war hier 35.000 Mal so hoch wie in Da Nang. Jeder Quadratmeter Boden musste mühsam untersucht und beräumt werden. Zudem gab es keinen Airport und keinen Hafen, in der Bucht konnten allenfalls Küstenschiffe mit bis zu 3.000 BRT anlanden. Das alles war keine Einladung für Investoren, und auch die einst geflüchteten Menschen kehrten nicht zurück. Damit war auch perspektivisch klar: Manche Regionen prosperierten, andere blieben auffällig zurück, die Unterschiede zwischen den Landesteilen würden zunehmen.

Oft wurde ich gefragt, ob es denn noch Sozialismus sei, wenn auf der einen Seite Familien von rund 5.000 Dong, etwa 0,40 Euro, täglich existieren müssten, auf der anderen Seite die Zahl der Millionäre zunähme. Darauf gäbe es keine klare, einfache Antwort, pflegte ich darauf zu reagieren. Sie lautete Nein, wenn man unter Sozialismus verstünde, dass es allen gleich gut oder gleich schlecht gehen müsse. Sie lautete aber Ja, wenn man unter Sozialismus eine

Gesellschaft verstünde, in denen die existentiellen Fragen gerecht und für jeden Einzelnen unterschiedslos gesichert werden. Zudem sollte man auch sehen, dass der Sozialismus eine Art Übergangsgesellschaft sei, die sowohl die Muttermale der alten, der kapitalistischen Ordnung besäße, als auch die Elemente der neuen, der fortschrittlichen Ordnung trüge. Und diese müssen stetig entwickelt werden. Das sei ein langwieriger Prozess, der im Widerstreit gegen die alte Ordnung und alte Denkweisen durchgesetzt werde. Dazu brauche man Zeit, Geduld und auch kluge Politiker. Uns Ostdeutschen fehlte es an allem in der DDR. Und als man sah, dass die Alternative, die 1990 gewählt worden war, keinen Fortschritt, sondern in den meisten Dingen einen Rückschritt bedeutete, war es bereits zu spät. Aber, so räumte ich gegenüber meinen vietnamesischen Freunden ein, man müsse auch verstehen, wenn junge Menschen sich nicht auf ein besseres Leben in der Zukunft vertrösten ließen: Man besäße schließlich nur ein Leben und wolle das haben, was auch andere Menschen in anderen Ländern besaßen.

Unsere Arbeit war bereits in Laos aufgrund des Klimas schwer, dennoch waren die Zeiten wie in Deutschland: Arbeitsbeginn 8 Uhr, Feierabend nach acht Stunden Punkt 16 Uhr. Hier war das wegen

Wir fanden täglich Unmassen von Blindgängern

der subtropischen Bedingungen unmöglich. Wir mussten bereits 5.30 Uhr beginnen, sobald es hell wurde. Da herrschten noch erträgliche 28 Grad. Nach anderthalb Stunden musste die erste Pause gemacht werden, weil das Thermometer bereits über 30 Grad gestiegen war.

Die Händler, die uns versorgten, hatten bald unseren Rhythmus adaptiert und versorgten uns mit Lebensmitteln.

10.30 Uhr maßen wir fast 40 Grad im Schatten, auf der baumlosen Fläche 60, das hielt man keine Dreiviertelstunde aus. Nach einer sehr langen Pause ging es 14.30 Uhr weiter bis etwa 18 Uhr, als die Dunkelheit einbrach.

Die Arbeit auf der Fläche lief planmäßig mit der Routine eines Uhrwerks. Wir fanden und räumten Massen von Blindgängern, im Monat bis zu 500, oft auch inmitten von Siedlungen. Das war die Folge der amerikanischen Taktik: Wenn ein Stützpunkt aufgegeben werden musste, schoss man ihn nach dem Abzug zusammen und hinterließ »verbrannte Erde« wie seinerzeit die Hitlerwehrmacht in Europa beim Rückzug im Osten.

Die Amerikaner kämpften zudem gegen Symbole. Le Duan, der Nachfolger Ho Chi Minhs, war in dieser Gegend zur Welt gekommen. Also versuchten sie das Geburtshaus aufzuspüren. Da sie es nicht fanden, wurde der gesamte Distrikt bombardiert.

Ähnlich erging es der Stadt Vinh. Sie lag auf halber Strecke zwischen Dong Ha und Hanoi und war wirtschaftlich und militärisch unbedeutend. Hier aber war Ho Chi Minh geboren worden. Also wurde der Ort erbarmungslos bombardiert. Experten errechneten später, dass hier so viele Bomben abgeladen worden waren wie während des Zweiten Weltkrieges auf Hamburg, Köln und Dresden zusammen. Mit Logik und militärischen Intentionen hatte das nichts zu tun. Es war absurd.

Eines Tages erhielten wir die Nachricht, dass bei einem schweren Unfall zwei Personen getötet und ein Haus zerstört worden seien. Die Behörden standen hilflos der Tatsache gegenüber, dass manche Familien sich aufgrund ihrer Lebenslage gezwungen sagen, Blindgänger zu entschärfen. Sie entfernten den Sprengstoff und verkauften den Rest als Schrott. In den Sammelstellen häuften sich diese ehemaligen Mordsgeräte. Auch bei diesem Unglück hatte es sich so zugetragen, wie mich Quang, der Stellvertreter aus der Ausländerabteilung, informierte. Man habe etwa tausend Unglücksfälle dieser Art im Jahr, nicht gerechnet jene, wenn Bauern in den Wald gingen, um Bambusspitzen zu ernten, und nicht wiederkehrten. »Bei dieser Familie war es so, dass der Mann und Ernährer im Krankenhaus lag, sie brauchten dringend Geld. Der Mann beschrieb seiner Frau den Ort, wo er vor Jahresfrist eine 90 mm-Granate versteckt hatte. Seine Frau und der 14-jährige Sohn wollten sie entschärfen, doch dem Jungen rutschte das Projektil aus der Hand, beim Aufschlag detonierte es und riss beide in den Tod.«

Unser Team bestand aus wehrpflichtigen Pionieren. Nach einer vierwöchigen Grundausbildung bildeten wir sie an unserer Sondiertechnik aus und setzten sie dann bei Räumarbeiten ein. Die Einheit wohnte in einem Campus nahe der Räumstelle und versorgte sich im Wesentlichen selbst. Der Kommandeur, Major Bang, war ausgebildeter Pionieroffizier und Lehrer an der Pionierschule in Quang Tri, ein sehr erfahrener Mann, der seit 1998 im Räumein-

Unser vietnamesisches Räumteam bei der Schulung

satz war. Während des Krieges, noch ein Jugendlicher, kämpfte er drei Jahre gegen die Amerikaner. Wir verstanden uns auf Anhieb. Ich war sehr betrübt, als ich 2008 von meinen Freunden in Vietnam per Mail informiert werden sollte, dass Bang bei einem Verkehrsunfall ums Leben gekommen war.

Zum Team gehörten der Dolmetscher, ein Vietnamese, der in Hanoi Englisch studiert hatte, und der Kraftfahrer, der in der DDR zum Drucker ausgebildet worden war. Nach der »Wende« arbeitete er eine Zeitlang als Kraftfahrer in Deutschland, bis er die Arbeit verlor. Danach versuchte Tan seinen Lebensunterhalt als Zigarettenverkäufer zu bestreiten, doch er wurde erwischt, noch bevor er seine erste Stange verkauft hatte. Er wurde sofort aus Deutschland ausgewiesen. Er besaß nichts, als er in Vietnam eintraf. Obwohl sein Deutsch inzwischen sehr zu wünschen übrig ließ, war er unverzichtbar: Er kannte die deutsche und die Mentalität seiner Landsleute. So konnte er bei manchen meiner Anweisungen sagen: »Chef, so geht das nicht. Die Vietnamesen verstehen das nicht.« Andererseits sagte er seinen Kollegen, wenn die etwas von mir forderten, dass wir Deutschen das nicht verstehen würden, weil es bei uns anders zugehe. So fungierte der Kraftfahrer Tan als Mittler zwischen den Kulturen.

In der Woche kochte eine Küchenfrau unser Mittagessen. An meinem ersten Arbeitstag erkundigte sie sich nach meinem Lieblingsgericht. Ich meinte mich aufgeschlossen zeigen zu müssen und antwortete: was sie am besten könne. Sie war sichtlich erfreut über meine Bitte, fortan bekamen wir die beste und vielleicht auch schärfste vietnamesische Küche serviert. Am Wochenende verpflegten wir uns selbst. Herbert, der schon geraume Zeit in Dong Ha arbeitete, hatte ein Restaurant ausfindig gemacht, das einer Familie gehört, deren ältester Sohn in der DDR Hydroingenieurwesen studiert hatte. Er hieß Hung, also wie jeder zweite Vietnamese, und arbeitete im Wasserwerk von Dong Ha als Wartungsingenieur, aber nur in der Nachtschicht. Am Nachmittag machte er sich im elterlichen Restaurant nützlich, und am Vormittag belieferte er verschiedene Kunden mit Bier. Ich fragte ihn, wann er schlafe.

»Seit meiner Kindheit brauche ich nur zwei Stunden Schlaf täglich«, sagte er und lieferte auch die Erklärung. »Ich verbrachte meine Kindheit in Hanoi. Wir trugen stets dunkle Kleidung, spielten in der Nähe eines Luftschutzbunkers und richteten dabei Augen und Ohren zum Himmel. Das prägte uns.«

Das erklärte, warum die Vietnamesen jenseits der 40 so hektisch und ständig aktiv sind. Nichts wird aufgeschoben, wenn etwas gemacht werden muss, dann sofort und mit aller Kraft und vollem Einsatz. Dieses Verhalten ist eine der unsichtbaren Folgen des Krieges. Die Blindgänger werden vielleicht in 50 Jahre beseitigt sein, die anderen Folgen brauchen wohl etwas mehr Zeit.

Das Team arbeitete professionell, gründlich und schnell. Rechtzeitig vor der Regenzeit würden wir die Fläche beräumt übergeben können. Aufgrund des Engagements hier konnte ich mich auch um meine zweite Aufgabe intensiv kümmern. In der Nachbarprovinz Hue entstand wie schon im Kosovo und in Laos mit Hilfe von Potsdam Kommunikation e. V. ein neues Dorf. SODI hatte 1998 mit ähnlichen Projekten begonnen: Nach der Kampfmittelberäumung erfolgte die Ansiedlung. Das erste Dorf war Phuong Coi, nun sollte das zweite entstehen: Ai Tu. Wir beräumten auch hier die Flächen, auf denen die Häuser gebaut werden sollten.

Hue war in der Vergangenheit einmal kaiserliche Residenzstadt, von 1842 bis 1945 die Hauptstadt Vietnams. Franzosen und Amerikaner hatten ebenfalls sichtbare Spuren hinterlassen. Wie in Peking gab es eine Verbotene Stadt mit einer Zitadelle, das Ensemble war 1993 zum UNESCO-Weltkulturerbe erklärt worden, obwohl oder vielleicht weil es 1968 bei der sogenannten Tet-Offensive schwer beschädigt worden war. Ein Großteil der historischen Bauten gingen während des Krieges unwiederbringlich verloren. Heute lebten in Hue rund 300.000 Menschen, die Stadt ist das touristische Zentrum in der Mitte Vietnams.

Durch die Stadt floss der Huong Giang, der Parfümfluss. Die Bezeichnung gründet sich auf den Geruch, den das dreißig Kilometer lange Gewässer insbesondere nach der Regenzeit verströmt. Es führt Pollen und Blüten, vor allem Wasserhyazinthen aus den

Nebeneingang zur Verbotenen Stadt in Hue, der einstigen Kaiserstadt

Bergen mit sich. Manche meinten, der Name gehe auch auf die duftenden Edelhölzer zurück, die früher hier geflößt wurden. Wie auch immer: Ich roch von alledem nichts.

Am Nordufer des Parfümflusses lag die Altstadt mit der Verbotenen Stadt und dem Kaiserpalast. Von dort aus regierten die vietnamesischen Monarchen ihr Reich. Weil die französische Kolonialmacht den letzten Kaiser krönte, sagten die Vietnamesen, dass dieser kein richtiger gewesen sei. Sie lehnten ihn als Marionette ab. Obgleich der Ort unweit der sogenannten Entmilitarisierten Zone lag, wurde er von den Amerikanern immer wieder angegriffen. Die fadenscheinige Begründung lautete, dass dort die Volksbefreiungsbewegung Südvietnams – abfällig Vietcong genannt, das war die Kurzform von Viet Nam Cong-san, was soviel »vietnamesischer Kommunist« bedeutete – ihre Munitionslager hätte. Tatsächlich verfolgte die US Air Force dort die gleiche Absicht wie mit den Bombardements während des Zweiten Weltkrieges: erst wurden militärische Objekte angegriffen, dann – zur Demoralisierung der Bevölkerung – die Wohngebiete, und schließlich auch historische Bauten. Damit sollten Tradition, Kultur und Vergangenheit vernichtet werden. Nichts anderes verfolgte man auch in Hue. Unmittelbar nach dem Krieg begann der Wiederaufbau. Einige Gebäude, etwa der Kaiserpalast, waren bald wieder hergestellt und wurden zum Touristenmagneten. In andere rekonstruierte Gebäude zog eine Kunstakademie ein. Jede Reisegruppe, die durch das Land fuhr, machte inzwischen in Hue mindestens für einen Tag Station.

Das Projekt der Potsdam Kommunikation e. V., für deren Finanzen ich auch zuständig war, befand sich in Phu Bai, einem Vorort von Hue, an der Nationalstraße 1. Früher war es ein Militärstützpunkt, jetzt der nationale Flughafen der Provinz. Im Umfeld des Airports hatte sich traditionelles Gewerbe angesiedelt. Angeblich gab es dort die beste Fischsauce Vietnams. Kleine Fische, nicht größer als Stichlinge, wurden mit Salz im Verhältnis 1:1 in Fässer eingelegt, luftdicht verschlossen und drei Jahre gelagert. Danach war der Fermentierungsvorgang abgeschlossen und die Sauce fertig. Besondere Saucen wurden jedoch noch länger in speziellen Holzfässern gelagert.

Die Provinzregierung plante eine kleine Siedlung, eine reguläre Pioniereinheit der vietnamesischen Armee suchte nach Munition. Wie in Dong Ha wurde auch dieses Team intensiv ausgebildet. Die Arbeit kam auch hier gut voran. Die Belastung war nicht ganz so hoch, weil schon einmal nach Munition gesucht worden war, als der Flugplatz gebaut werden sollte. Im ganzen Land war die Armee schon seit Kriegsende tätig und beseitigte Unmengen von Munition, aber bei jeder Regenzeit wurden Blindgänger freigespült.

In Hue und auf der Fahrt dorthin konnte ich auch ein wenig ausspannen. Für die 80 Kilometer brauchte ich fast drei Stunden, die Nationalstraße war eine einzige Baustelle. Kleine Straßencafés und Restaurants luden zum Verweilen ein, die Gastronomie war auf internationalen Tourismus eingestellt. Ich setzte mich einmal in eines der kleinen Cafés und kam mit Loan und Hung, den Betreibern, ins Gespräch. Sie war Lehrerin und er Rentner, nachdem er

Regenzeit. Bis zu 250 Liter prasseln auf den Quadratmeter

25 Jahre in der Armee gedient hatte. Jeder zweite Vietnamese hieß wie er: Hung. Der Oberstleutnant a. D. hatte in den Streitkräften als Finanzer gearbeitet und verstand es zu wirtschaften. Anfang der 70er Jahre war er als junger Leutnant nach Hue zum Minenräumen kommandiert worden, dort lernte er eine junge Lehrerstudentin kennen, die er 1975 heiratete. Ich, gleichfalls Oberstleutnant a. D., sagte ihm, dass ich im gleichen Jahr ebenfalls eine junge Lehrerstudentin zum Standesamt geführt hatte. Aus dieser zufälligen Begegnung sollte eine Freundschaft werden, leider verstarb Hung 2004. Die Regenzeit kündigt sich an. Ein untrügerisches Zeichen dafür war die Tatsache, dass sich viele Tiere ein trockenes Plätzchen zu suchen begannen. Ameisen nahmen in unserem Haus Quartier, eines Morgens lag auch eine Viper im Flur, sie hatte es sich im warmen Abluftstrom des Wäschetrockners bequem gemacht. Da sie nicht freiwillig ihren Platz räumte, musste ich mit einem Reisigbesen nachhelfen.

Die Temperatur fiel von 44 auf unter 20 Grad. Allabendlich trafen wir uns in einer Gaststätte und bestellten einen *Hot Pot*: Ein Gaskocher wurde dazu auf den Tisch gestellt, im Topf köchelte eine Brühe. Fisch, Fleisch und Gemüse kamen roh auf den Tisch, und jeder der Umsitzenden, die eng zusammenrückten, um sich zu wärmen, garte nach eigenem Geschmack. Getrunken wurde meist Kim Long, ein Reisschnaps. Gelegentlich reichte man auch Bier mit Eis.

Dann plötzlich brach mit einem Taifun der Regen los. Binnen kurzer Zeit prasselten bis zu zweihundertfünfzig Liter auf den Quadratmeter, der Sturm fegte mit 200 km/h übers Land. Nach zwei Tagen riss der Himmel auf, die Sonne schien unschuldig herab, als wäre nichts geschehen. Aus den Bergen strömte das Wasser, die Bäche und Flüsse waren dreimal so breit wie sonst. Der Pegel in unserem kleinen Stausee stieg um vierzehn Meter. Überall waren die Reisfelder überschwemmt worden. Die Reisbauern waren zufrieden: Der Fluss lagerte fruchtbaren Schlick ab und düngte die Felder wie seit Jahrtausenden auf natürliche Weise. In diesem Jahr begann die Regenzeit am 30. September mit feinem Regen. Bis zum 15. Dezember blieb der Himmel bedeckt, wir sahen die Sonne erst wieder in Saigon vorm Abflug nach Hause.

Die Übergabe der beräumten Flächen erfolgte recht unspektakulär. Einr Unterschrift hier, eine Unterschrift da, 1.860 vernichtete Blindgänger in Ai Tu und 750 in Phu Bai, fertig.

Als wir die Fläche in Ai Tu räumten, sammelte SODI in Deutschland Spenden für den Aufbau des Dorfes. Prominente engagierten sich, darunter die Schauspielerin Käthe Reichel, die im Herbst 2012 verstarb. Die Wochenschrift *Ossietzky* 4/2002 berichtete nach unserer Mission unter der Überschrift »Käthe Reichels Dorf Ai Tu« darüber. Eckart Spoo stellte seinem Text den Vierzeiler von Bert Brecht voran: Alle sollen was bauen / Dann kann man allen trauen / Die Jungen sollens erreichen, / Die Alten desgleichen.

»Die Schauspielerin Käthe Reichel, Schülerin Bertolt Brechts, die bis ins vorige Jahr zum Ensemble des Deutschen Theaters Berlin gehörte, fasste damals, als sie 75 Jahre alt wurde, den Entschluss, in Vietnam ein Dorf für hundert Familien zu errichten. Alle Gratulanten sollten mit Spenden dazu beitragen. [...]

Der Vorschlag, in Vietnam zu helfen, kam vom Solidaritätsdienst international e. V. (SODI): In der Provinz Quang Tri, unweit des 17. Breitengrads, der ehemaligen Trennlinie zwischen Süd- und

Nordvietnam, waren während des Krieges der USA gegen das vietnamesische Volk fast tausend Dörfer vernichtet worden. Die Überlebenden aus dem Dorf Ai Tu ließen sich in der sandigen Niederung des Flusses Thach Han nieder, wo das, was sie bauten und anbauten, jedes Jahr mindestens einmal überschwemmt wurde. Aber auf den Hügel nach Ai Tu konnten sie nicht zurück – bis mit Hilfe von SODI und ehemaligen Soldaten der DDR-Armee das Gebiet von Bomben, Minen und Granaten geräumt war. Käthe Reichel griff die Idee auf und machte sie sich zu eigen. Ein Haus aus Stein, so erfuhr sie, kostet umgerechnet nur 1.000 Mark, wenn die Vietnamesen es selber bauten. Sie nahm sich vor, mit Hilfe ihrer Freunde hundert Häuser zu finanzieren, das ganze geplante Dorf. Sie benötigte also 100.000 Mark.

So viel Geld zusammenzubringen, dauerte länger, als sie zunächst angenommen hatte: zehn Monate. Jetzt, im Februar 2002, konnte sie nach Vietnam fliegen, um Ai Tu, ihr Dorf, zu besuchen. Denn alle Häuser sind fertiggestellt – jedes anders als die anderen, je nach den unterschiedlichen Bedürfnissen der Familien.

Einige Kollegen vom Theater, an die sie sich als erste gewandt hatte, reagierten schnell und großzügig. Der Regisseur Benno Besson – es ist kein Geheimnis – trug allein schon das Geld für vier Häuser bei. Auch der Gewerkschafter Horst Schmitthenner half nach Kräften. Steffi Eisler, die Witwe des Komponisten Hanns Eisler, rief an: ›Schick mir noch zehn Briefe zum Weiterschicken.‹ Andere kopierten den Brief selbst – und wenn sie Käthe Reichels Empfehlung folgten, riefen sie die einzelnen Adressaten an, bevor sie den schriftlichen Spendenaufruf versandten.

Am Stadttheater Cottbus wurden 1.668 Mark gesammelt. Zwei Rentner, Mann und Frau, spendeten je 500 Mark: ein Haus. Ein besonders eifriger Mitsammler war ein ehemaliger Wiederaufbauhelfer in Vietnam, der 2.650 Mark überbrachte. Aber nicht alle, auf die Käthe Reichel gehofft hatte, beteiligten sich. Die Frau eines bekannten Schauspielers schrieb zurück: ›Käthe, Du kannst die Welt nicht ändern.‹ Das, findet Käthe Reichel, ›ist eine besonders schäbige Art, den Geiz zu verbergen‹.

Zeitweilig kamen Ängste, es nicht zu schaffen. Aber: ›Wenn ich mir selber ein Versprechen gegeben habe, würde ich es nicht aushalten, es nicht zu erfüllen.‹ Am 1. Mai 2001, wenige Wochen nach dem 75. Geburtstag, saß Käthe Reichel den ganzen Tag, von 9 bis 19 Uhr, auf einem Platz in Potsdam, um für ihr Projekt zu werben. ›Da kam eine alte Frau, die sagte, sie beziehe eine kleine Rente und könne daher nur zwei Mark geben. Ein Mädchen, vielleicht 17, schlicht, ja ärmlich gekleidet, hielt ein Markstück in der Hand und stotterte, ob ich das nähme. Ich bin aufgestanden und habe sie umarmt. Am späten Nachmittag hatte ich 1.830 Mark gesammelt, da fehlten also 170 Mark an zwei Häusern – denn ich habe immer gezählt und gezählt, auch jeden Abend vor dem Einschlafen. Und ich sagte es einer Frau, dass noch 170 Mark fehlten. Die ging dann auf dem Platz herum und sagte: Da sitzt Käthe Reichel und sammelt, und ihr müsst ihr helfen. Schon fünf Minuten später kamen zwei Leute mit je 50 Mark. Am Abend hatte ich zuletzt sogar 300 Mark mehr.‹ Im Herbst – der Sommer war flau gewesen – las Käthe Reichel im Alten Museum Stralsund Anatol France. Das ist, neben

Käthe Reichel in Ai Tu bei der Übergabe von Schweinen

Brechts ›Heiliger Johanna der Schlachthöfe‹, eins der Programme, mit dem sie gern auftritt. Nach der Lesung kam ein greiser Mann auf sie zu, der von dem Projekt gehört hatte. Sie gingen zusammen ein Bier trinken, er erzählte ihr sein ganzes Leben – und dass er kürzlich für erlittene Verluste 4.000 Mark bekommen hatte. Er gab ihr davon 400. Anfang 2002 waren nicht nur die 100.000 Mark zusammen, sondern noch 20.000 Mark mehr, wofür sich Käthe Reichel längst eine Verwendung ausgedacht hatte: ›Jeder Bauer bekommt ein Schwein, ein paar Hühner und Futter für die Tiere.‹«

Soweit Eckart Spoo über das Engagement von Käthe Reichel für ein Dorf in Vietnam, das an jener Stelle entstehen sollte, von der sie einst vertrieben worden waren.

Aus den dienstlichen Kontakten, die ich während meines Aufenthaltes geknüpft hatte, waren Freundschaften geworden. Oft lief es so ab wie mit dem Kraftfahrer der Ausländerabteilung.

»Was machst du am Wochenende?«, erkundigte er sich einmal.

Junges Glück im neuen Haus, das Käthe Reichels Namen trägt und von ihr persönlich finanziert worden war

»Was soll ich schon machen? Berichte schreiben, die Arbeiten für die neue Woche organisieren ...«

»Du arbeitest schon während der Woche. Am Wochenende soll man sich ausruhen. Ich erwarte dich am Sonnabend 7 Uhr. Wir fahren mit ein paar Freunden an die Küste. Keine Widerrede.«

Ich stand pünktlich vor seinem Haus. Dort warteten vier Erwachsene und acht Kinder auf mich. Ich war mit einem kleinen Landcruiser vorgefahren und fragte besorgt, ob etwa alle mitkommen wollten. Natürlich, hieß es, das sei kein Problem. Tatsächlich: Die zwölf quetschten sich lautlos ins Fahrzeug.

Sie dirigierten mich auf einen Weg an die Küste. Dort landeten wir an einem fantastischen Strand, der schon von den Königen einst zur Erholung genutzt wurde. Touristen, gottlob, kannten ihn nicht, es waren nur Vietnamesen da. Sie mieten sich Sonnendächer und genossen das Wochenenden. Clevere Händler umsorgten die Badegäste, boten kalte Getränke und Erfrischungen und wenn sie ordentlich essen wollten, fuhren sie zum kleinen Fischereihafen und kauften frischen Fisch, Garnelen oder Langusten, die sie sich zubereiten ließen. Das Bad im 32 Grad warmen Wasser war sehr angenehm. Die Kinder tobten herum, die Erwachsenen lagen im Schatten und unterhielten sich über Gott und die Welt. Ich lernte einen promovierten Apotheker kennen, der alle Ärzte namentlich am Strand kannte und mir verriet – sofern ich mal einen benötigte – wer Europäer behandeln könnte. Unter den Gesprächspartnern waren der Besitzer eines Minibusses, dessen Vater lange Zeit die regionale Polizei geführt hatte, und ein Kraftfahrer eines staatlichen Komitees mit Namen »Vaterländische Front«, welches den Auftrag hatte, die Armut zu bekämpfen. Das war mehr als eine Art Sozialamt, das Familien und Einzelpersonen unterstützte. Das Komitee half ganzen Gemeinden, und es war auch befugt, Spenden einzusammeln und zu verteilen. Insbesondere bei den im Ausland lebenden Vietnamesen genossen solche Einrichtungen hohe Achtung. Wie ich hörte, war es mit Hilfe dieses Komitees gelungen, seit dessen Gründung in den 70er Jahren die Zahl der als notleidend geltenden Familien von 3,7 auf 1,2 Millionen zu reduzieren.

In diesem Kreis und angesichts der Umgebung war es wirklich ein sehr erholsames, angenehmes Wochenende.

Bevor mein aktuelles Projekt endete, musste ich mit den Verantwortlichen in beiden Provinzen die Fortsetzung unserer Hilfe im kommenden Jahr besprechen. Zur Begutachtung der Flächen, die beräumt werden sollten, stellte ich ein kleines Team zusammen. Herbert steckte zu Testzwecken verschiedene Flächen von 20 mal 20 Meter ab und suchten diese ab. Die Ergebnisse wurden ausgewertet und miteinander verglichen. Eine hohe Splitterbelastung war in Vietnam, anders als in Deutschland, kein Anlass zur Beräumung. Es ging ausschließlich um Blindgänger und Munition. Nach der Auswertung schickte ich die Ergebnisse nach Deutschland und wartete auf eine Entscheidung, welche Flächen zu beräumen seien. In Quang Tri entschied man sich für eine Fläche auf einer Hochebene in einem westlichen Distrikt.

Quang machte einen Termin. Wir fuhren mit einem Stellvertreter des Distriktchefs in die Gemeinde Cua, um vor Ort alles abzustimmen. Über eine Schotterpiste fuhren wir über die Berge, die Vegetation unterschied sich sehr von der in Laos. Buschwerk und Eukalyptus herrschten vor. Phan, der Distriktfunktionär, erklärte mir den Grund: »Früher war hier Dschungel und lebten viele Tiere, aber Agent Orange hat alles vernichtet. Heute ist hier nur noch Busch. Den Eukalyptus haben wir angepflanzt, damit der Boden nicht abgetragen wird. Nadelgehölze haben hier keine Chance, weil das Buschwerk schneller wächst und die Setzlinge erstickt. Wenn wir Bäume pflanzen, braucht man Leute, die sie pflegen, und die müssen bezahlt werden.« Im Moment konzentriere man sich aber auf etwas anderes. In dieser Region mit ihren besonderen klimatischen und Bodenbedingungen gedeihe der Pfeffer prächtig, weshalb man rasch Anbaufläche beräumen müsse. Die Gemeinde Cua bestehe aus acht Dörfern, nahezu alle 12.000 Einwohner lebten vom Pfefferanbau.

In Hue hingegen entschied man sich für eine Fläche 20 Kilometer südlich der Stadt, die sich an einer Lagune befand. Dort lagen unzählige Holzboote, auf denen etwa 8.000 Menschen lebten, sogenannte Boatpeople. Die Familien bestritten ihr Dasein mit Fischfang, Kiesgewinnung aus Flüssen oder als Tagelöhner. Die Küstenzone war inzwischen völlig überfischt, zudem war – in Ermangelung eines Abwassersystems, das Wasser völlig verdreckt. Seit Jahren mühte sich die Provinzverwaltung, diese Menschen anzusiedeln, aber es fehlten die Voraussetzungen. Insofern war die Errichtung von Siedlungen mit entsprechender Infrastruktur nicht nur eine soziale, sondern auch eine ökologische Frage. Doch anders als bei den bisherigen Projekten, die wir vorbereiten halfen, sollte hier nicht eine einzige, sondern mehrere Siedlungsflächen beräumt werden.

Nach dem Tet-Fest, dem buddhistischen Neujahrsfest – mit drei Feiertagen mit unserem Weihnachtsfest vergleichbar -, an dem das öffentliche Leben scheinbar erstirbt und man sich ganz auf die Familie konzentrierte.

Die Tradition besagt, dass der erste Gast, der am Neujahrsmorgen seinen Fuß über die Schwelle setzt, über Wohl und Wehe des Hauses im kommenden Jahr entscheidet, sagte man mir. Größtes Glück bedeute es, wenn dieser erste ein Ausländer sei, der verheiratet ist und zwei Kinder sowie Enkel hat.

Komisch: Bis auf die Enkel konnte ich alles bieten.

Da mein Bekanntenkreis in Vietnam inzwischen schon ziemlich groß war, hatte ich viele Schwellen zu überschreiten. Jeder wollte

Parfümfluss und Lagune von Hue

mit mir anstoßen und tat es auch. Am Abend des ersten Tages wusste ich, dass jene Hochzeit mit den rund 200 Gästen, die ich in Laos überlebt hatte, ein Kindergeburtstag gewesen war im Vergleich mit dieser Tortur. Nach drei Tagen war das Gröbste überstanden, die Nachfeiern dauerten noch etwa drei Wochen. Dann sollte endlich unsere Arbeit auf der Fläche beginnen, aber Bang bat mich, noch einen Tag zu warten. Es sei ein schlechter Tag wegen der Geister. Aha, ich wusste Bescheid.

Die Arbeit war gut organisiert und lief gut an. In Ai Tu hatten wir bereits ungewöhnlich viel gefunden, hier jedoch lag noch mehr im Boden. An jedem zweiten Tag mussten wir sprengen. Die Menschen in der Gemeinde wussten Bescheid, selbst die Schrottsammler, die sonst jede Art von Metall, einschließlich der Munition, einsammelten, warteten an der Sicherheitslinie, bis wir den Sprengplatz wieder freigaben.

Während der Räumarbeiten detonierte in 500 Meter Entfernung eine Bombe. Mit Bang und meinem Dolmetscher suchten wir den Ort auf, an dem ein metertiefer Krater klaffte. Wie wir erfuhren, hatte ein Bauer mit seinen drei Söhnen einen Fischteich ausheben wollen. Dabei hatte er mit seiner Hacke einen Blindgänger getroffen. Von den vier Personen war nichts mehr zu sehen.

Ich war tief erschüttert, wenngleich ich nicht zum ersten Mal Zeuge von einem solchen Unglück geworden war.

Es war für mich neuerlich Anlass, über eine Verbesserung und Beschleunigung unserer Arbeit nachzudenken. Am Ende dieser Überlegungen stand alsbald eine Methode, die fünf Jahre später in die entsprechenden UN-Richtlinien als *Battlefield Clarence* aufgenommen werden sollten. Jedem Räumarbeiter wurde ein Abschnitt von 25 mal 25 Meter zugewiesen, so dass ein Trupp von 35 Mann – soviel waren wir – gleichzeitig auf 21.875 Quadratmetern arbeitete. Am Ende waren dann über zwei Hektar beräumt und sicher. Das aber setzte zwingend voraus, dass sich die Bauern in dieser Zeit von ihren Feldern fernhielten, was einige Überzeugung bedurfte. Phan sagte mir, was sie zunächst auf unser Verbot antworteten: Wir wissen, dass es auf unseren Feldern gefährlich ist, wir leben seit Jahrzehnten mit dieser Gefahr. Aber es sei etwas anderes, statt vor Hunger bei der Feldarbeit zu sterben.

Dagegen konnte ich schwerlich etwas einwenden, wenngleich diese Alternative keine vernünftige war. Allerdings war ich, waren wir zur Gefahrenabwehr verpflichtet. So schlug ich vor, dass die Bauern uns alle ihnen bekannten Blindgänger meldeten. Wir würden dafür sorgen, dass zunächst diese eingesammelt würden.

Die Bauern sagten erst einmal nichts, aber ich sah ihnen an, wie sie überlegten. Zunächst sprach der Bürgermeister. »In den nächsten drei Tagen werden wir über den Dorffunk die Bevölkerung auffordern, Blindgänger im Gemeindebüro zu melden.« Als nächster erklärte Phan: »Ich habe einen Geländewagen. Ich stelle ihn zur Verfügung.« Die Aufrufe zeitigten beachtliche Resultate. Rund 4.500 Stück Munition wurden gemeldet, und unser kleines Team sammelte noch einmal fast 2.500 Stück ein.

Seit dieser Beratung verhielten sich die Vietnamesen anders zu mir. Erst war ich für sie immer »Mr. Werther«, fortan nannten sie mich »Mr. Kalle«. Bis dato lief alles immer sehr förmlich und steif bei den Zusammenkünften ab, nunmehr wurde alles viel offener und persönlicher. Nach einem planmäßigem Meeting nahm Phan mich an die Hand: »Komm, ich will dir mal was zeigen.«

Wir stiegen ins Auto und fuhren zum Stadtrand, dort hielt er vor einem Komplex von drei weiß getünchten Gebäuden. »Das war der Sitz der provisorischen Regierung der Sozialistischen Republik Südvietnam. Quang Tri war die erste Provinz, die befreit worden war, folglich formierte sich hier auch die erste Regierung.«

Phan erinnerte an die Ablehnung dieser Interimsregierung durch den Westen, der diese als Spalter und Vasall Hanois denunzierte, das sei so gewesen wie seinerzeit mit der DDR. »Aber hatte nicht der Westen Vietnam und Deutschland gespalten?«, fragte Phan rhetorisch. Natürlich, zur Sicherung der eigenen Interessen hatte man sich einen hörigen Staat geschaffen, mit Marionetten und folgsamen Politikern. Die Teilung von Nationen und Staaten ging stets auf auswärtige, imperiale Interessen zurück. Teile und herrsche – dieses von den alten Römern begründete Prinzip galt bis heute.

»Die Beratungen der Regierung oder der Kleinen Nationalversammlung fanden immer an anderen Orten und unter strengster Geheimhaltung statt. Stets gab es Bombenangriffe.«

Er führte mich in den großen Empfangssaal. An den Wänden hingen die Bilder von der Akkreditierung ausländischer Diplomaten, zumeist kamen diese aus den sozialistischen Staaten. Es glich dem Vorgang im Kosovo – nur in spiegelbildlicher Umkehrung. Diese lebensunfähige Kleinstrepublik wurde von 22 der 27 Staaten der EU anerkannt und von diesen auch am Leben gehalten. Das war der fundamentale Unterschied zu dieser Institution hier: Sie wusste das halbe Volk im Norden hinter sich und großer Teile des von amerikanischen Marionetten beherrschten Volkes im Süden. Und es gab die reale Perspektive der Überwindung der Fremdherrschaft und die Herstellung der staatlichen Einheit. Das war ein natürlicher Vorgang. Die »Republik Kosovo« mit seinen 1,7 Millionen Menschen und weniger als elftausend Quadratkilometern hat keine Perspektive.

Phang kam auf das Entlaubungsgift Agent Orange, das auch in diesem Distrikt eingesetzt worden war. Damals erkrankten Hunderttausende an dem mit Dioxin angereicherte Herbizid, auch etwa 200.000 US-Soldaten. Auch wenn der Krieg schon lange vorüber war, kämpften die Vietnamesen noch mit den Folgen. Das nicht abbaubare Dioxin war über den Boden in die Nahrungskette eingedrungen und zu einer dauernden Belastung geworden. Es führte zu schweren Fehlbildungen bei Kindern, zu Krebserkrankungen und Immunschwäche. 2002 litten nach Schätzungen des Roten Kreuzes etwa eine Million Vietnamesen an gesundheitlichen Schäden durch Spätfolgen von Agent Orange, darunter waren rund 100.000 Kinder mit angeborenen Fehlbildungen. Während geschädigte US-Soldaten nach gerichtlichen Auseinandersetzungen von den Herstellerfirmen finanziell entschädigt wurden, erhielten vietnamesische Opfer bis heute keine Entschädigung. Eine entsprechende Sammelklage in den USA wurde 2005 abgewiesen, da der Einsatz von Agent Orange »keine chemische Kriegsführung« und deshalb kein Verstoß gegen internationales Recht gewesen sei. 2012 (!)

sollten sich die USA zum ersten Mal an der Dekontaminierung des Bodens beteiligen. Sie arbeiteten um den ehemaligen US-Stützpunkt Da Nang, der als einer der Hauptumschlagplätze für Agent Orange besonders stark kontaminiert ist.

Eine der sechs Töchter des Apothekers Tuan, den ich bei dem Wochenendausflug ans Meer kennengelernt hatte, war Opfer des Gifts geworden. Die 15-Jährige war hirngeschädigt, sie hatte die geistige Entwicklungsstufe einer Vierjährigen und würde sich auch nicht weiter verändern. Die anderen Kinder kümmerten sich liebevoll um ihre Schwester.

Während wir in Cua arbeiteten, ging es in Ai Tu voran. Wir hatten im vergangenen Jahr das Land übergeben, der Distrikt teilte es auf und übergab es an die neuen Bewohner. Dieses Dorf existierte bereits mehr als 200 Jahre. Einer der vietnamesischen Könige wollte dort eine Residenz errichten, zog dann aber weiter nach Hue, weil der Fluss nicht kalkulierbar schien. Das Dorf überlebte die Franzosen, die Japaner und noch einmal die Franzosen, die Amerikaner nicht. Diese machten den Ort dem Erdboden gleich und vertrieben die Einwohner in alle Winde.

Die ersten Familien erhielten ihr Land und begannen noch am gleichen Tag zu bauen. Der Staat blieb zwar Eigentümer von Grund und Boden, womit verhindert werden sollte, dass er zum Spekula-

Binnen drei Wochen standen die ersten Häuser in Ai Tu

Käthe Reichelt und Karl-Heinz Werther

tionsobjekt werden konnte. Doch die Familien erhielten das Nutzungsrecht für 99 Jahre.

Von Sonnenaufgang bis -untergang war hier Bewegung. Ich musste an Goethe und Fausts Osterspaziergang denken: »Solch ein Gewimmel möcht' ich sehn, / Auf freiem Grund mit freiem Volke stehn.«

Jedes Familienmitglied legte Hand an. Da kamen die Söhne aus Hanoi, die Onkel aus Saigon und Neffen aus Da Nang. Innerhalb von drei Wochen standen die ersten Häuser. Ich war fasziniert.

Im April, als die Temperaturen noch erträglich waren, reiste eine offizielle Delegation zur feierlichen Übergabe an. Das Dorf war zwar noch lange nicht fertig, aber seine künftigen Bewohner ließen keinen Zweifel daran, hier für immer bleiben zu wollen. Wenn auch nicht alle der ehemaligen Bewohner zurückgekehrt waren, so kamen doch ihre Kinder oder Enkel und wollten den verödeten Landstrich wieder zum Leben erwecken. Einzelpersonen, Betriebe und Familien in Deutschland hatten für das von SODI betreute Hilfsprojekt gespendet. Eine alte Frau betrachtete das Foto einer vierköpfigen Familie, die ihr Haus mit einer Spende finanziert hatte. Sie drückte das Bild an ihre Brust und begann zu weinen. Kinder und Enkel wollten sie trösten. Nein, sie weine ja nicht, weil sie traurig sei, erklärte sie ihnen, sondern vor Freude und Rührung.

Auch in Hue lief das Projekt hervorragend. Die Räumung der Lagune allerdings erwies sich als komplizierter als angenommen. Dort war härter und brutaler gekämpft worden als anderenorts. Während die Teams auf den Flächen arbeiteten und eine Fläche nach der anderen räumten, berichteten uns einige von den alten Bewohnern, dass in einem kleinen Wäldchen ermordete Kämpfer der Befreiungsfront zur Abschreckung aufgehängt worden waren. Darum zog an jedem Morgen eine kleine Gruppe zum Wäldchen, entzündeten Räucherstäbchen und versuchten auf diese Weise, die Geister der Toten gnädig zu stimmen.

Die erste Familie verlegte ihre Wohnung vom Wasser auf das Land und begann mit dem Hausbau.

Wir waren auf einem vermutlich über tausend Jahre alten Gräberfeld tätig, das während des Krieges vermint worden war. Strategisch besaß diese Fläche keine Bedeutung. Wahrscheinlich sollte nur Angst und Schrecken verbreitet werden, wenn Menschen dort ihre Toten ehren wollten und dabei in die Luft gingen. 87 Minen hatten wir schon geborgen. Es waren diese kleinen Teufelsdinger vom Typ M 14, kaum größer als ein Geldstück. Es war komplett aus Plaste, nur die kleine Zündernadel aus Edelstahl und gefüllt mit 1,6 Gramm hochexplosivem Sprengstoff, fast doppelt so stark wie das übliche TNT. Einer der vietnamesischen Räumarbeiter wollte zur Pause gehen, stolperte und trat mit dem linken Fuß in die noch nicht geräumte Fläche. Es gab eine kurze, trockene Detonation.

Das Team reagierte sehr schnell und richtig. Zwei Räumarbeiter bargen den Verwundeten mit einer Trage, der Doktor wartete mit laufendem Motor an der Ausgangslinie und besorgte die Erstversorgung. Der Teamleiter informierte die medizinische Akademie in Hue, während sein Stellvertreter das restliche Team zusammenzog. Nach 90 Minuten lag der Mann bereits im OP-Saal und wurde versorgt. Einen Tag später traf ich mich mit den Verantwortlichen auf vietnamesischer Seite, um die Formalitäten zu regeln. Es verlief unbürokratisch. Der Arzt informierte uns über den Zustand. Trotz

Minen vom Typ M 14: klein, aber kreuzgefährlich

der schweren Verletzung hatte unser Kollege Glück im Unglück. Auch wenn der Fuß nicht gerettet werden konnte, so blieb ihm jedoch das Bein. Er hätte es verloren, wenn er mit der Ferse und nicht mit dem Fußballen auf die Mine getreten wäre.

Als unkompliziert erwies sich die Verhandlung mit der Versicherung. Keine Ausflüchte, keine zusätzlichen Gutachten, nichts. Anstandslos und ohne Wenn und Aber wurden die Kosten in voller Höhe übernommen. Die Versicherung sah darin eine soziale Aufgabe, Geschädigten zu helfen. Wir besorgten aus der von SODI geförderten Werkstatt in Nhge An, einer Provinz 300 Kilometer südlich von Hanoi, eine Prothese. Die Armee stattete den nunmehrigen Invaliden mit einer Kriegsveteranenrente aus, die höchste, die es in Vietnam gab, und bot eine Ausbildung nach seiner Wahl. Nach einem Jahr besuchte er uns einmal. Von seiner Verletzung war nichts mehr zu spüren, und seinen Humor hatte er auch nicht verloren. »Seht, wie fett ich geworden bin«, ulkte er. »Weil sich alle um mich gekümmert haben und ich mich nicht viel bewegen durfte.« Und beim Schuhkauf spare er die Hälfte: Er brauche ja immer nur einen Schuh.

Während wir gemeinsam lachten, wurde mir bewusst, dass er das erste Minenopfer war, das für mich Namen und Gesicht hatte. Die anderen blieben für mich anonym, abstrakt, nie hatte ich sie gese-

Beim Einsammeln von Blindgängern

hen. Bei ihm war es etwas anderes. Wir hatten ihn ausgebildet, wir hatten zusammen auf den Räumflächen geschwitzt, Tee und Wasser geteilt. – Dann war es endlich geschafft. Wir übergaben die Flächen, die Aufgaben für das kommende Jahr waren vorbereitet – wir konnten befriedigt nach Hause zurückkehren. Der Rückflug ging über Bangkok, dort hatte ich zwölf Stunden Aufenthalt. Zwar hätte ich mir ein Tagesvisum kaufen können, um etwas von der Stadt zu sehen, doch ich war von Kollegen gewarnt worden. Von diesem halben Tag hatten sie mindestens acht Stunden im Stau gestanden und die Maschinen erst nach dem letzten Aufruf erreicht. Dieses Risiko wollte ich nicht eingehen. Deshalb schlenderte ich auf dem Airport herum und sah zierlichen Thais zu, wie sie in den klimatisierten Räumen Tannenbäume schmückten oder, als Weihnachtsmänner verkleidet, Kunden in die Duty Free-Läden lockten.

Nach dem Jahreswechsel kehrte ich zum Stützpunkt C 2 in Dong Ha, unser neues Projekt, zurück. Das lag zwischen zwei Dörfern. Es ging es darum, landwirtschaftliche Nutzfläche und eine Siedlung zu schaffen. Es war einer der größten Stützpunkte überhaupt. Die Hauptfläche im Zentrum betrug 77 Hektar.

Da wir gute Erfahrungen mit der mobilen Truppe gemacht hatten, war mein Vorschlag in Deutschland genehmigt worden. So verfügten wir in diesem Jahr über zwei neue, eigenständige Teams. Das eine Team zog in die Berge zu einer ethnischen Minderheit. Wiederansiedlung hieß das Ziel. Camps mussten gebaut, Brunnen gegraben und Gärten angelegt werden. Wir standen unter Zeitdruck, denn Anfang Februar war Tet, das Neujahrsfest.

Nachdem wir das alles überstanden hatten, konnten wir beginnen. Vor uns lag eine riesige Fläche. Die Bauern aus der Gegend nutzten sie bisher zum Anbau von Eukalyptusbäumen. Damit stoppten sie die Bodenerosion und gewannen Bauholz. Eukalyptus wuchs sehr schnell und konnte bis zu sieben Mal gefällt werden: Immer wieder trieb aus der Wurzel ein neuer Stamm. Als Bauholz war er sehr begehrt: Eukalyptus ist termitenfest.

Wir suchten uns ein neues Quartier, weil das alte im Ausländercamp für uns zu eng geworden war, denn zur Verstärkung kam Gerd, mit dem ich bereits im Kosovo gearbeitet hatte. Ebenso mit Manfred, der nach Hue ging. Für deutsche Verhältnisse waren die

Die Teams informierten an den Schulen über Fundmunition

Mieten sehr moderat. Der Familie, die das Haus vermietete, waren wir eine sichere Einnahmequelle. Manche bauten eine Bambushütte in den Garten, in der sie einzogen, um ihr Haus zu vermieten. Als alles organisiert und vorbereitet war, konnten wir planmäßig beginnen. Die beiden Teams arbeiteten gründlich und schnell. Nach zwei Monaten waren alle Meldungen abgearbeitet und rund 1.500 Blindgänger eingesammelt und vernichtet.

Ein drittes Team für die Aufklärung bekamen wir nicht genehmigt. Die Finanzen reichten nicht aus. In Zusammenarbeit mit Provinzverwaltung und Distrikt planten wir, unsere Mobilteams in die Schulen zuschicken. Wer wusste besser als die Kinder, wo etwas Ungewöhnliches lag. Die streiften nachmittags durch die Wälder und über die Felder. Schon die erste Veranstaltung war ein Erfolg. Die Teams unterrichteten die Schüler, erklärten ihnen die Gefährlichkeit der Blindgänger, notierten und suchten die gemeldeten Fundorte auf. Bei den höheren Klassen hingegen hatten wir einige Probleme, die wir nicht bedacht hatten. Kein heranwachsendes Mädchen stieg in ein Auto, das mit jungen Männern besetzt war. Mit Hilfe einer Dolmetscherin lösten wir das Problem, indem alle Bedenken und Ängste zerstreut wurden.

Täglich besuchten wir eine andere Schule. Die Abteilung Bildung der Distriktverwaltung hatte die Direktoren über unser Kommen informiert. Nach einer Woche hatten wir genügend Meldungen eingesammelt, um in der folgenden Woche dort zu räumen.

Nach dem ersten Monat fuhr der Teamleiter noch einmal an die Schulen und holte weitere Meldungen ab, die bei den Klassenlehrern eingegangen waren. Nach einiger Zeit gelang es, eine gewisse Systematik und Planmäßigkeit in diese Arbeit zu bekommen. Auch die Schüler wussten das bald. Einige von den kleinen Jungen entwickelten sich zu richtigen Scouts. Lag es daran, dass sie viel herumstromerten, gerne mit unserem Auto fuhren oder einfach keine Lust auf Schule hatten? Ich weiß es nicht. Die Zahl der vernichteten Blindgänger stieg, die der Unfälle ging zurück, zumindest in diesem Distrikt. Auf einer Beratung verständigten wir uns darauf, in dieser Form künftig in drei Distrikten tätig zu werden.

Die Kinder wussten nun Bescheid. Wie aber erreichten wir die Erwachsenen? Die Frauenunion war uns behilflich. Hier hatten die Frauen das Sagen. Jeder Ehemann tat gut daran, nicht zu widersprechen. Wir organisierten Schulungen über die Frauenunion. Unsere Teams besuchten am Vormittag eine Schule, am Nachmittag eine zweite und am Abend einen Stützpunkt der Frauenunion. Die Ergebnisse rechtfertigten den Aufwand.

Eines Tages wurde ich zu einem Meeting zur Provinzverwaltung Hue gerufen. Man dankte uns dafür, dass dank unseres Einsatzes der Flugplatz von Phu Bai erweitert werden konnte, nun plane man den nächsten Schritt. »Wir haben mit Vietnam Airlines verhandelt. Phu Bai soll zu einem internationalen Flugplatz ausgebaut werden. Von dort soll die Königslinie starten, mit der die berühmten Residenzstädte in ganz Südostasien angeflogen werden.«.

Von Hue nach Kambodscha, Laos, Thailand und Myanmar also, dachte ich. Und nur mit einem Visum, wie sie sagten.

»In zwei Wochen soll die erste Reise nach Kambodscha gehen, nach Angkor«, sagte der Versammlungsleiter. »Zwei Plätze sind noch frei, du und dein Kollege aus Hue können mit – wenn ihr wollt. Kostet nur 150 Dollar?«

Mit einer großen Feierstunde wurde die Linie offiziell eröffnet. Pünktlich startete und landete unsere Sondermaschine in Siem Reap, 240 Kilometer von Phnom Penh entfernt. Die Kambodschaner wunderten sich über die beiden Langnasen, die zu der offiziellen vietnamesischen Delegation gehörten, und winkten uns sowohl bei der Einreise wie auch beim Zoll aus der Schlange. Die Delegationsleitung intervenierte, wir durften in die Delegation zurückkehren und wurden im Konvoi zum Hotel geleitet. Der Dolmetscher, der mit uns an der Hotelbar ein kühles Bier trank, während die Delegation offizielle Gespräche führte, informierte uns über das Königreich mit seinen rund 14 Millionen Menschen und mehr als einem halben Hundert Ethnien. Seit den 50er Jahren hatten Bürgerkriege das Land heimgesucht, der Vietnam-Krieg der Amerikaner hinterließ Spuren, nicht zu reden von der Pol-Pot-Diktatur, die das Land zwischen 1975 und 1978 nahezu in den

Abgrund riss. Erst die militärische Intervention des Nachbarn Vietnam beendete die Terrorherrschaft der »Roten Khmer«

Am nächsten Morgen starteten wir früh in Siem Reap, die Stadt machte einen modernen Eindruck. Es waren kaum alte Gebäude zu sehen – was Wunder, es war nichts mehr da, was man hätte rekonstruieren können. Stattdessen sah ich eine Unmenge an neuen, hochpreisigen Hotels. Nach etwa 30 Minuten Fahrt erreichen wir Angkor. Schon der Anblick der Tempelanlage Angkor Wat aus der Ferne ließ mich vor Ehrfurcht erstarren.

Unser Reiseleiter kannte kein Erbarmen. Wir absolvierten zunächst die drei Kilometer der untersten und die anderthalb Kilometer der mittleren Ebene, sodann stiegen wir auch noch die 65 Meter zum höchsten Punkt hinauf – alles bei 40 Grad im Schatten. Der Schweiß floss uns aus allen Poren. Die innere Tempelanlage, von einem Gewässer umsäumt, maß im Geviert etwa anderthalb Kilometer. Über das Alter der Anlage wurde gerätselt, die meisten datierten den Ursprung ins 12./13. Jahrhundert. Die tropische Vegetation, die Witterungseinflüsse und auch Vandalismus sorgten für den steten Verfall, erst seit Kurzem wurde mit internationaler Hilfe begonnen, ihn zu stoppen. Über die nationale Bedeutung dieses Bauwerks muss man nicht rätseln: Es ist sowohl auf der Flagge wie auch auf der 500-Riel-Banknote zu finden. Tausend Riel sind etwa 20 Euro-Cent. Die Währung wird nur im lokalen Handel benutzt, große Geschäfte und der Tourismus werden in US-Dollar abgewickelt.

Nach Angkor Wat besichtigten wir drei weitere Tempel, dann aßen wir in einem Hotel. Wir bedienten uns – wie die anderen Touristen – an einem etwa dreißig Meter langen Büfett. Dazu boten Apsara-Tänzerinnen auf der Bühne einen traditionellen Tempeltanz, der von Generation zu Generation weitergegeben wurde. Jede Bewegung mit Hand oder Fuß besaß eine besondere Bedeutung. Die Khmer-Diktatur hatten lediglich zwei Tänzerinnen überlebt. Dieser kunstvolle Tanz hatte auch großen Einfluss auf die Entwicklung der im Westen bekannteren thailändischen Tanzkunst. An vielen Tempelwänden in Angkor sah ich Reliefdarstellungen von

Apsaras, meist mit auswärts gerichteten Knien auf Lotosblüten tanzend, manchmal auch fliegend.

Am letzten Tag, nachdem wir genug Weltkulturerbe gesehen hatten, besichtigten wir das neue Kambodscha. Wir besuchten Lehrstätten, in denen Jungen und Mädchen handwerklich ausgebildet werden. Auf einer Farm wurden Seidenraupen gezüchtet und ihre Kokons zu Seide verarbeitet ... Es gab erkennbar Hoffnung für dieses Land, aber viele der in Jahrhunderten gesammelten Erfahrungen galten inzwischen als für immer verloren. Ich hatte schon einige Länder gesehen, die Kriegsfolgen überwinden mussten, aber derartige Schäden wie in Kambodscha hatte ich nie zuvor erlebt. Vieles war irreparabel, so unwiederbringlich verloren wie etwa das jiddische Leben in Europa nach Holocaust und Zweitem Weltkrieg.

Nach vier Tagen intensiven Lebens und randvoll mit neuen Eindrücken und Erfahrungen kehrten wir nach Vietnam zurück. Gleich beim Eintreffen wurde ich über einen Unfall in einer benachbarten Provinz informiert. Bei der Erdnussernte hatte eine Bäuerin aus dem Wurzelgeflecht eine 75-mm-Gewehrgranate geschüttelt, die detonierte und die Frau tötete, drei Familienangehörige in ihrer Nähe wurden schwer verletzt.

Auch wenn Umstehende nicht von Splittern verletzt wurden, so konnte die Detonation die Augen »verblitzen« und bis zu einer Woche Blindheit verursachen und/oder zu einem Knalltrauma führen. Die Druckwelle verursachte bisweilen Quetschungen der inneren Organe. Solche Zufallsfunde waren, wie wir wieder erleben mussten, kreuzgefährlich. Anders bei Minen. Sie wurden meist planmäßig in Feldern angelegt, waren ausrechenbar. Die Anwohner wussten, wo sie lagen und mieden diese Flächen. Blindgänger hingegen stammten von Kampfhandlungen, niemand wusste, wo und wie sie lagen. Der Regen konnte sie freispülen und der Wind sie mit Sand zuwehen. Sie konnten an Stellen auftauchen, an denen in Vorjahren geräumt worden war, und so weiter.

Die Wahrnehmung dieses Problems war geringer als etwa die öffentliche Darstellung der Landminen, obgleich Blindgänger nicht minder gefährlich waren. Kurzzeitig sollte das Thema in Deutschland behandelt werden, als im Sommer 2010 der völkerrechtliche Vertrag über das Verbot des Einsatzes, der Herstellung und der Weitergabe von Streumunition in Kraft trat. Die Konvention, die im Mai 2008 auf einer diplomatischen Konferenz in Dublin ausgehandelt worden war, kann seit Dezember 2008 unterzeichnet werden. Mit Stand vom Oktober 2012 wurde das Abkommen durch 75 Staaten und den Heiligen Stuhl ratifiziert sowie durch 35 weitere Staaten unterschrieben. Deutschland trat 2009 dem Abkommen bei. Es fehlen bis dato die Unterschriften der USA, Russlands, Chinas, Israels, Indiens, Pakistans und Brasiliens, den weltweit wichtigsten Herstellern bzw. Anwendern von Streumunition.

Das mobile Team aus Quang Tri war in der Küstenregion im Einsatz. Diesen Abschnitt mieden die Einheimischen seit Jahren. Noch immer erinnerte ein metertiefer Krater an die Detonation einer Seelandungs-Abwehrmine, die einem Schrottsammler zum Verhängnis geworden war. Der Küstenabschnitt war während des Krieges von den Vietnamesen vermint worden, um eine Anlandung zu vermeiden. Inzwischen war das seichte Wasser weiter zurückgegangen, das Ufer lag etwa 35 Meter weiter vorn und damit die Minen, zugeschwemmt, an Land. Die damals dort verlegten Minen enthielten etwa 65 Kilogramm Sprengstoff. Er wurde durch einen anderthalb Meter langen Metallstab, einem Knickzünder, ausgelöst. Diese Munition war für uns neu und erforderte besondere Vorsicht.

Wir suchten vorsichtig den Strandabschnitt ab. Wir trauten unseren Augen nicht: Die Munition lag offen herum und war Wind und Wetter ausgesetzt. Dass es bislang nur wenige Unfälle gegeben hatte, grenzte an ein Wunder.

Manfreds Hue-Team wurde in den Bergen ebenfalls mit gefährlichen Situationen konfrontiert. Weitab von den Touristenattraktionen waren die Folgen des Krieges genauso offensichtlich wie an der Küste. Seit Jahrzehnten lebten die Menschen mit der Gefahr. Die Armee hatte schon viel geräumt, aber es war einfach zuviel.

Unser bewährtes Flächen-Team, das das Armeekommando der Provinz stellte, wurde durch ein Team ersetzt, welches dem zentralen Armeekommando unterstand. Dieses hatte bislang für ein amerikanisches Projekt gearbeitet, welches nicht fortgeführt wurde. Die Soldaten waren sehr gut ausgebildet. Wir sollten sie in unserer Technologie einweisen. Nach drei Tagen waren sie einsatzbereit.

Die Beendigung des US-Projektes ließ mich an dessen Anfang zurückdenken. Im Jahr 2000, also 25 Jahre nach dem Ende des Krieges, besuchte als erster US-Präsident Bill Clinton Vietnam. In der Nationalversammlung in Hanoi kündigte er an, dass Washington nunmehr normale Beziehungen aufbauen und dabei helfen wolle, die Kriegsfolgen zu überwinden. Die USA würden künftig jährlich für solche Zwecke zwölf Millionen Dollar zur Verfügung stellen. Das war nicht wenig, aber gemessen an den Schäden, die die USA angerichtet hatten, und der Profite, die ihre Rüstungskonzerne eingestrichen hatten, lächerlich gering. Wie sich aber zeigte, war die Summe vornehmlich dafür gedacht, die letzten vermissten GI oder deren Gebeine aufzuspüren. *Missing In Action* (MIA) hieß dieses Vorhaben. Folglich war das Echo auf diese Rede sehr geteilt. Sie enthielt nicht ein Wort des Bedauerns oder gar der Entschuldigung, keine Zusage über die Unterstützung der Angehörigen von etwa zwei Millionen Menschen, die im Krieg der Amerikaner in Vietnam ihr Leben verloren hatten.

Eine Gruppe von Spezialisten kam ins Land, mietete Hubschrauber für 7.500 Dollar pro Tag, flog, entsprechend ihrer Informationen aus Archiven, in bestimmte Landstriche und kauften dort Nachrichten und Arbeitskräfte. Kurze Zeit später fand in Hanoi eine internationale Konferenz von Hilfsorganisationen statt. Der Ministerpräsident zog Bilanz. In diesem Zusammenhang sprach er über das SODI-Projekt, was mich mit Stolz erfüllte.

Ein Projekt wie dieses, sagte der Politiker, setze Maßstäbe und solle Beispiel sein für andere Vorhaben im Lande. Ich begriff: Erstmals war ich nicht Teil einer Wiederaufbauindustrie, sondern Element einer positiven gesellschaftlichen Entwicklung.

Der Appell zeigte Wirkung. Eine britische Hilfsorganisation stellte ebenfalls ein Mobilteam auf. Auf einer von ihr geräumten Fläche entstanden Häuser. Eine US-Organisation errichtete auf einem von ihr beräumten Areal neben Wohngebäuden ein Ausbildungszentrum. Jede Organisation versuchte aber eigene Wege zu gehen, von unseren guten Erfahrungen wollte niemand unmittelbar profitieren. So war es fast folgerichtig, dass das unterschiedliche Herangehen auch unterschiedliche Ergebnisse zur Folge hatte. Sechs Monate, nachdem die Briten ihre Häuser übergeben hatten, begann dort rege Bautätigkeit: Die vietnamesischen Bewohner bauten die Häuser nach ihren Bedürfnissen um.

Ich kam aus den Bergen zurück und machte bei Hung und Loan Mittag. Es war nicht allzu viel los. Am Tisch nebenan saß ein ungleiches Paar. Der Altersunterschied betrug bestimmt 30 Jahre. Der Herr tippte auf mein Mungo-Logo an der Jacke und fragte, ob das echt sei. Wir kamen ins Gespräch.

Er wäre schon einmal hier gewesen, dort drüben in dem Haus. Dabei deutete er auf das *Saigon Morin*, ein Hotel der gehobenen Preisklasse im alten französischen Stil. Sie lagen damals diesseits des Flusses, erinnerte er sich, die Nordvietnamesen jenseits. Eine ganze Woche lang beschossen sie sich gegenseitig. Einen Tag vor ihrem Gegenschlag starb sein Freund, ein Südvietnamese, in seinen Armen. Er musste ihm versprechen, sich um seine kleine Tochter zu kümmern. 30 Jahre hätte er gebraucht, bis er dieses Land wieder bereisen und sein Versprechen einlösen konnte. Weil er aber nicht wusste, wie dieses Kümmern aussehen sollte, habe er sie geheiratet.

Ai Tu wuchs weiter, die Lagune begann sich zu verändern. Am Ufer waren Fischteiche entstanden. Die Familien, die auf unsere geräumten Flächen zogen, wurden zu Fischzüchtern.

Zum Jahresende zogen wir Bilanz. In beiden Provinzen hatten unsere Teams fast 16.000 Blindgänger beseitigt. Es war ein erfolgreiches Jahr und wir bereiteten mit Zuversicht das nächste Jahr vor, dass das 35. Jahr nach der Befreiung der Provinz sein würde. Das Quang Tri-Team verblieb auf dem C 2 und bezog angrenzende Gebiete. Das mobile Team ging in einen südlichen Distrikt in Küstennähe. Die Truppe von Hue zog in die Berge und das mobile Team durch die ganze Provinz.

Auch Dong Ha hatte sich verändert. Die Nationalstraße 1 war fertiggestellt worden, Gehsteige säumten die Asphaltpiste. Die Stadt war sauber und ordentlich. Der bevorstehende Jahrestag der Befreiung rief auch die Medien auf den Plan. TV-Teams des In- und Auslandes kreuzten auf, viele besuchten uns bei der Arbeit und berichteten über den Einsatz der Feuerwerker. Die Räumteams fühlten sich geehrt. Jeder gab sein Bestes, und ich hatte alle Hände voll zu tun, um Kameraleute und Reporter von den gefährlichsten Stellen fernzuhalten. Bald waren wir bekannt wie die bunten Hunde. Weder in unserem Büro noch beim Mobilteam standen die Telefone still.

In Hue trafen immer mehr Touristen ein, die Reisen in die entmilitarisierte Zone waren auf Tage im Voraus ausgebucht.

Eines Tages hielt ein Kleinbus an unserer Räumstelle. Ein älteres Ehepaar, etwa Mitte 60, und ein junges Paar um die 30 stiegen aus. Zielstrebig lief der Alte auf unsere Räumstelle zu und musste von mir gestoppt werden. Ich erklärte ihm, was wir hier machten und dass er nicht weiterkönne. Er hatte Verständnis, fragte nach einem sicheren Platz, von dem aus man das Gelände übersehen könnte und bat um Begleitung.

Dort angekommen, schwieg er geraume Zeit. Dann brach es aus ihm heraus. »In meiner Jugend habe ich einmal Mist gebaut. Man stellte mich vor die Wahl: Gefängnis oder Vietnam. Hier, auf diesem Stützpunkt, habe ich gedient und die besten Jahre meiner Jugend gelassen. Es war die Hölle. Täglich starben Kameraden an meiner Seite, ohne dass wir einen Gegner sahen. Zuerst brannten wir mit Napalm den Dschungel im Umkreis von einem Kilometer ab. Dazu brauchten wir vier Wochen. Täglich verloren im Schnitt zwei Mann das Leben, meist waren es die jungen, unerfahrenen Soldaten. Wir forderten Hubschrauber an, die dieses Agent Orange versprühten. Nach weiteren zwei Wochen hatten wir freie Sicht in alle Richtungen.

Es hieß nur noch: überleben. Wir fanden Tag und Nacht keine Ruhe, schliefen kaum noch und reagierten hysterisch auf jedes Geräusch. Du wartest geradezu auf den erlösenden Schuss, der einen selber trifft. Die rund viertausend Minen, die wir hier verlegten, schützten uns nicht. Die permanente nervliche Anspannung

Karl-Heinz Werther, März 2011

ließ viele zu Drogen greifen, und wir fragten uns: Was machen wir eigentlich hier?

Mich selbst rettete ein Beinbruch. Ich wurde ausgeflogen.«

Der Mann seufzte. Er wolle nunmehr, nach 35 Jahren, das Kapitel endgültig abschließen. Deshalb sei er mit seiner Familie hierher gekommen.

Der Ex-GI zeigte mir einmal mehr, dass ein Krieg nur Verlierer kennt und keine tatsächlichen Sieger. Wenn die Waffen schweigen und die Toten begraben sind, müssen die Invaliden versorgt und die Trümmer beseitigt werden. Und das Perverse daran war: nach dem Krieg war vor dem Krieg. Aus diesem Teufelskreis mussten wir endlich herauskommen.

Als dieser Amerikaner hier um sein Leben kämpfte, besuchte ich in der DDR gerade die 7. Klasse. Mein Vater leitete ein FDGB-Ferienheim in Klink, wo sich Ostdeutsche für wenig Geld erholten. Sie alle übten Solidarität mit den Vietnamesen, deren Heimat von den Amerikanern in die Steinzeit »zurückgebombt« werden sollte.

Wir Pioniere sammelten Altpapier und Flaschen und spendeten die Erlöse, Werktätige gaben zu den Mitgliedsbeiträgen einen Solidarbeitrag, Angehörige der Streitkräfte, Kirchenmitglieder und Genossen, ein ganzes Land half einem fernen Volk in einem legitimen Verteidigungskrieg. Ich erinnere mich, dass mein Vater, der Heimleiter, bei jedem Bergfest in der Mitte eines Urlauberdurchgangs die kleine Bühne im Speiseraum erklomm und von der Notwendigkeit internationaler Solidarität sprach. Am Eingang standen FDJler mit den Spendenbüchsen, auch ich. Es war nicht wenig, was da zusammenkam.

Weihnachten kam eine Gruppe vietnamesischer Studenten aus Neustrelitz von der dortigen Ingenieurschule. Zu den Feiertagen gab es keinen Urlaubsbetrieb. Meine erste Begegnung mit ihnen fand im Tischtennisraum statt. Einer mit lustigen dunklen Augen forderte mich auf, gegen ihn zu spielen. Ich ging gnadenlos unter.

Ich traf mich oft mit Hai, und er erzählte mir viel über seine Heimat. Wir wurden Freunde. Irgendwann kehrte er nach Vietnam zurück, ich ging zur Offiziersschule …

2006 bilanzierte das Auswärtige Amt dieses Projekt. Nach neun Jahren, so meinte man, sei Vietnam in der Lage, die Räumaufgaben eigenständig weiterzuführen. Man wolle dafür zwar Mittel bereitstellen, aber sechs Feuerwerker aus Deutschland nicht mehr finanzieren. Bislang waren diese Fachleute von der in Königs Wusterhausen ansässigen Gesellschaft zur Erfassung und Bereinigung von Altlasten mbH (GERBERA) gestellt worden.

Damit ging mein Einsatz nach sechs Jahren in Vietnam zu Ende, Ende 2006 verließ ich das Land, das für mich zu einer zweiten Heimat geworden war. SODI trug fortan die gesamte Verantwortung für Räumung und Wiederansiedlung und musste die Stelle des Projektleiters vor Ort international ausschreiben.

Seit 2007 arbeite ich als Feuerwerker in Hamburg.

Inhalt

Kapitel 1

In Kroatien, 1998 5
Im Kosovo, 1999 35

Kapitel 2

Kampfmittelbergung in Laos, 2000 123

Kapitel 3

In Vietnam von 2000 bis 2006 172